Renato Martinoni

Orfeo barbaro

Cultura e mito in Dino Campana

CW01660378

Marsilio

Questo volume è pubblicato con un contributo dell'Università di San Gallo
(«Dr. Albert Bühler-Reindl-Fonds»)

Prima edizione: 2017

ISBN 978-88-317-2799

www.marsilioeditori.it

Realizzazione editoriale: Elisabetta Righes

Ricerche

INDICE

9 Nota introduttiva

21 Opere citate abbreviatamente

ORFEO BARBARO

25 «Le Alpi il bianco delicato mistero».
Campana e la Svizzera

61 «Cose in Italia inaudite...».
Letture ginevrine di Campana

105 I ricordi incomprensibili dell'infanzia.
Leonardo e Freud, Segantini e Abraham

147 «Chiudo il tuo libro, snodo le mie treccie...».
Un amore contrastato: Dino e Sibilla

169 La Chimera di Orfeo.
Il mito nella poesia campaniana

187 «La tua anima di barbaro dionisiaco».
Una recensione elvetica dei *Canti Orfici* (1916)

213 Campana e il «partito dei marradesi»

217 Indice dei nomi

Quinci a dirvi d'Orfeo desio mi sprona,
d'Orfeo che trasse al suo cantar le fere
e servo fe' l'Inferno a' sue preghiere

ALESSANDRO STRIGGIO, CLAUDIO MONTEVERDI,
L'Orfeo, 1607

I TESTI

«Le Alpi il bianco delicato mistero». Campana e la Svizzera è uscito in Renato Martinoni, *L'Italia in Svizzera. Lingua, cultura, viaggi, letteratura*, Venezia, Marsilio, 2010, pp. 171-203; *I ricordi incomprensibili dell'infanzia. Leonardo e Freud, Segantini e Abraham*, in *Gli scrittori italiani e l'Europa*, atti del Convegno internazionale di studi (Genova, 26-27 novembre 2015), a cura di Francesco De Nicola, Sestri Levante, Gammarò, 2017, pp. 74-116; *La Chimera di Orfeo. Il mito nella poesia campaniana*, in *Il mito nella letteratura italiana*, IV, *L'età contemporanea*, a cura di Pietro Gibellini, Brescia, Morcelliana, 2007, pp. 225-241; questi saggi sono stati ampiamente rivisti e integrati in seguito a ulteriori letture, a nuove acquisizioni e a qualche ripensamento. Inediti sono gli altri contributi. Il testo conclusivo, *Campana e il «partito dei marradesi»*, è stato mandato al «Corriere della Sera» nel 2004: sembra però che non sia mai stato pubblicato.

NOTA INTRODUTTIVA

> Wer auf den höchsten Bergen steigt, der lacht über alle Trauer-Spiele und Trauer-Ernste
> NIETZSCHE, *Also sprach Zarathustra*[1]

Non finisce di stupire, e neanche di sedurre i lettori, Dino Campana. Con la sua vita, come dice Verlaine di quella di Rimbaud, «plus que mouvementée»[2]. Ma prima ancora con la sua poesia, tanto ricca di fascino, di sorprendenti intuizioni e di arcani irrisolti. Né l'«eterno errante», l'uomo perduto «dietro le larve del mistero»[3], cessa di intrigare e insieme di dividere il mondo della critica. C'è chi lo ha visto, e continua a guardarlo, con occhio più romantico che ecumenico, comunque troppo sbrigativamente, come il «poeta pazzo». Un artista dotato di «una sensibilità un poco torbida e insana», capace di emergere soltanto perché ai suoi tempi, inghiottita nel nulla oramai la generazione degli Scapigliati, l'Italia è orfana all'improvviso dell'inferno dei *maudits*. Così che, grazie al «matt Campèna», il Parnaso letterario enotrio può dirsi di nuovo, *enfin Malherbe vint!*, «soddisfatto di averne uno indigeno, a portata di mano, un facsimile di Hölderlin il fuggiasco impazzito, di Rimbaud il randagio frenetico»[4]. L'autore dei *Canti Orfici* sarebbe insomma per gli uni, oltre che uno schizofrenico sfuggente a ogni forma di categorizzazione, una copia provinciale e brutta, e come trovargli un posto altrimenti?, della più alta poesia europea. Per altri, invece, Campana resta un grande. Di più: «un poeta che non si decide a farsi dimenticare»[5]. Non dai «campaniani». Non dai «campanofili». Non dai «campanomani» (i «mistici idolatri», come li chiama Contini)[6]. E neanche dai «campanofobi». Né da chi, mettendo un po' di acqua nel vino, ha denunciato l'«incompiutezza» della poesia di un «presunto poeta messianico»: «l'ultimo della tradizione carducciana»[7].

«Eppure», ha osservato Montale, «noi non sapremmo offrire altra chiave ai nuovi lettori degli *Orfici* se non questa raccomandazione di cogliere allo stato nascente la musica del poeta, viva un po' dovunque e soprattutto in quegli abbozzi di mito – il ritorno, la notte mediterranea, la figura di Michelangelo, gli sfondi del "divino primitivo, Leonardo" – dove Campana si arresta alle soglie di una porta che non s'apre, o talora s'apre per lui solo»[8]. È giudizio più sibillino che elogiativo. Né forse è un caso, anzi è premonizione, che la copia dei *Canti Orfici* posseduta dal Nobel della letteratura, quella stampata a Marradi nel 1914, la più scadente e la più preziosa, sia destinata a scomparire quasi simbolicamente, nel 1966, al tempo dell'alluvione di Firenze. «Sotto un'atroce morsura | di nafta e sterco»[9]. Per essi si potrebbe in parte ripetere ciò che Verlaine (che a sua volta loda l'imperatore Guglielmo II: «Je t'aime comme on aime une ennemie | [...] || Parce que vous êtes un honnête homme | Bien que Prussien») ha detto della *Saison en Enfer* di Rimbaud: «espèce de prodigieuse autobiographie psychologique, écrite dans cette prose de diamant qui est sa propriété exclusive»[10].

Ma prima ancora, c'è da sospettare, conta per Campana ciò che è valso per altri suoi contemporanei, specie gli espressionisti (che, dopo la Grande Guerra, avrebbero capito che non si può più essere artisti come prima: questo non vale forse anche, e avanti ogni altro, in Italia, per Dino?): un dualismo molto conflittuale, sovente irrisolvibile e irrisolto, che non vuol essere contraddizione ma riflesso problematico delle «dissonanze» del mondo, dell'idea di un'arte figlia di un'ontologia dell'opposizione, che cerca di esprimere «something that neither his music nor his writings can convey»[11]. Insomma, anche il poeta di Marradi sembra uscire stregato dal passaggio della cometa che attraversa, abbagliando gli occhi di chi la segue con trepidazione, i cieli del mondo nel maggio del 1910. Nel momento in cui la migliore cultura europea prende definitivamente coscienza, immersa com'è nel fango di una crisi sempre più profonda, e nel fiume sempre più limaccioso e irruente delle parole, delle convulsioni, delle ossessioni e dei traumi («they crystallized developments in the making for centuries»)[12] che ingurgitano irrimediabilmente quello che rimane delle certezze e delle euforie della Belle Époque. Nel tempo in cui l'odore pirico della catastrofe, oramai inevitabile, non offre più speranze a nessuno. Anche se Dino, reduce dall'Argentina, ricoverato in manicomio in Italia, poi ancora in fuga, è costretto a guardare la cometa dalle inferriate rugginose dell'Asile des Hommes Aliénés di Tournai, a poca distanza da Bruxelles. È là, dove di notte sente il suono di «canzoni bronzee», che lo hanno nuovamente ricoverato. Per il solito motivo: «demenza precoce».

Vuole un vecchio «tormentone» (abbi pazienza, caro lettore, la storia è intricata e assai controversa: nessuno potrà mai narrarla tutta, ancorché alcuni si illudono di essere i «custodi-padroni» del poeta...) che Campana debba essere considerato un «visivo», se non un «veggente» – «un veggente e un cantore, invasato dallo spirito», avrebbe aggiunto volentieri Nietzsche[13] – oppure un «visionario» ricco di allucinazioni e di improvvise e inspiegabili apparizioni più che di illuminazioni. Anche se poi, a ben vedere, «le corna di questo dilemma *sono* tutt'altro che inconciliabili»[14]. O, addirittura, va aggiunto che è stata la miglior critica del tempo a occuparsi della questione, un «visionari*o* espressionista»[15]. Aveva ragione Carlo Bo quando osservava, al di qua e al di là di ogni giudizio di valore: «Il critico non ha mai avuto come in questo caso la certezza della propria impotenza»[16]. Resta che la fortuna, insieme alla «sfortuna», e per molti anni alla «condanna» di Campana – vittima forse del canone poetico del primo Novecento italiano, e vessillifero quasi solitario di una poesia il cui linguaggio e le cui radici sfuggono ancora in parte – passa per momenti topici, nel bene e nel male: la stampa un poco «artigianale» dei *Canti Orfici*, nel 1914; le prime recensioni, piuttosto esitanti e comunque discoste intorno ai giudizi di valore; l'edizione vallecchiana del 1928, posteriore all'internamento in manicomio quindi, che dà la stura a operazioni fuorvianti e filologicamente discutibili; e quindi la prima curatela allargata anche alle «altre poesie», quella meritoriamente procurata, pur non senza mende, da Enrico Falqui; e poi il «ritrovamento» del manoscritto «perduto» (cioè dimenticato nel disordine delle scartoffie) da Ardengo Soffici; per arrivare a edizioni finalmente più rispettose e a studi sovente seri e ancora più spesso appassionati che hanno via via chiarito, o almeno messo in luce, aspetti importanti della poesia campaniana: dai suoi caratteri ai riferimenti, dalle modalità del lavoro poetico ai rapporti con le arti figurative, dalle aperture sull'Europa, anche se spesso sono più i nomi che i fatti a contare, alle strutture metrico-ritmiche.

Un punto sembra comunque assodato: nel suo sottrarsi, almeno in parte, alle classificazioni, nella sua «aletterarietà»[17], nel suo carattere lubrico rispetto ai modelli del proprio tempo, nella sua discontinuità (ammettiamolo, una volta, da ammiratori: non sempre il nettare stilla con la medesima qualità dall'alambicco orfico), Campana resta un poeta – oltre che a volte oscuro e impenetrabile – difficilmente disposto a lasciarsi ingabbiare in categorie critiche. L'autore dei *Canti Orfici*, oggi riconosciuto anche al di fuori dell'Italia come una delle «blossoms»[18] del primo Novecento, è però anche fra i pochi che, pur non appartenendo alle avanguardie, anzi mostrando di disprezzarle (almeno a parole), hanno saputo attraversare i confini culturali del proprio paese. In questo senso il rilievo di uno dei primi biografi («è necessario, per conoscere Campana, non disturbare artisti letterati critici del suo tempo [...] tutta gente ch'egli ebbe a dispetto»)[19] può essere accettato. A condizione forse che fra gli «artisti letterati critici del suo tempo», che il poeta sovente disdegna, si mettano, sì, «letterati», anche di grido, tanto le primedonne che quelli che gravitano intorno alle riviste fiorentine: non certo i «fratelli» stranieri (come dimostrano le letture «ginevrine») con cui Dino, magari senza dichiararlo pubblicamente, si sente spesso in confortante sintonia.

La bibliografia campaniana è oramai sterminata (e infarcita di aneddoti è la biografia, fra viaggi all'estero e fughe negli angiporti, fra esperienze estetiche e avventure romantiche, tra visioni francescane e farneticazioni esaltate). Innumerevoli sono gli studi su Campana[20], parecchie le dissezioni, fatte a volte con acume, altre con minore acribia, altre ancora (quando la critica si trasforma in un «neo-orfismo» per soli iniziati...) con l'ermetica sicumera di un lavoro di approccio più solipsistico, per non dire sfrontatamente esibizionistico e invasivo, che rispettoso della voce del poeta. A volte, si sa, i nani sognano di spodestare i giganti. Ha osservato Andrea Zanzotto:

> Non potrei certamente parlare di Campana così come si parla di qualsiasi altro poeta di rilievo. Campana, infatti, è una figura difficilmente catalogabile entro l'epoca in cui visse e avvertiamo con spavento confluire nella sua opera come un insieme di tensioni convergenti-divergenti, sfuggenti da quell'unico centro come le terrificanti emanazioni di una bomba che stia esplodendo, provocando la caduta di tali materiali radioattivi su sé stessi, il loro stratificarsi e riemergere in chissà quale forma[21].

Ecco una prima osservazione, forse ovvia ma non inutile. Campana è un poeta difficile, anzi molto arduo. Tanto da spaventare anche i lettori più esperti e attrezzati. E a volte, diciamolo pure senza falsi pudori, la poesia di Campana resta, se non incomprensibile, molto criptica. Non di rado poi, per non dover riconoscere il proprio disorientamento, la critica letteraria ha scelto di nascondersi dietro la follia del poeta, o dietro interpretazioni fantasiose o di comodo, oppure – il che è ancora peggio – all'ombra di acrobazie interpretative che in realtà, criptando ulteriormente il discorso, fanno da paravento a una dura realtà: la poesia di Campana, a volte almeno, va oltre i misteri dell'orfismo e non ammette sempre neanche gli iniziati.

Tutto questo fortunatamente non ha inciso sull'interesse degli studiosi e del pubblico: molte sono le edizioni, le indagini filologiche, gli studi critici, i film, le storie romanzate, le *pièces* teatrali... Semmai, ecco il rovescio della medaglia, va aggiunto che a volte il poeta rischia di rimanere impaniato nei territori di caccia dei pochi critici che, soli (pensano, beati loro!), lo hanno «capito». Fra i più difficili da accostare, Campana resta uno degli autori del Novecento più amati e letti in Italia. Già solo questo ha un suo profondo significato. Anche perché non ci sono momenti «eroici» dietro la sua poesia. Non c'è il dolore della morte, sul fronte della guerra. Né ci sono, almeno in superficie, i pensieri esistenziali sulla drammatica fragilità della vita. O sulla sua degradazione piccolo-borghese. Siamo insomma spesso lontani, non fosse per le profonde inquietudini, dallo *Zeitgeist* dell'anteguerra. Anzi: Campana è uomo e poeta che, volentieri, cammina «contro»: per la follia che lo prende per mano, per l'avversione che ha per i «valori» del suo tempo, per un risentimento naturale nei confronti del mondo che lo emargina, per la volontà testarda di percorrere, fuori da ogni itinerario prevedibile, una strada tutta in salita ma prima ancora tutta sua. Poco importa se vecchia o nuova. Conta invece che essa si apra su altri mondi. «Troppo a lungo durò la commedia della poesia italiana», recita un passo campaniano. E una *Storia* dal sapore nietzscheano mandata a Mario Novaro, mentre già da tre anni, fra retorica e menzogne, fra proclami altisonanti e frustrazioni, la guerra infuria: «Il popolo d'Italia non canta più. Non vi sembra questa la più grande sciagura nazionale?»[22].

Non si contano i tentativi di «inquadrare» Campana, di inserirlo all'interno di inclusioni critiche e di geografie culturali (quella fiorentino-bolognese in primo luogo, con l'implicita esclusione da valori più «nazionali» o «europei»), di correnti e di mode, di tradizioni, di momenti di «transizione» e di «superamento». Di capire il suo linguaggio poetico. Di stabilire insomma se, la sua, «sia una grande poesia o se sia una poesia restata a metà»[23]. Sono, queste, riflessioni legittime, anzi necessarie, ma che non possono essere prioritarie rispetto al diritto di lasciare Campana, riservandogli la facoltà (che poi è anche di altri: Lucini, Saba, Palazzeschi, e di tutti i poeti)[24] di sottrarsi a etichettature forzate, «nel limbo delle assimilazioni imperfette»[25]. Meglio sarebbe insomma non enfatizzare, nel bene e nel male. Meglio evitare le categorizzazioni («che riguardano più l'autorappresentazione del Novecento italiano che non l'opera di Campana *iuxta propria principia*»)[26], così come le semplificazioni o peggio le banalizzazioni. Perché Campana è sì figlio del suo tempo, di un'epoca cioè di grandi illusioni e di non minori delusioni, di proclami solenni e di parole amare sussurrate con fatica. La guerra sta distruggendo non solo paesaggi e uomini, città popolate e strutture sociali, ma anche idee speranze disegni, di cui assimila interessi e fobie, gusti culturali e «frenesie», innamoramenti e idiosincrasie. Ma il poeta va altresì disancorato, al di là della mitopoiesi cara alle logomachie di certa critica, da griglie culturali troppo rigide e a lui comunque poco consone.

Togliamo un po' di peso all'idea picaresca del poeta maledetto eternamente «in fuga» da tutti e da tutto: ai vagabondaggi, per le strade impolverate e nei carruggi odorosi di stantio, ai viaggi sul mare e alle ascese sulle montagne, si alternano in realtà momenti fruttuosi di lettura e di studio, in casa e in biblioteca, e quindi di acquisizioni, di conoscenze e di maturazione intellettuale. Leviamo un poco di follia dall'originalità della sua scrittura (senza però dimenticare che la psicosi può portare a particolari forme di esperienza e di percezione del tempo): fondata sulla tradizione e sulla volontà di fare delle «fusioni» e di operare delle «sintesi»[27], la sua cultura si innesta in quelle intuizioni che spesso hanno i marginali, liberi come sono di muoversi al di fuori delle mode, dai condizionamenti e delle euforie collettive; ma – «problematica [...] non tanto come fonti ma come archetipi», dato il «sincretismo caotico»[28] che la tiene lontana dalle «costrizioni d'ordine del Novecento», e la avvicina all'«idea di ritorno al disordine»[29] – la cultura campaniana si nutre anche, e questo più importa, di aperture a volte insospettabili e comunque sorprendenti. Certo, il poeta è «italiano» (anche se ha spesso da ridire contro «l'immortale pedanteria» del suo paese)[30] e ognuno, cercando dei punti di riferimento, ha agio e strumenti a sufficienza per fare i nomi che meglio crede: Carducci, Pascoli, D'Annunzio, Angelo Conti, i Vociani, il Futurismo, il Cubismo. Campana però è anche europeo nel suo esplorare la cultura della società «decadente» e primo-novecentesca: dall'estetismo inglese di Walter Pater[31] (e prima ancora gli studi di John Ruskin), all'esoterismo misteriosofico francese, dallo psicologismo tedesco al simbolismo «naturalistico» che, come annota, provoca in lui un «senso di liberazione»[32]. Lo è però forse soprattutto, tanto da arrivare ad avvicinarsi all'espressionismo «teutonico» (di cui Dino, finalmente riconosciuto come figura di rilievo a livello europeo, sarebbe «only one point of transition»)[33], nell'avvertire come pochi altri la crisi che sta travolgendo le impalcature del continente. Forse non vanno sottovalutate, e neanche lette come esternazioni pirotecniche, affermazioni come queste: «non ci pieghiamo all'immondezza di quella modernità negata che papineggia peggio dei gas asfissianti»[34].

Vale pertanto la pena di continuare a sondare il terreno, ben oltre il versante italiano – cioè «toscano», «cittadino», «francescano», «mediterraneo», e anche quello «francese», e quello «mitteleuropeo», e delle avanguardie, al di là del carattere più «tradizionale» e più «sperimentale» di Campana, legato sì alle teorie artistiche e ai dibattiti letterari della sua epoca, ma anche a interessi e bisogni tutti suoi –, per cercare ulteriormente in quello «nordico» (e forse anche in quello anglo-sassone). Tenendo conto del fatto che il «germanesimo» di Campana, il suo dichiararsi tanto ostentatamente «poeta germanicus», non nasce soltanto da una reazione stizzita, come lui racconta, nei confronti del sindaco, del farmacista, dell'arciprete, dell'ufficiale della posta, insomma di «tutti quegli idioti di Marradi», e più in generale dei «lordi cafoni» fiorentini, che in un clima di esagitato interventismo sono saltati sul carro dei vincitori; e che non è neanche soltanto la dichiarazione di un poeta che vuole crearsi «un linguaggio tutto suo»[35]. Il fenomeno scaturisce in primo luogo da una curiosità culturale più aperta e originale, più mirata e solida, più moderna e intrigante, di quanto non sembri a prima vista. Oltre che dal bisogno di attraversare quel cumulo di «immondezza» che impedisce di vedere gli orizzonti della modernità.

È insomma utile aggiornare almeno in parte, al di là dell'agiografia *bohémienne*, le dinamiche culturali del poeta. E occorre anche precisarle meglio nelle loro diramazioni e nelle loro associazioni, differenziando maggiormente i magnetismi della cosmografia campaniana. Così, per esempio, la fuga dall'Italia del 1906 sembra interessare, più che per il passaggio «in un mondo indeterminato» (il territorio svizzero), per il desiderio di andare a «Parigi»[36], la città per eccellenza delle avanguardie del tempo. Anche se non è nella capitale francese che Campana, in realtà, sembra diretto. Anche se poi è lontano da Parigi e dalle avanguardie, insomma dai poli più celebrati della cultura europea, che leggerà quei saggi di psicanalisi dell'arte e di filosofia della vita che tanta importanza sembrano avere avuto per lui. (Forse non è neanche un caso che il rapporto con il mondo nordico comincia, senza che il poeta lo sappia, ai tempi del liceo Torricelli di Faenza, quando l'edizione della *Commedia* dantesca usata in classe è quella, ineguagliabilmente ricca di riferimenti biblici, commentata dal pastore riformato elvetico Giovanni Scartazzini)[37].

Certo, non è sempre facile evitare il pericolo tutt'altro che concreto di partire da occasionali incontri, da analogie più o meno convincenti, da immagini o da semplici parole – dal «ponte», tra le visioni e le apparizioni visionarie, all'«uomo nuovo» e all'«uomo libero» di Nietzsche[38], all'altitudine come «fonte di piacere» e di purezza («vorrei almeno andare in alta montagna», scrive Campana a Cecchi nel 1916, «la vita mi è venuta a noia e temo le conseguenze di quest'apatia in cui sono caduto»)[39], dall'idea dello «spirito libero», «der freie Geist», che Nietzsche associa all'«abitante dei boschi» (alla fine del 1913 Campana si firma «uomo dei boschi» scrivendo a Papini)[40] a quella secondo cui «tutto è vano vano è il sogno: tutto è vano tutto è sogno»[41] («Tutto è vano, tutto è indifferente, tutto è già stato!», si legge nello *Zarathustra*)[42] – per arrivare a proporre congetturalmente derivazioni e fonti possibili, o probabili. Del resto l'accumulo di nomi, peraltro importante per individuare relazioni e amori campaniani, non è sempre funzionale alla definizione della qualità e dell'originalità dei *Canti Orfici*.

A contare in primo luogo, va da sé, è il poeta. Un poeta tanto di prim'ordine quanto a volte emarginato. E di nuovo si pensa all'eccentrico profeta nietzscheano che afferma resoluto: «lontano dal mercato e dalla fama hanno abitato sempre gli inventori di nuovi valori»[43]. Ma importa anche la cultura non meno che l'uomo e la sua poesia. E c'è da scommettere che la «purità di accento»[44], di cui Dino va tanto fiero, così come l'idea di un'arte che apre le porte delle dimensioni segrete delle cose, non sia soltanto una questione poetica. Per questo certe intuizioni campaniane (e le sue letture ginevrine del 1915: dagli studi psicanalitici sull'arte alla *Lebensphilosophie*), magari posteriori alla pubblicazione dei *Canti Orfici*, non possono essere ignorate nella loro rilevanza culturale e anche umana. Viene anzi da chiedersi, e non è una questione di lana caprina: come leggeremmo oggi i *Canti Orfici* se fossero usciti nell'estate del 1915?

Questo libro vuol essere *un* viaggio (un *altro* viaggio!), nella vita e nell'opera di Campana. Un percorso, per la gran parte si concentra fra il tempo della pubblicazione dei *Canti Orfici* e l'internamento in manicomio, cioè fra il 1914 e il 1918, inteso non tanto, pur seguendo le orme del poeta-errante, come *Wanderung* romantica, o come vagabondaggio nevrotico, come «un euforico immergersi nel mondo, nella natura, una continua scoperta», ma come esplorazione nell'uomo, nelle sue inquietudini esistenziali, nelle sue riflessioni, nei suoi miti e nella sua cultura. Se è vero che «i *Canti* sono in qualche modo un rendiconto di anni di pellegrinaggio», è altrettanto assodato oramai che nel suo errare Campana non incontra soltanto occasioni di «naufragio»[45]. Intanto viene allargata la geografia dei percorsi campaniani. Ai luoghi più «canonici», le città portuali o turrite e il mare (nel *Quaderno* campaniano, per esempio, c'è molta «poesia mediterranea»)[46], in alternativa all'«orfismo teppistico» dei vicoli, viene affiancata la montagna (quella alpina prima di quella appenninica), luogo segantiniano di libertà, di simboli, di incanti, di scoperte e di conoscenza. Poi si entra nelle letture: dalle conferenze fiorentine su Leonardo a quelle ginevrine di Freud e Abraham e di altri. Perché ai luna park e alle mense proletarie dell'Opera Bonomelli, dove il poeta parrebbe trascorrere il proprio tempo di vagabondo inveterato, occorre affiancare altri luoghi ben più importanti: non ultime le biblioteche, dove Dino ordina libri, legge con avidità e annota con un'apertura intellettuale e una costanza del tutto inaspettate. Si vorrebbe insomma contribuire a togliere Campana da una leggenda che si è fatta mitografia: una mitografia che, in realtà, è una griglia di ferro in cui l'uomo e il poeta sono rimasti imbrigliati per troppo tempo: nel bisogno di trovare a tutti i costi un luogo dove incasellarli, nel nome di un desiderio di appropriazione che ha fatto di Campana una sorta di preda da recintare in un territorio di caccia, oppure (già Contini condannava l'«oscurità indecifrabile» del poeta) di imprigionarlo sotto le bandiere rappacificanti dell'«inclassificabilità»[47].

Il che non vuol dire ancora che non restino, e forse rimarranno per sempre, delle zone oscure: quasi ad avverare ciò che il poeta legge a Ginevra nel 1915 («Tout ce qui vit a besoin de s'entourer d'une atmosphère, d'un mystérieux cercle de vapeur»)[48]. Molti documenti sono stati ritrovati nel corso degli ultimi decenni, in particolare lettere che servono utilmente a storicizzare le nuove acquisizioni o a meglio capirle. Altre carte certamente sono andate perdute o, per un motivo o per l'altro, vengono tenute ancora celate. E nuovi passi importanti, c'è da esserne certi, nel fervore delle ricerche campaniane, verranno fatti. Tuttavia l'«orfico cantare» di Campana[49], le sue atmosfere metafisiche «dissolte in un'ebbrezza zarathustriana», che paiono essere perennemente «in fuga»[50], sono sempre difficili da inquadrare. Forse è bello e giusto che sia così. Ha scritto Ezio Raimondi: «non c'è dubbio che per quanto percorso e indagato l'universo di Campana è ancora lì che chiede sonde, che chiede amore, pazienza, lucidità, proprio per arrivare a significazioni ancora rimaste nell'ombra»[51].

«Chiave di volta della poesia italiana tra Otto e Novecento»[52], Dino è diverso da quello che comunemente conosciamo. Meno mentecatto di quanto non si creda (e di come volesse Saba che, in una lettera più volte citata del 1948, dichiarava senza mezzi termini: «Era matto e *solo* matto, è stato scambiato da molti per un vero poeta»)[53]. Meno «irregolare» e dispersivo (la frequentazione della Bibliothèque di Ginevra lo sta a dimostrare e invita caldamente ad allargare le ricerche). Meno «toscano» e «romagnolo» (e «italiano») di quanto non si vada ripetendo: il che, beninteso, non vuol dire che non sia anche italiano, toscano e romagnolo. Tant'è vero che, non solo per la sua qualità letteraria, ma anche per la modernità del suo percepire le cose, è stato accostato, fuori d'Italia, perché vive «in a strange commonality of atmosphere» e condivide una «wordless similarity of concern», a grandi nomi della cultura europea: come quelli di Trakl, di cui Campana sarebbe addirittura la «counterpart» subalpina, di Rilke e di altri[54]. E anche meno «antiletterario» di quanto sia stato presentato troppe volte. Insomma, il poeta dei *Canti Orfici* non è solo «un povero diavolo che scrive come sente»[55]. È lui stesso, peraltro, a dire: «I miei versi sono meravigliosi: a qualcuno | Potrà sembrare tutta robetta da fiera | È una grande illusione»[56]. Da poter concludere che la sua «marginalità» è qualcosa di originale. E da essere certi che Campana è «uno dei pochi davvero grandi del nostro Novecento»[57].

[1] Friedrich Nietzsche, *Also sprach Zarathustra. Ein Buch für Alle und Keinen*, I-III, Chemnitz, Schmeitzner, 1883-1884, IV, Leipzig, Naumann, 1891, I, p. 53 («Chi sale sulle montagne più alte, ride di tutti i drammi, di quelli recitati e di quelli veri», Id., *Così parlò Zarathustra*, traduzione di Maria Francesca Occhipinti, prefazione di Carlo Sini, Milano, Mondadori, 2001, p. 34).

[2] Paul Verlaine, *Arthur Rimbaud*, in Id., *Œuvres complètes*, 5 voll., Paris, Léon Vanier, 1899-1900, V, pp. 360-367, a p. 364.

[3] *CO*, pp. 17, 94 (*La Notte* [14], *Pampa*).

[4] Giovanni Papini, *Il poeta pazzo*, in Id., *Passato remoto*, Firenze, L'Arco, 1948, pp. 265-269, a p. 269.

[5] Eugenio Montale, *Sulla poesia di Campana*, in Id., *Il secondo mestiere. Prose 1920-1979*, a cura di Giorgio Zampa, 2 voll., Milano, Mondadori, 2006, I, pp. 569-581, a p. 569.

[6] Cfr. Edoardo Sanguineti, *Testimonianza di un lettore*, in *Dino Campana alla fine del secolo*, a cura di Anna Rosa Gentilini, Bologna, il Mulino, 1999, pp. 51-62, alle pp. 51, 197-203; Gianfranco Contini, *Dino Campana*, in «Letteratura», I, 1937, pp. 106-110 (poi *Due poeti degli anni vociani. II. Dino Campana*, in Id., *Esercizî di lettura*, Firenze, Le Monnier, 1947, pp. 18-28, a p. 19 nota 1, da cui si cita).

[7] Contini, *Dino Campana*, cit., pp. 24-25.

[8] Montale, *Sulla poesia di Campana*, cit., p. 580.

[9] Eugenio Montale, *Xenia* II, 14, vv. 11-12, in Id., *L'opera in versi*, edizione critica a cura di Rosanna Bettarini e Gianfranco Contini, Torino, Einaudi, 1980, p. 310.

[10] Cfr. Verlaine, *Arthur Rimbaud*, cit., p. 365.

[11] Thomas Harrison, *1910: The Emancipation of Dissonance*, Berkeley, University of California Press, 1996, pp. 1, 66 (traduzione it.: *1910. L'emancipazione della dissonanza*, Roma, Editori Internazionali Riuniti, 2014).

[12] Id., *1910: The Emancipation of Dissonance*, cit., p. 11.

[13] Cfr. Nietzsche, *Così parlò Zarathustra*, cit., pp. 5, 74; Id., *Also sprach Zarathustra*, cit., II, p. 2 («Ein Seher und Sänger, welchen den Geist anfällt»).

[14] Montale, *Sulla poesia di Campana*, cit., p. 570. Intorno alla questione cfr. Maria Antonietta Grignani, *Momenti della ricezione di Campana*, in *Dino Campana alla fine del secolo*, cit., pp. 169-187, a p. 172.

[15] Sanguineti, *Testimonianza di un lettore*, cit., pp. 60-61.

[16] Carlo Bo, *Nel nome di Campana*, in *Dino Campana oggi*, Firenze, Vallecchi, 1973, pp. 7-26, a p. 21.

[17] *Ibid.*, p. 11.

[18] Harrison, *1910: The Emancipation of Dissonance*, cit., p. 11.

[19] Federico Ravagli, *Dino Campana e i goliardi del suo tempo (1911-1914). Autografi e documenti, confessioni e memorie*, Firenze, Marzocco, 1942, p. 85.

[20] Cfr. Massimo Verdenelli, Giampaolo Vincenzi, *«La sua critica mi ha ridato il senso della realtà». Bibliografia campaniana ragionata del 1912 etc.*, Roma, EdiLet-Edilazio-Letteraria, 2011.

[21] Andrea Zanzotto, *Il mio Campana*, a cura di Francesco Carbognin, Bologna, CLUEB, 2011, p. 11.

[22] *TM*, p. 203; *DCsm*, p. 155; *Lpd*, p. 149.

[23] Cfr. il *Dibattito* fra Edoardo Sanguineti e Alberto Asor Rosa in *Dino Campana alla fine del secolo*, cit., pp. 197-203.

[24] Cfr. Niva Lorenzini, *Le tensioni del nuovo*, in Id., *La poesia italiana del Novecento*, Bologna, il Mulino, 1999, pp. 31-70, a p. 32.

[25] Mario Luzi, *Al di qua e al di là dell'elegia*, in *Dino Campana oggi*, cit., pp. 140-146.

[26] Grignani, *Momenti della ricezione di Campana*, cit., p. 173.

[27] *Lpd*, p. 56.

[28] Silvio Ramat, *Qualche nota per la «Chimera»*, in *Dino Campana alla fine del secolo*, cit., pp. 21-38, a p. 22.

[29] Sanguineti, *Testimonianza di un lettore*, cit., pp. 53, 56.

[30] *Lpd*, p. 17.

[31] Per un accostamento dei *CO* ai *Greek Studies* di Walter Pater, cfr. p. 139 nota 65, e p. 142 nota 127, e Giorgio Zanetti, *Campana e il mondo delle immagini*, in *Dino Campana alla fine del secolo*, cit., pp. 135-168, alle pp. 155-160.

[32] *Tf*, pp. 235-237, 255, 308, 310.

[33] Harrison, *1910: The Emancipation of Dissonance*, cit., pp. 38-39.

[34] *Lpd*, p. 202, a Corrado Govoni, luglio 1916.

[35] *Lpd*, p. 31; Montale, *Sulla poesia di Campana*, cit., p. 579.

[36] Cfr. Asor Rosa in *Dibattito*, cit., p. 201.

[37] Cfr. Stefano Drei, *Dino Campana. Ritrovamenti biografici e appunti testuali*, Faenza, Carta Bianca Editore, 2014, p. 22.

[38] *CO*, p. 96 (*Pampa*). Il «ponte» torna più volte e in forme diverse: in epigrafe al *Taccuinetto faentino* Campana mette una citazione nietzscheana: «E come puro spirito | varca il ponte», *Tf*, pp. 228-229. Il *Taccuinetto faentino* precede di poco i *CO* ed è posteriore al *Plg*: risale quindi alla primavera del 1914: cfr. Fiorenza Ceragioli, *Introduzione*, in *T*, pp. 213-223, alle pp. 220-221.

[39] *Lpd*, p. 170.

[40] *Lpd*, p. 19.

[41] *CO*, p. 21 (*La Notte* [19]).

[42] Nietzsche, *Così parlò Zarathustra*, cit., pp. 10 e *passim* (per il «ponte»), 88, 93, 123. Id., *Also sprach Zarathustra*, cit., I, p. 12; II, pp. 24, 31, 79: «in's Höchste musste ich fliegen, dass ich den Born der Lust wiederfände!», «der in Wäldern Hausende», «Alles ist leer, Alles ist gleich, Alles wahr!». Sui rapporti tra il filosofo tedesco e il poeta, cfr. in particolare Neuro Bonifazi, *Campana e Nietzsche*, in Id., *Dino Campana*, Roma, Edizioni dell'Ateneo, 1964, 1978^2, pp. 21-74.

[43] Nietzsche, *Così parlò Zarathustra*, cit., p. 45 (Id., *Also sprach Zarathustra*., cit., I, p. 71: «abseits vom Markte und Ruhme wohnten von je die Erfinder neuer Werte»).

[44] *Lpd*, p. 21.

[45] Sanguineti, *Testimonianza di un lettore*, cit., pp. 56, 57, 59.

[46] Cfr. Dino Campana, *Quaderno*, in Id., *Opere e contributi*, a cura di Enrico Falqui, 2 voll., Firenze, Vallecchi, 1973, II, pp. 297-355, a p. 351 (*Spiaggia, spiaggia*, v. 29). Il *Quaderno*, il manoscritto è per ora non rintracciabile, è stato riedito e commentato in Silvano Salvadori, *Dino Campana prima dei* Canti Orfici, Marradi, Edizioni Centro Studi Campaniani «Enrico Consolini», 2011, p. 190.

[47] Cfr. Gianni Turchetta, *Dino Campana. Biografia di un poeta*, Milano, Marcos y Marcos, 1990 (poi Milano, Feltrinelli, 2003²), p. 10; Contini, *Dino Campana*, cit., p. 21.

[48] Friedrich Nietzsche, *Aphorismes et fragments choisis*, a cura di Henri Lichtenberger, Paris, Félix Alcan, 1899, p. 10.

[49] Cfr. Edoardo Sanguineti, *Introduzione*, in Id., *Poesia italiana del Novecento*, 2 voll., Torino, Einaudi, 1969, I, pp. XXXI-LXI, a p. LV.

[50] Montale, *Sulla poesia di Campana*, cit., pp. 574, 580.

[51] Ezio Raimondi, *Premessa*, in *Dino Campana alla fine del secolo*, cit., pp. 7-10, a p. 8.

[52] Cesare Galimberti, *Dino Campana*, Milano, Mursia, 1967, p. 133.

[53] *DCf*, p. 12.

[54] Cfr. Harrison, *1910: The Emancipation of Dissonance*, cit., pp. 3-4.

[55] *Lpd*, p. 21

[56] Campana, *Quaderno*, cit., p. 336.

[57] Sanguineti, *Introduzione*, cit., p. LIV.

OPERE CITATE ABBREVIATAMENTE

CO
Dino Campana, *Canti Orfici*, Marradi, Ravagli, 1914 (poi a cura di Renato Martinoni, Torino, Einaudi, 2003, 2016[8], da cui si cita).

Cv
Pedro Luis Ladrón de Guevara Mellado, *Campana dal vivo. (Scritti e testimonianze sulla vita e sulla poesia)*, Marradi, Edizioni Centro Studi Campaniani «Enrico Consolini», 2002.

DCf
Gabriel Cacho Millet, *Dino Campana fuorilegge*, Palermo, Edizioni Novecento, 1985.

DCsm
Gabriel Cacho Millet, *Dino Campana sperso per il mondo. Autografi sparsi 1906-1918*, Firenze, Olschki, 2000.

Lml
Dino Campana, *Le mie lettere sono fatte per essere bruciate*, a cura di Gabriel Cacho Millet, Milano, All'Insegna del Pesce d'Oro, 1978.

Lpd
Dino Campana, *Lettere di un povero diavolo. Carteggio (1903-1931) con altre testimonianze epistolari su Dino Campana (1903-1998)*, a cura di Gabriel Cacho Millet, Firenze, Edizioni Polistampa, 2011.

Oc
Dino Campana, *Opere e contributi*, a cura di Enrico Falqui, prefazione di Mario Luzi, note di Domenico De Robertis e Silvio Ramat, *Carteggio con Sibilla Aleramo*, a cura di Niccolò Gallo, 2 voll., Firenze, Vallecchi, 1973.

Pariani, *Vita*
Carlo Pariani, *Vite non romanzate di Dino Campana e Evaristo Boncinelli scultore*, Firenze, Vallecchi, 1938 (poi, con il titolo, *Vita non romanzata di Dino Campana*, a cura di Tiziano Gianotti, Firenze, Ponte alle Grazie, 1994, da cui si cita).

Plg
Dino Campana, *Il più lungo giorno*, prefazione di Enrico Falqui, testo critico a cura di Domenico De Robertis, Roma-Firenze, Archivi-Vallecchi, 1973 (poi a cura di Stefano Giovannuzzi, Firenze, Le Càriti Editore, 2004, 2011[2], da cui si cita, se non viene indicata esplicitamente la prima edizione).

Sp
Dino Campana, *Souvenir d'un pendu. Carteggi 1910-1931 con documenti inediti e rari*, a cura di Gabriel Cacho Millet, Napoli, Edizioni Scientifiche Italiane, 1985.

T
Dino Campana, *Taccuini*, edizione critica e commento di Fiorenza Ceragioli, Pisa, Scuola Normale Superiore, 1990.

Tf
Taccuinetto faentino, in *T*, pp. 228-323.

TM
Taccuino Matacotta, in *T*, pp. 41-209.

Vca
Sibilla Aleramo, Dino Campana, *Un viaggio chiamato amore. Lettere 1916-1918*, a cura di Bruna Conti, Milano, Feltrinelli, 2000.

ORFEO BARBARO

«LE ALPI IL BIANCO DELICATO MISTERO». CAMPANA E LA SVIZZERA

Fatta di epoche oramai compiutamente illustrate, ma ricca pure di sparse zone d'ombra, la vita errabonda di Dino Campana si incrocia a più riprese con la Svizzera. L'inquieto autore dei *Canti Orfici* («viaggiavo molto. Ero spinto da una specie di mania di vagabondaggio. Una specie di instabilità mi spingeva a cambiare continuamente»)[1] giunge in territorio elvetico nel 1906, forse nel 1909, certamente nel 1914 e infine nel 1915. È lui stesso a riferirlo in più occasioni: «passai poi in Svizzera a piedi», ricorderà. Oppure: «il tiro a bersaglio fu in Svizzera». E quindi: «alcuni mesi sono stato in prigione. Due o tre mesi in Svizzera, a Basilea; per rissa». Racconterà il «matto» al medico Carlo Pariani che lo cura, interrogandolo intorno al suo *cafard* ambulatorio nel manicomio fiorentino di Castel Pulci: «Ho passate varie volte le Alpi, ho fatto il Gottardo, il Sempione e altri valichi. Viaggiavo a piedi. Andavo sempre in viaggio perché non sapevo che fare». Ancora nel 1927, quando è internato da nove anni e si dice dotato di poteri medianici, il poeta afferma: «Non voglio più uscire né a Firenze né a Marradi. Mi faccio mandare in Svizzera [...]. In Svizzera mi riposerò in una casa di salute qualunque; avrò una dozzina d'anni da passare in Svizzera»[2]. E nel commentare i versi di *Arabesco-Olimpia*, non mancherà di riandare con la memoria alla «Berna guerriera» munita «di statue di legno sul ponte che passa l'Aar»[3].

Nato nel 1885 nella Romagna toscana, Campana frequenta le scuole elementari nel proprio paese, poi – se pure con alterno impegno – il ginnasio a Faenza, e l'ultimo anno di liceo a Carmagnola, in Piemonte: dove, nel 1903, ottiene la maturità[4]. Intanto però già si intravedono, sinistri, i primi segni della follia. In una delle scarse note autografe rimaste fra le carte di famiglia si legge: «All'età di quindici anni colpito da confusione di spirito, commise in seguito ogni sorta d'errori ciascuno dei quali egli dovette scontare con grandi sofferenze»[5]. Si tratta, afferma il dottore che lo prenderà in cura, redigendo una biografia (dice lui) «non romanzata», di «fenomeni di eccitamento e di depressione, non gravi da impedire lo studio»[6]. In una lettera del 13 settembre 1906 il padre di Dino, il maestro Giovanni Campana, scrive al professor Angelo Brugia, medico capo del manicomio di Imola: «Nel 1900, allorché egli cominciò a dare prova d'impulsività brutale, morbosa [...], lo feci visitare al professor Alberigo Testi di Faenza, il quale gli ordinò una cura di ioduro di sodio e mi consigliò di pazientare nella speranza che il giovane, dopo i vent'anni, si rimettesse»[7]. Se è lecito, ma forse non sempre lo è, prestare fede al Pariani (a volte i «matti», si sa, sono più furbi dei «sani di mente» e sanno mentire, divertendosi un sacco, alle spalle dei «savi»), la «confusione di spirito» si manifesta ancora al tempo del liceo. Ecco cosa racconta il poeta: «Non sapevo bene i costumi che c'erano fuori; quando tornai a Marradi mi ridevano, mi arrabbiai e divenni nevrastenico. Poi cominciai a viaggiare. Non feci mai nulla di buono»[8].

Inizia a questo punto l'epopea campaniana, incomparabilmente orpellata di aneddoti da parte di biografi troppo sovente improvvisati o preoccupati di fare bella mostra di sé sul palco delle travagliate vicende umane del poeta. «In Italia arrestato e poi un mese di prigione a Parma verso il 1902, 1903», racconterebbe il viaggiatore-«teppista» allo psichiatra che lo visita a Castel Pulci. Scriverà invece Campana a Mario Novaro nell'aprile del 1916: «A diciott'anni rinchiusa la porta della prigione piangendo gridai: Governo ideale che hai messo alla porta ma tanta ma tanta canaglia morale»[9]. Vengono poi gli anni dell'università, tra Bologna e Firenze. Andrebbe ascritta al 1903 la fuga a Odessa, sul Mar Nero. Ecco cosa confida il mentecatto, un poco confusamente, al suo psichiatra: «Sono stato a Odessa. Mi imbarcai come fuochista, poi mi fermai a Odessa. Vendevo le stelle filanti nelle fiere. I Bossiaki sono come zingari. Nei dintorni vendevamo calendari, stelle filanti. Sono compagnie vagabonde di cinque sei persone. Il tiro a bersaglio fu in Svizzera»[10].

«La chimica non la capivo assolutamente», racconterà ancora il paziente «cronico» al medico Pariani: «quindi mi abbandonai al nulla»[11]. Riformato dal servizio militare il giovanotto va a Genova. Ma viene espulso dalla città, ecco un altro *Leitmotiv* della sua vita, per essere riaccompagnato a Marradi. A questo punto il poeta, anche se l'ipotesi appare piuttosto improbabile, scapperebbe una prima volta in Svizzera[12]. Fra il 5 e il 9 maggio ricompare comunque al proprio paese e viene visitato dal professor Giovanni Vitali di Bologna, che prescrive, fra l'altro, in religioso ossequio alle officine del tempo, il ricorso a «preparati bromici»[13].

Le cure però servono a poco e Dino, stavolta, sparisce per davvero («prendo il partito dei più deboli», scriverà dieci anni più tardi a Sibilla Aleramo: «il mio solito partito, parto»)[14]. L'ambiente familiare e marradese gli va stretto. L'università non lo attrae. E soprattutto sa oramai che, al compimento dei ventuno anni, mancano oramai poco più di due mesi, dovrà piegarsi a una legge dello Stato varata il 14 febbraio del 1904 e pubblicata sulla «Gazzetta Ufficiale» otto giorni dopo. Prevedono le nuove «Disposizioni sui manicomi e sugli alienati» (sotto la voce: «Custodia e cura degli alienati») che tutti coloro che sono afflitti da «alienazione mentale», e che pertanto «siano pericolosi a sé o agli altri e riescano di pubblico scandalo», debbano essere «custoditi e curati» in manicomio. Possono chiedere l'ammissione coatta i genitori, il tutore, ma anche «chiunque altro», un sindaco, un farmacista, un arciprete, abbia un motivo per denunciare lo squilibrato. E chissà che a Marradi qualcuno già non si dia da fare o non pensi a un ripiego per allontanarlo. Il periodo di osservazione, della durata di un mese, può essere seguito dall'ammissione definitiva. Dino dovrà accettare il ricovero in manicomio, insomma, se l'«esaltazione», e il conseguente pericolo di «pubblico scandalo», non rientra. E di momenti «esaltanti» la sua giovane vita non difetta certo. («Ero bello di tormento, inquieto pallido assetato errante dietro le larve del mistero», si legge nella *Notte*)[15].

Così trovandosi un giorno «per svago» alla stazione di Bologna, e osservando un treno in partenza (chissà che non gli venga in mente un verso di Verlaine: «Qu'en dis-tu, voyageur, des pays et des gares?»)[16], ha come un colpo di fulmine. Avrebbe raccontato Campana a un amico, qualche anno più tardi, poco importa se il tono, al solito, è più enfatico che genuino: «Sentii che in quello fuggiva la mia vita! Vi balzai su, e non avendo che due soldi in tasca, mi nascosi nel gabinetto e mi vi chiusi fino a Milano»[17]. Assai probabile che, passando per Milano, il fuggitivo non manchi di andare alla Mostra Internazionale inaugurata da poco: sostando, nel Padiglione Grubicy, davanti ad alcune opere di Giovanni Segantini e di Gaetano Previati, e visitando l'adiacente Stazione radio-telegrafica che, dice una guida del tempo – lui che poi a Castel Pulci confesserà: «sono una stazione telegrafica», un «telegrafo senza fili», «in suggestione radiotelefonica» con Milano Parigi e Londra –, «dà un'idea abbastanza precisa del modo come funziona il telegrafo senza fili»[18]. Chissà che il fuggiasco non passi la notte al Dormitorio popolare di via Colletta, che mette a disposizione quattrocento letti. Là dentro nessuno domanda come ti chiami e da dove vieni.

Sia quel che sia, e qui torniamo ai documenti storici e alla geografia elvetica, nel giugno del 1906 Campana è a Bignasco, nel Cantone Ticino, e ci passa una notte. Lì, a trenta chilometri da Locarno, la valle Maggia si sdoppia («incerte si snodano le valli | Verso le solitudini alte de gli orizzonti»)[19]: da un lato c'è la Bavona, dall'altro la Lavizzara. Entrambe salgono verso il cuore delle Alpi. Vedendo quel giovanotto basso e tarchiato, un po' rude e soprattutto risentito nei modi, con gli occhi azzurri «di fauno»[20] e i capelli biondo-ramati, tanto che qualcuno lo prende per un tedesco, vestito in modo stravagante – i pantaloni colorati, la giubba di mezzalana, gli scarponi legati con lo spago (dirà un conoscente: «dava sempre, e non saprei dire perché, l'impressione di aver dormito sotto un ponte»)[21] – la gente del luogo lo avrà chiamato, come i rari vagabondi che passano di là, *matlòsan* (dal tedesco *Heimatlos*, cioè «senza patria»). Chissà, mormorerà qualcuno, che non si sia insediato ad Ascona, su un'altura detta «Monte Verità», dove vive una pittoresca colonia di «matti»: artisti, anarchici, nudisti (o *balabiótt*, cioè gente che balla nuda, come nei sabba: nudi come Adamo ed Eva coltivano i campi), danzatrici, femministe, rivoluzionari, *femmes fatales*, vegetariani, reduci dai lavori forzati fuggiti da chissà dove e chissà come... Tutti, senza eccezione, neanche uno si salva, *matlòsan*. Ma quelli scendono dal nord, cercano il sole, la natura, il magnetismo tonificante della Terra Madre, il *genius loci*, l'ebbrezza della libertà, le utopie di un mondo che non hanno trovato a casa loro. E sono tedeschi, russi, olandesi, polacchi. Invece il giovanotto parla italiano, anche se l'accento è un po' diverso («Da che parte è il passo del San Giacomo?», chiede facendo segno con la mano verso il luogo dove la valle si biforca: «Per che strada ci si arriva? Quanto ci vuole?»). E allora lo guardano con simpatia. «L'è un taliàn», dice qualcuno: come i boscaioli e i falciatori che ogni estate arrivano sui monti e sugli «alpi», cioè gli alpeggi, a fare la stagione; come i tagliapietra delle cave di granito e di beola; come gli sterratori, gli operai e i minatori – insomma «d'Italia che *fa* processione | Con il badile»[22] – che stanno costruendo la linea ferroviaria a scartamento ridotto della «Valmaggina», che dall'autunno del 1907 collegherà stabilmente Bignasco con Locarno.

Appena tre anni avanti l'Italia aveva rotto, se pure per qualche mese soltanto, le relazioni diplomatiche con la Svizzera: troppi repubblicani, sindacalisti, anarchici e rivoluzionari italiani accoglie benevolmente il Cantone Ticino. Cinquant'anni prima il conte Radetzky, governatore del Lombardo-Veneto, aveva chiuso le frontiere per lo stesso motivo. E molti, anche da Bignasco, e da tutta la valle Maggia, e dalle montagne e dalle campagne della Svizzera italiana, per sottrarsi alla morsa della fame, erano dovuti emigrare: chi nell'Europa del nord, chi in Australia, a cercare l'oro, chi in California, a mungere le vacche... «Il passo del San Giacomo?», risponde qualcuno: «Ci si arriva per la Bavona. Ma c'è ancora troppa neve sulle montagne...». Stavolta il giovanotto non dice nulla, infila il sacco sulla spalla e prende la strada che va per la sinistra. La valle sale dolce fino al villaggio di San Carlo, per una decina di chilometri, fra immense pareti di roccia che paiono cattedrali (nei giorni più limpidi si possono vedere in lontananza, bianche di neve e rosa di sole, dalle guglie del Duomo di Milano) e sparuti e deserti pugnelli di case in pietra. Poi, all'improvviso, il sentiero comincia a inerpicarsi su per la montagna.

La sera del 22 giugno qualcuno consegna al «borgomastro» di Bignasco, Gaudenzio Begnudini (al paese di Dino si pensa forse che nel Cantone Ticino si parli tedesco), un telegramma del sindaco di Marradi, Attilio Bandini: «Prego Vossignoria somministrare | Campana Dino mezzi rimpatrio da | San-Carlo a Locarno ove egli troverà | Ufficio Postale denaro passaporto rimborsero [*sic*] | spese. | Sindaco Baindini [*sic*]» (sei giorni più tardi il sindaco specifica che i soldi servono «allo scopo di rimpatrio»)[23]. L'indomani Campana manda al «borgomastro» di Bignasco una cartolina postale («urgente» aggiunge di propria mano) da Locarno:

Egregio Signor Sindaco, La ringrazio della sua premura. Appena ricevuta questa mattina la sua lettera partii per [>Lugano< *corretto in*] Locarno. Sono andato alla posta ma la mia corrispondenza che era di già giunta a Locarno è stata mandata a Altdorf; perché dovendo andarvi, avevo lasciato l'incarico di spedir là la mia corrispondenza. Devo dunque aspettare qualche giorno prima di avere denari. Oso pregarla di volermi anticipare qualche cosa per questo poco tempo. Ringraziandola anticipatamente, con tutta stima e riconoscenza, obblig.mo Dino Campana[24].

Intanto la famiglia dello scomparso continua a manifestare la propria preoccupazione. Il 28 giugno, scrivendo nuovamente al «borgomastro» di Bignasco, il sindaco di Marradi dice:

Con mio telegramma del 22. corrente mese chiedevo alla S.V. Ill.ma di somministrare i mezzi di viaggio da S. Carlo a Locarno, allo scopo di rimpatrio, a certo Campana Dino di Giovanni trovantesi provvisoriamente costà.

Non avendo ottenuto nessuna risposta da V.S. Ill.ma al mio telegramma e d'altra parte trovandosi la famiglia del Campana in grave apprensione pel figlio, pregola vivamente a favorire una risposta in proposito[25].

Finalmente il 30 giugno Gaudenzio Begnudini, ha quarantacinque anni e da giovane è emigrato in Olanda, dove continua a essere proprietario di un negozio (e chissà, benestante com'è, che non abbia regalato qualche moneta al giovanotto o che non lo abbia almeno rifocillato), comunica dalla Svizzera che, quando ha ricevuto il telegramma da Marradi, Campana era già partito. Non saprebbe pertanto dove mandare i soldi destinati al rimpatrio. Acclude la cartolina spedita da Locarno e aggiunge confermando senza saperlo la diagnosi medica che un mese e mezzo prima lo giudicava un «ragazzo tanto simpatico», affetto però da «una forma psichica a base di esaltazione»: «Quando il Campana passò da costì fermandosi una notte era in buonissimo stato di salute, solo sembrava d'essere un po' esaltato». E consiglia di scrivere a Locarno, dove forse il fuggiasco si trova ancora. Entrando in territorio elvetico, non deve avere fatto nulla di grave. E neanche è stato notato dalla polizia o dagli uscieri comunali. Nessuna traccia di lui si trova nelle risoluzioni municipali del Comune di Locarno che invece registrano ogni pur minimo evento della quotidianità cittadina di quei giorni.

Occorre, a questo punto, fare qualche riflessione. La prima: perché il fuggiasco sceglie una strada tanto discosta ed extravagante? Risponde Giovanni Bonalumi, fra i primi studiosi a occuparsi della poesia e della cultura campaniana: «È un recesso abbastanza comodo, una tana dalla quale gli è permesso di spiare quanto gli accade attorno, senza essere visto»[26]. Più che cercare un nascondiglio, il fuggitivo segue però una via discosta. Privo com'è di soldi, non può viaggiare in treno. Essendo anche sprovvisto di passaporto, non gli è consentito di entrare da uno dei vari valichi di frontiera che uniscono il Cantone Ticino all'Italia dove peraltro gli immigrati vengono sottoposti a rigidi controlli sanitari. Deve insomma scegliere per forza di cose, di notte, uno dei tanti sentieri collinari o montani – quelli percorsi dai contrabbandieri e, quarant'anni più tardi, al tempo della guerra civile, dai partigiani antifascisti e dagli ebrei – che eludono i controlli delle guardie («passai poi in Svizzera a piedi», racconterà). La strada più abituale verso il nord, da sempre, è quella che dai contrafforti di Bellinzona porta al San Gottardo, sia esso il passo, che tuttavia può essere ancora chiuso per via di qualche valanga caduta in primavera, o il tunnel ferroviario aperto nel 1882. In realtà, chi è senza denaro, o ha soltanto qualche spicciolo in tasca, deve transitare il più lontano possibile dai grandi centri abitati ed è costretto a prendere, *pedibus calcantibus*, la via più rapida e diretta, ancorché assai più ardua di quella canonica della valle Leventina.

L'itinerario scelto dal poeta (certo informato da qualche alpigiano, o da una guida alpina o da contrabbandieri; ma sarebbe bastata anche soltanto la consultazione del popolarissimo *Manuel du voyageur* di Karl Baedeker)[27] è insomma quello giusto. Il tempo meteorologico nel fondovalle è bello e caldo: anzi già regna la siccità[28]. È solo la neve, tanto abbondante sulle montagne in quella tarda primavera del 1906 («e giunsi giunsi là fino dove le nevi delle Alpi mi sbarravano il cammino», scriverà poi nella *Notte*), vi cade ancora ai primi di giugno, mentre alla fine del mese arrivano le nebbie e forti venti[29], a impedirgli il passo quando oramai si trova di fronte all'ultimo, più impervio ostacolo: una sola giornata di cammino. «Fu un arresto lassù per non poter superare quel passo», dirà Campana al medico Pariani: «è un passo alto, il passo di San Giacomo alto 3200 metri per andare dalla Val Bavona in Italia. Da Locarno si entra nella Val Maggia e poi nella Val Bavona»[30]. Corretta la geografia, non il rilievo altimetrico (solo la vetta del vicino Basòdino, circondato da un ghiacciaio, che sovrasta San Carlo, arriva ai 3272 metri).

Non ha però senso andare verso il San Giacomo, che riporta in val Formazza, e a Domodossola, in Italia (per farlo il fuggitivo avrebbe potuto servirsi, dalla val Bavona, del passo del Tamier: da San Carlo a Canza; o varcare la Guriner Furka, dalla val Maggia e poi dalla Rovana: ma per quali motivi, allora, entrare in Svizzera?). Il traforo ferroviario del Sempione è appena stato inaugurato ufficialmente, il 19 maggio, dal re Vittorio Emanuele III e dal presidente della Confederazione elvetica Ludwig Forrer. Ma non è quella la strada giusta per chi è squattrinato, fuggitivo e privo di documenti. Semmai dal passo del San Giacomo si può arrivare, andando verso nord, a quello della Novena e di lì nel Vallese. O, e qui ci avviciniamo ai veri intendimenti (per quella via era giunto in Leventina da Macugnaga, nel 1845, John Ruskin), nella valle Bedretto. Anche se la via più rapida e usuale, sempre salendo tra i boschi di abeti per il medesimo sentiero da San Carlo, in valle Bavona, e transitando accanto ad alcuni laghetti morenici («le chiare gore i laghi estatici»), è quella del passo del Cristallina: di lì si scende in valle Bedretto e si arriva ad Airolo, sono undici ore a piedi da Bignasco, dice la guida Baedeker, alle pendici del passo (e accanto al tunnel) di San Gottardo. Questo è l'itinerario che Campana, del tutto sprovvisto di un equipaggiamento adeguato per l'alta montagna e i suoi stratempi, fa per una tratta: «fino dove le nevi delle Alpi *gli* sbarr*ano* il cammino». Lo avrebbe completato se il manto nevoso, ancora troppo abbondante, e forse anche la conoscenza dei luoghi alpini, e delle loro vie di comunicazione, glielo avessero consentito. Che il poeta, messo un bel pezzo di strada fra sé e l'Italia, intendesse poi salire sul San Gottardo per andare nella Svizzera centrale è provato del resto, oltre che dalla lettera scritta al sindaco Begnudini, dall'ordine lasciato alla posta di Locarno di mandare ad Altdorf, nel Canton Uri, la corrispondenza («Dal Canton Ticino si può andare al lago dei Quattro Cantoni, a Altdorf il paese di Guglielmo Tell»)[31].

In fuga verso il nord, «povero, ignudo, felice di essere povero ignudo», e soprattutto libero, come l'«esprit libre» celebrato da Nietzsche in una delle opere lette da Campana a Ginevra nel 1915[32], ma senza rompere del tutto i contatti con la famiglia, si è fatto vivo con un telegramma, da Locarno o da Bignasco, Dino comunica a casa di essere rimasto privo di mezzi (i «due soldi in tasca» sono evidentemente esauriti da tempo) e da casa – sanno che è stato o è ancora a San Carlo, in valle Bavona – spediscono a Locarno, insieme al passaporto, il denaro necessario per il rimpatrio. Intanto il sindaco di Marradi, insistendo sulla «grave apprensione» dei familiari, ha già provveduto a scrivere a Campana e, con la speranza che denaro e documenti non servano ad allungare il viaggio del fuggitivo, ha pregato le autorità locali di rimandare in patria il giovanotto. Letto il biglietto del sindaco, la mattina del 23 giugno Campana, per la strada incontra molti connazionali che lavorano sul cantiere della ferrovia Locarno-Bignasco, torna subito a Locarno per ritirare i soldi e il passaporto. Sono quaranta chilometri, ci arriva soltanto la sera. Ma il plico è già partito per Altdorf e il vagabondo è costretto ad aspettare qualche giorno, dormirà su una panchina, accanto al lago, prima di avere un sostegno. Chiede anzi al sindaco di Bignasco di volergli anticipare qualche cosa. Appena il denaro torna a Locarno, da Altdorf, Campana si avvia, stavolta forse in treno, ma più probabilmente con le proprie forze (ricorderà: «Ho passate varie volte le Alpi, ho fatto il Gottardo [...]. Viaggiavo a piedi»), non in direzione di Marradi ma, per Bellinzona e per la Leventina, verso la Svizzera interna. Vuole girare il paese, dice lui (oltre che per stare alla larga dal manicomio), «per svariarsi»: non era stato il professor Vitali a consigliare alla famiglia «il riposo intellettuale» e l'«isolamento affettivo e morale»[33]? Difficile che vada a Friburgo («Contava di recarsi a Friborgo ove aveva mandato una domanda per essere ammesso in quella università», comunica il 30 giugno il «borgomastro» di Bignasco): non fosse per i corsi estivi e per gli esami, oramai l'università è chiusa. A questo punto le tracce spariscono dalla cronaca documentaria e il fuggitivo si rende nuovamente irreperibile (lavora, chissà?, in un luna park: «il tiro a bersaglio fu in Svizzera», racconterà come sappiamo).

LE «GRANDI CATTEDRALI DELLA TERRA»

È in questi mesi che Dino incontra la Chimera. Ecco un brano, uno dei più belli in assoluto (è nel «poème en prose», ha osservato Montale, che Campana trova il suo migliore assetto e questa – una delle «poche pagine incorruttibili» che fanno del poeta «una voce ben diversa da quelle del suo tempo» – pare proprio una delle «rapide immersioni in un'atmosfera diversa»)[34]. Un passo «cruciale», cioè «cognitivo»[35], della prima parte della *Notte*. Una «complessa prosa lirico-narrativa e onirica»[36], «a hallucinatory narrative of sensual and imaginative deviance»[37], che evoca, in una *Stimmung* visionaria, fatta di «materia psichica, mnemonica e immemoriale», come ha osservato Mario Luzi[38], nell'ascolto iniziatico del silenzio, gli eventi appena descritti:

> Ero bello di tormento, inquieto pallido assetato errante dietro le larve del mistero. Poi fuggii. Mi persi per il tumulto delle città colossali, vidi le bianche cattedrali levarsi congerie enorme di fede e di sogno colle mille punte nel cielo, vidi le Alpi levarsi ancora come più grandi cattedrali, e piene delle grandi ombre verdi degli abeti, e piene della melodia dei torrenti di cui udivo il canto nascente dall'infinito del sogno. Lassù tra gli abeti fumosi nella nebbia, tra i mille e mille ticchiettìi le mille voci del silenzio svelata una giovine luce tra i tronchi, per sentieri di chiarìe salivo: salivo alle Alpi, sullo sfondo bianco delicato mistero. Laghi, lassù tra gli scogli chiare gore vegliate dal sorriso del sogno, le chiare gore i laghi estatici dell'oblio che tu Leonardo fingevi. Il torrente mi raccontava oscuramente la storia. Io fisso tra le lance immobili degli abeti credendo a tratti vagare una nuova melodia selvaggia e pure triste forse fissavo le nubi che sembravano attardarsi curiose un istante su quel paesaggio profondo e spiarlo e svanire dietro le lancie immobili degli abeti. E povero, ignudo, felice di essere povero ignudo, di riflettere un istante il paesaggio quale un ricordo incantevole ed orrido in fondo al mio cuore salivo: e giunsi giunsi là fino dove le nevi delle Alpi mi sbarravano il cammino. Una fanciulla nel torrente lavava, lavava e cantava nelle nevi delle bianche Alpi. Si volse, mi accolse, nella notte mi amò. E ancora sullo sfondo le Alpi il bianco delicato mistero, nel mio ricordo s'accese la purità della lampada stellare, brillò la luce della sera d'amore[39].

Il ricordo dell'evento – forse non privo, oltre che di echi dannunziani, nitzscheani e zarathustrani («Io salivo, salivo, sognavo, pensavo»)[40], di implicazioni leonardesche (il motto del grande pittore suona: «non si volta chi a stella è fisso»)[41] – tornerà in una lettera di Campana a Carlo Carrà della fine del 1917: «la prima notte che arrivai sulle Alpi l'inverno per tutta la notte davanti ai colossi nevosi mi tintinnò all'orecchio il suono di scarabillo di una suoneria gotica»[42]. Ma si rinnova anche, tanto è centrale nella memoria campaniana, nella sua poesia: come in *Sogno di prigione* («stelle deserte sui monti nevosi: strade bianche deserte: poi chiese di marmo bianche»); o nella *Chimera* («io poeta notturno | Vegliai le stelle vivide nei pelaghi del cielo»); o ancora nella *Verna* («là giunsi indove avanti a una vastità velata di paesaggio una divina dolcezza notturna mi si discoprì nel mattino, tutto velato di chiarìe il verde, sfumato e digradante all'infinito») o in *Dualismo* («E passavano le ore di sogno, ore di profondità mistiche e sensuali che scioglievano in tenerezze i grumi più acri del mio dolore, ore di felicità completa che aboliva il tempo e il mondo intero, lungo sorso alle sorgenti dell'Oblio»)[43].

Sarebbe evidentemente improprio leggere la poesia «orfica» di Campana cercando a tutti i costi, nel suo autobiografismo spesso memoriale o onirico, testimonianze o referenti diretti nella realtà. O, per meglio dire, è lecito farlo – ammesso che si passi per la via di scaglie di ricordi fatti non di eventi singoli ma trascinati da un flusso torbido e discontinuo, dove pure ogni particolare è rintracciabile – e i nomi che si potrebbero infilzare, di «evidenti visioni strappate dai viaggi»[44], sono parecchi (la Verna, Firenze, Genova, Bologna, Faenza, il Sud America, la Pampa). Ma ci vuole prudenza: anche se Fiorenza Ceragioli segnala giustamente «il continuo trasporre l'universo dell'arte in quello della vita e viceversa»[45]. In una nota autografa Campana dice di avere scritto i *Canti Orfici* «come a testimonio di sé medesimo, in varii intervalli della sua vita errante»[46]. È il poeta stesso che rispondendo a Pariani, e anche schermendosi, lascia poi intravedere chiavi di lettura (sono tutte «fantasticherie» o «trasfigurazioni» o «stranezze», afferma, «effetti lirici qua e là lasciati a lo stato di natura», «collocavo dei ricordi», «la fanciulla che lavava e mi amò, son tutte fantasie»). È lui che associa comunque il testo appena citato, come già sappiamo, al suo passaggio in valle Bavona. Al medico che lo interroga nel cronicario fiorentino di Castel Pulci il paziente dice però anche: «Viaggiando avevo delle impressioni d'arte; le scrissi»[47].

Così, dopo avere incontrato sul suo cammino le «bianche cattedrali» gotiche, fra di esse c'è il Duomo di Milano, Campana vede «le

Alpi levarsi ancora come più grandi cattedrali». In controluce, dietro le trasfigurazioni «gotiche» del sogno e del mistero, compare la valle Bavona; con qualche evidente memoria colta. Come quella, chissà, delle *Cathédrales* di Monet; e certo quella di John Ruskin, che a sua volta aveva definito le Alpi, lui che ci torna quasi ogni anno, e che era passato anche per quei dintorni, «cattedrali della terra» («these great cathedrals of the earth»)[48]. Come quella mediata da letture leonardesche – il pittore della *Vergine delle rocce*: «Tu già avevi compreso o Leonardo, o divino primitivo!» (già Baldassarre Castiglione osservava: «ha così strani concetti e nove chimere»)[49] è peraltro uno dei *phares* di Baudelaire e di Schuré, ma l'interesse per lui cresce soprattutto verso la fine dell'Ottocento[50]. Come quelle ancora, lo diremo nel saggio successivo (già Ramat ha rilevato che «si scopre, in Campana, l'influsso di fonti iconografiche plastiche o pittoriche»), di Giovanni Segantini. La fanciulla che ama accanto al torrente fa pensare a un'opera del pittore simbolista premiata all'Esposizione internazionale di Dresda nel 1897, *L'amore alla fonte della vita*[51].

È in questa occasione che verosimilmente Campana, «prenden*do* presto a noia luoghi e persone», passa per Basilea, la città dove Nietzsche ha insegnato. Forse si stabilisce in uno degli «Italienerviertel» (i rioni italiani) e trova lavoro saltuario in un cantiere edile. Le condizioni di vita sono molto dure. Proteste e liti, provocazioni e scontri, violenze e brutalità sono all'ordine del giorno. La gente del posto guarda con sospetto, e anche con disprezzo, ai «Bolänteschlugger» (i mangiapolenta) che vivono ammassati nelle stanze e nei dormitori, si riuniscono in associazioni, discutono animatamente intorno ai tavoloni delle birrerie, allo Spalenberg, promuovono scioperi e agitazioni, sognando rivoluzioni proletarie e un sole che splende luminoso sopra il loro avvenire. Scriverà il poeta a Bino Binazzi (sempre ammesso che si tratti della medesima occasione), già lo abbiamo visto: «Alcuni mesi sono stato in prigione. Due o tre mesi in Svizzera, a Basilea; per rissa. Avevo letigato con uno svizzero: delle contusioni. Non fui condannato. Avevo un parente, mi raccomandò». Il parente è lo zio paterno Francesco Campana, procuratore del re a Firenze e a Pisa[52]. Difficile che Dino possa essere «raccomandato» all'indulgenza di un giudice elvetico. Chissà però che nella città del Reno non vada a vedere le opere di Holbein il Vecchio e di Arnold Böcklin («un settentrionale che ha allucinazioni nostalgiche del mondo mitico», lo dice sprezzantemente D'Annunzio)[53]. E soprattutto chissà che non abbia potuto vedere a Berna la «scandalosa» *Notte* del pittore svizzero Ferdinand Hodler, con i suoi fantasmi erotici e l'angosciante simbologia mortuaria che trasuda da ogni poro.

Il 7 agosto del 1906, due mesi dopo l'espatrio in Svizzera, il questore di Firenze scrive al sindaco di Marradi. Proveniente dalla Francia, lo «scrivano» Dino Campana è stato fermato otto giorni prima a Bardonecchia: e, «trovandosi affatto privo di mezzi», il soccorso inviato a Locarno dalla famiglia, e poi, chissà, altrove in Svizzera, è evidentemente esaurito da un pezzo, il giovanotto viene mandato in Toscana con un foglio di via. Ha tre giorni di tempo per presentarsi a Marradi[54]. L'ambiente familiare non giova però al poeta: forse perché viene a mancare un'altra volta «l'isolamento affettivo e morale» che la vita errabonda, in mezzo a tanti accidenti, sa almeno offrirgli. Così ai primi di settembre, ha compiuto da poco i ventun anni, l'«alienato» viene portato di forza, ancorché «in via provvisoria», al manicomio provinciale di Imola dove lo curano con lo ioduro di sodio e i preparati bromici. Verrà dimesso dopo quasi due mesi, uno di «osservazione» e un altro di ricovero coatto, il 31 ottobre. Una dichiarazione sottoscritta sotto giuramento da quattro cittadini di Marradi, «allo scopo di far resultare le condizioni mentali di *Campana Dino*» (la disposizione del 1904, come già sappiamo, prevede che a chiedere l'internamento possa essere la famiglia, il tutore o «chiunque altro»), dice che «da qualche tempo ha dato segni di demenza precoce e quindi è necessario sottoporlo ad una cura e toglierlo dai pericoli del suo stato impulsivamente irritabile e per la sua vita errabonda che lo potrebbe esporre a gravi pericoli». Campana insomma «è affetto da alienazione mentale» (cioè schizofrenia)[55] ed «è pericoloso a se ed agli altri». Dicono ancora i testimoni: «non può essere convenientemente custodit*o* e curat*o* fuorché in un manicomio». La «modula» informativa per l'ammissione in quello di Imola parla di «Esaltazione psichica – Impulsività e vita errabonda»[56].

Oramai per tutti, non ci sono più speranze, Dino è solo un «mentecatto», uno «psicopatico grave», un malato inguaribile di «pazzia dissociativa». Firmando un «atto della più grave responsabilità», pur di riprenderselo in casa «in via di prova», come prevede la legge, il padre si impegna a tenerlo in «condizioni speciali di vita isolata»[57]. Il primogenito indocile del maestro elementare di Marradi che, figlio del suo «destino fuggitivo»[58], prende presto «a noia» persone e luoghi, ricomincia tuttavia la solita vita fatta di eccessi e di vagabondaggi. Anche perché lontano dai suoi, questo l'hanno capito tutti o quasi, sta meglio. «Noi riponiamo la nostra felicità nel silenzio e nella lontananza», annoterà Campana nel trascrivere un passo de *La gaia scienza* di Nietzsche[59]. Vive così presso un contadino, lontano quanto basta dagli affetti familiari, e torna a studiare svogliatamente chimica a Bologna. Anche se con la mente, c'è da immaginarselo, è altrove. Sempre sulle tracce della Chimera. La sua salute sembra comunque migliorare. Tanto che un medico di Marradi lo trova «in perfetto stato di mente»: ciò che gli permette di ottenere, nel settembre del 1907, sarà un miracolo o un mezzo per toglierselo dai piedi?, il passaporto per l'Argentina. Semmai ci andrà, in Sud America («se siete un artista il mare ve lo dirà», scriverà spavaldamente nel 1913, da Genova, a Giovanni Papini)[60]. Almeno fino a marzo 1909 Dino sembra comunque non lasciare tracce di sé in Europa: né per le strade, né per i vicoli, né in ospedale, né in prefettura, né in ospedale. E neanche in prigione. Anche se la «modula» informativa dice senza pietà: «Dall'epoca in cui è uscito dal Manicomio di Imola ad intervalli ha dato ripetutamente segni di pazzia»[61].

Ai primi di aprile del 1909 il «matto furioso» viene però arrestato di nuovo. Ha commesso delle «stoltezze» («percuoteva e minacciava chiunque lo avvicinava», dice il verbale dei carabinieri, «tanto da incutere timore nella popolazione»). Non solo, precisa il sindaco di Marradi: «ha minacciato anche con armi e nelle ore notturne pacifici cittadini». Campana viene perciò ricoverato al manicomio di Firenze. Dimesso il 26 dello stesso mese, dopo l'usuale «periodo di osservazione», perché non si riscontrano «sintomi di alienazione mentale», il 12 maggio Campana scrive al «borgomastro del suo paese», proprio colui che lo ha fatto internare: «Il sottoscritto fa rispettosa istanza alla S.V.», annota, «al fine di ottenere un passaporto Governativo per la Svizzera». Per motivi di prudenza, «facciamo un passo dopo l'altro» avranno pensato in Comune, gli viene però rilasciato soltanto un documento per l'interno. Ma forse Dino tenta lo stesso di espatriare. Difatti in estate viene fermato a Pallanza, sul Lago Maggiore, a pochi chilometri dal confine elvetico (e dalla valle Bavona, e dalle «grandi cattedrali» delle Alpi). Sempre per «misure di P.[ubblica] S.[icurezza]». Portato a Domodossola, di là avrà certo guardato verso il passo del San Giacomo, e il tunnel ferroviario del Sempione, è rispedito a Marradi con il solito foglio di via. Racconterà poi il poeta a Emilio Cecchi alcuni anni più tardi: «Provai a lasciare l'Italia e fui arrestato e rimpatriato al mio paese tra fischi e gli insulti»[62]. Nulla tuttavia può calmare le manie ambulatorie (Ardengo Soffici parlerà ironicamente di «ulissismo»)[63] se nel dicembre dello stesso anno, o ai primi del 1910, il poeta è ad Anversa e a Bruxelles. Là il «matto furioso» finisce nuovamente in manicomio, da dove è dimesso in giugno. La cartella clinica dell'Asile des Hommes Aliénés di Tournai dice: «Caractère déséquilibré, eccitatif, tendance à la fureur [?]»)[64]. Dino viene pertanto rimpatriato e un medico, dopo averlo visitato, non riscontra, al di là del carattere squilibrato, dell'eccitazione e dell'irritabilità, «verun segno di alienazione mentale». C'è qualche speranza, insomma, che il problema possa risolversi. Il ricovero in Belgio è servito a calmare un poco le acque. Con grande sollievo di tutti Dino viene dichiarato «sano di mente»[65].

Così in autunno, forse per sdebitarsi, forse soprattutto per cercare la pace interiore, il poeta (che una solida certezza almeno già ce l'ha: «l'arte è lunga e la vita è breve»)[66] compie un pellegrinaggio a piedi al santuario francescano della Verna. «Guardo oppresso le roccie ripide della Falterona», scrive: «dovrò salire, salire». Poi ricorda, non senza forse la memoria del viaggio sulle Alpi del 1906, una benefica sosta notturna: «Come differente la sera di Campigno: come mistico il paesaggio [...]! Come incantate erano sorte per me le stelle nel cielo dallo sfondo lontano dei dolci avvallamenti dove sfumava la valle barbarica, donde veniva il torrente inquieto e cupo di profondità! Io sentivo le stelle sorgere e collocarsi luminose su quel mistero»[67]. E quindi torna ad aggirarsi per Firenze, aggiunge l'inflazionata agiografia goliardica, «barbuto e cappelluto come un Longobardo»[68]. E prima ancora sempre inquieto con sé e con gli altri. Nel marzo del 1911, un mese dopo si sposerà il fratello Manlio, chiede un passaporto «onde recarsi in Germania a scopo di lavoro». Qualcuno dice che va a fare il «servitore di stiva» tra Amburgo e Dover. Certo è, e qui torniamo alla cronaca (e alla verità) dei fatti, che alla fine di luglio la questura di Genova lo espelle nuovamente dalla città portuale per consegnarlo un'altra volta alla famiglia. Tanto per risentire una musica già udita altre volte... Chissà che sul treno che lo porta a casa, mentre osserva il mare, e la Lanterna si allontana, e l'odore dei carruggi si perde nel sogno, il poeta non mormori alcuni versi: «ch'io parta! E che un lontano | Giorno l'ultimo sonno in te laggiù | dorma | Genova»[69].

Intanto Dino ha incontrato di nuovo la Chimera. Mentre sta a Bologna, e ripensa con malenanza ai suoi viaggi, e sente senza sosta il desiderio di andarsene di nuovo, comincia ad allineare le proprie poesie. Ne stampa alcune, nel dicembre del 1912, su un modesto giornaletto studentesco, «Il Papiro»: *Le cafard (Nostalgia del viaggio)*, *Montagna-La Chimera* e *Dualismo. Ricordo di un vagabondo*. Il 20 febbraio del 1913 pubblica poi sul «Goliardo» i primi otto paragrafi della *Notte* intitolandoli *Torre rossa-Scorcio*. Intanto però si è nuovamente trasferito a Genova dove viene arrestato e da dove viene espulso in marzo. In settembre è il prefetto di Arezzo a far riconsegnare alla famiglia lo «squilibrato di mente» che un'altra volta si è messo nei pasticci[70]. Intanto il *corpus* dei suoi versi si sta oramai profilando. Alla fine dell'anno Dino affida a Papini, e qui la *leyenda* campaniana si colora di nuove tinte, il manoscritto presto «perduto» del *Più lungo giorno*[71]. Sono mesi di grande tristezza e di rabbie, di ribellioni e di ironie sottili, nelle poche lettere inviate, di risentimenti e di minacce: specie nei confronti di chi, snobbandolo, non sembra intenzionato a farsi editore delle sue poesie e tarda misteriosamente a restituirgli il manoscritto. «Vivo al piede di innumerevoli calvari», scrive il «matt Campèna» pensando al presente e agli anni trascorsi: «Tutti mi hanno sputato addosso dall'età di 14 anni». È un bilancio, un'altra volta, triste. Molto triste. Allora, masticando amaro, e scegliendo «il *suo* solito partito», quello di andarsene, Dino prende nuovamente la via della Svizzera. «Disperato e sperso per il mondo», nella primavera del 1914 (o forse già nell'autunno dell'anno prima) è a Berna da dove manda, accompagnandolo con una lettera breve e sconsolata, il «manoscritto» dei *Notturni* all'amico marradese Luigi Bandini, pregandolo insieme, non avendo un domicilio fisso, di rispondergli «fermo posta». Cerca forse, facendo qualche saltuario lavoro, come già ha fatto a Ginevra e a Basilea, e in chissà quanti altri luoghi dei suoi vagabondaggi, di racimolare i soldi per la stampa dei *Canti Orfici*. In ottobre il padre lo dice sempre «a suo carico», perché «incapace di guadagnarsi da vivere». Campana sta attento a non avere almeno guai con la giustizia che, certo, lo tiene d'occhio. I tempi sono grami. Scrive sconsolato: «io non ho meritato la mia sorte»; e poi ancora, rassegnato: «sarà quello che sarà: sarà quello che deve essere»[72].

Ma è un anno importante, il 1914, per Dino, che il 7 giugno, a Marradi, sottoscrive con il tipografo Bruno Ravagli il contratto per la stampa delle sue poesie. I *Canti Orfici* appariranno nel corso dell'estate[73]. Tramite Bandini lo stampatore riceve un acconto di 110 lire. Nel mese di novembre, mentre le poesie campaniane sono già in libreria, esce nel foglio goliardico bolognese «Il cannone» il *Canto proletario italo-francese*. E alla fine dell'anno Giuseppe De Robertis scrive sulla «Voce» che Campana è «poeta vero». Intanto l'inquieto giovanotto si mette altre volte in viaggio. È nuovamente a Genova (dove lo vede Camillo Sbarbaro), si imbarca per la Sardegna, in febbraio passa a Torino, dove ha studiato ai tempi del liceo. Sentendosi già un poco all'estero, fa lo strillone per la «Gazzetta del Popolo».

E intanto ne approfitta per smerciare qualche copia dei *Canti Orfici* (dirà al medico Pariani: «Se io vendevo quel libro era perché ero povero»).

Ma il bilancio è molto amaro e il suo pensiero e forse le sue angosce sembrano tutt'altro che dissimili da quelle di altri poeti, scrittori e artisti – da Michelstaedter a Weininger a Trakl, ma anche Klimt, Schiele e Kokoschka («nearly all had as precarious a grasp on their intentions as the age on its course») – che, come lui, vivendo un senso di grave disagio, hanno sentito o sentono «crollare le impalcature». Alcuni di loro si sono avvicinati, o lo stanno facendo, alla follia, ancorché quella di Campana sembra avere tutt'altre origini. Altri manifestano «istinti di morte»[74]. Anche Dino confessa: «Da quindici anni a questa parte tutti mi hanno sempre contestato il diritto di esistere e se non mi sono tirato un colpo di rivoltella è stato solo per un colpevole orgoglio». E poi commenta amareggiato: «tutto questo è monotono, egoista e immorale e non poteva dare altro che quello che ha dato». Non meno malinconico, ai suoi occhi almeno, il panorama della cultura letteraria italiana e dei suoi «giovanissimi parvenus» («Un art nouveau chez les macaronis!»). Dappertutto non si fa che parlare di patria, di interventismo, di missioni da svolgere, di luoghi da conquistare, di ingiustizie da riparare, di atti eroici, di vittorie immancabili. Infastidito da tanta retorica nazionalista a volte il poeta si sente come Nietzsche e come tutti i «libres esprits» avversi ai patriottismi nazionalistici (a loro è dedicata *La gaia scienza*). È anch'egli un «sans-patrie»[75] che sente il fuoco bruciare sotto i piedi. Forse anche per questo vorrebbe andare «in guerra per il Kaiser» (quel Kaiser a cui aveva dedicato i *Canti Orfici*), «sputando senz'altro», dice, «su questa porca Italia»[76].

Matura in questo modo, un'altra volta, «il tempo di cambiar aria». Campana, che a causa della malattia viene riformato dall'obbligo militare, pensa dapprima di andare in Francia a curare i feriti della guerra («forse potrei guarire io stesso ma non ci tengo oramai più»). Gli viene però negato il permesso di attraversare la frontiera di un paese in guerra. Allora il «solitario ombroso», così si definisce in una lettera a Mario Novaro, entra nella neutrale e pacifica Svizzera. Certo, il clima non è sempre ideale per gli italiani, specie dopo i grandi scioperi di Ginevra, nel marzo del 1907, e di Zurigo, nel luglio del 1912. Sono malvisti, gli «Ytaliääner», li chiamano anche «Tschingge» (perché, giocando rumorosamente alla morra, urlano spesso il numero cinque: «cinch», nei dialetti lombardi); così come è guardata male l'Italia monarchica, nazionalista e irredentista, troppo vicina agli imperi centrali, troppo lontana dagli ideali consolidati e libertari della democrazia elvetica. Passando per il Sempione, aperto anche d'inverno, sono tredici ore di strada, per chi viaggia a piedi, da Domodossola a Sion, nel Vallese, il poeta incontra molte famiglie di connazionali espatriati: gente che «H*a* domati i picchi irsuti | H*a* fatto strada per le montagne | Con poco canto con molto vino». Forse qualcuno lo ospita durante la notte e gli offre da bere e da mangiare. Scriverà Dino, a Soffici, nel maggio del 1915: «Quando partii da Firenze andai in Sardegna poi a Torino per due mesi, mezzo morto di freddo e di noia, poi ho girato la metà della Svizzera a piedi e sono a Ginevra da un mese e mezzo, ma stante le mie condizioni disperate, non so dove anderò!»[77].

Alla fine del marzo del 1915, oltrepassate di nuovo le montagne («E andavo poi per la via che le alpi si erano estinte»), Campana è dunque a Losanna. Confessa il 27 del mese: «resterò probabilmente quà». Sta cercando un lavoro «di qualunque genere», in Svizzera o, rimanendo in Svizzera, che gli venga dall'Italia. Per questo invia una richiesta di aiuto a Cecchi: «Conosco le lingue, meno il russo, la coltura scientifica», dice, «e mi impegnerei con lei di lavorare coscienziosamente». E poi aggiunge sconsolato: «Forse questa richiesta le sembrerebbe meno inopportuna se le descrivessi le mie condizioni»[78]. Si rivolge anche a Francesco Chiesa che, ironia della sorte, qualche anno prima aveva incontrato a Roma, in casa di Giovanni Cena, Sibilla Aleramo. (E pare, nelle parole di ricordo del poeta ticinese – «una bella donna che un giorno entrò nella sua [di Cena] vita grigia; gliela illuminò un giorno o due, poi...»[79] – di presentire ciò che capiterà al poeta dei *Canti Orfici* un anno più tardi). L'11 aprile Chiesa, rettore del liceo cantonale, l'uomo di cultura più prestigioso e soprattutto potente della Svizzera di lingua italiana (verrà accolto, nel 1925, nella seconda edizione dell'antologia dei *Poeti d'oggi* di Papini e Pancrazi), nel 1913 aveva dato un contributo a un numero della «Voce» interamente dedicato al Cantone Ticino[80], scrive a Campana da Lugano dopo avere ricevuto, il giorno prima, una cartolina dal poeta: «indovino e sento attraverso la sua lettera, la generosità del suo animo e la tristezza della sua vita. In una sola cosa ha torto; nel definire così genericamente la sua patria "il paese di tutte le vigliaccherie" [.] Ma so bene che chi è infelice non misura le parole». E, all'«infelice», Chiesa promette, non potendo fare altro, di scrivere una lettera di raccomandazione per alcuni amici che ha a Ginevra[81]. Molti cittadini svizzeri sono stati mobilitati a causa della guerra e chissà che non ci sia qualche posto rimasto libero all'improvviso da occupare...

Verso la metà di aprile, vivendo sempre in «condizioni disperate», dai primi del mese è a Ginevra, Campana si ricorda di avere «tra i *suoi* stracci» un testo di Bertrand Russell, *The Problems of Philosophy* (1912). La traduzione gli è stata commissionata da Papini. Ai primi di febbraio, chiedendo un acconto, la diceva «quasi ultimata». In realtà ha volto in italiano solo un'ottantina di pagine e ora promette: «io seguiterò a tradurre». A metà maggio, affermando di avere «quasi finita la traduzione», dice: «Qua tutto continua a andare per il peggio». Il 17 aprile, da Ginevra, ha mandato una lettera a Renato Serra: «è impossibile che Lei abbia un'idea delle condizioni in cui vivo e ho vissuto. Quà cercavo un'occupazione ma detestano come una mostruosità un italiano che non è un ilota. La Dante Alighieri mi manda a mangiare la zuppa quotidiana dell'opera Bonomelli»[82] (la fondazione di assistenza per gli operai italiani emigrati in Europa e nel Levante creata dal vescovo di Cremona Geremia Bonomelli). La Chiesa cattolica considera una «diaspora» l'emigrazione italiana in Svizzera e cerca almeno di tenerla sotto controllo e soprattutto lontana dai demoni socialisti, anarchici e anticlericali. Tra il 1914 e il 1915 è a Ginevra padre Giovanni Semeria, filantropo e uomo di cultura, che lavora per l'Opera Bonomelli. Per aiutare i connazionali l'ingombrante sacerdote modernista tiene una *Lectura Dantis* all'università. Un corso pubblico (a causa della guerra e della mobilitazione c'è scarsità di professori) per gli italofoni sufficientemente colti. Agli operai, il mercoledì, il celebre barnabita, provetto oratore, parla invece più modestamente di «favole poetiche» e di Trilussa[83].

Difficile che Campana, che pure lo incontra alla biblioteca di Ginevra il 19 aprile, vada ad ascoltarlo. Vorrebbe però almeno poter pubblicare i suoi versi su qualche rivista, o trovare qualcosa da tradurre (risponde disarmato Serra: «sono stato richiamato sotto le armi: molto lontano da ogni sorta di letteratura»). Si informa dell'entrata in guerra dell'Italia, scrivendo a Soffici: «sento quà le notizie più contraddittorie. Sembra, dunque, che facciamo la guerra? Per conto mio continuo una vita possibile» (ma prima ha scritto: «la peggiore vita possibile», e poi ha corretto «la peggiore» in «una»). Da Ginevra, il 25 aprile, chiedendo se in Italia «qualcuno si occupa ancora di *lui*», e augurandosi di ricavare qualcosa dalla vendita dei *Canti Orfici*, Dino spedisce a Soffici i versi di *Frammento*, poi *Bastimento in viaggio*, che «La Voce» pubblicherà in agosto. Frequenta con una certa assiduità, dal 7 aprile al 19 maggio, la Bibliothèque publique et universitaire e lavora per qualche giorno per il Comitato delle società italiane che ha la sua sede al numero 3 di Grande-Rue a Ginevra (dice un benservito redatto il 6 maggio 1915: «Ayant eu du travail extraordinaire pendant quelques jours, nous avons occupé Monsieur Dino Campana et avons été tres [*sic*] satisfaits de son travail»)[84].

«OLIMPIA CHE AVEVA I DENTI DI PERLA»

Chissà che percorrendo «la metà della Svizzera a piedi», ha oramai trent'anni, Campana non salga verso le Alpi per ammirare, nella sua *religio* laica, dalle «solitudini mistiche», le «grandi cattedrali della terra»? Anche Zarathustra, «colui», come dirà D'Annunzio, «che terribilmente visse per la sua terribile mèta», proprio alla sua età, ha lasciato la pianura per «and*are* sui monti»: a gustare il proprio spirito e la bellezza della solitudine[85]. Dalla Svizzera di lingua francese Dino passa poi in quella di lingua tedesca, arrestandosi senz'altro a Berna. Qualche eco di questa sosta risuona in una delle sue poesie «più belle», *Arabesco-Olimpia*[86]:

[1] Oro, farfalla dorata polverosa perchè sono spuntati i fiori del cardo? In un tramonto di torricelle rosse perchè pensavo ad Olimpia che aveva i denti di perla la prima volta che la vidi nella prima gioventù? Dei fiori bianchi e rossi sul muro sono fioriti. Perchè si rivela un viso, c'è come un peso sconosciuto sull'acqua corrente la cicala che canta.

[2] Se esiste la capanna di Cézanne pensai quando sui prati verdi tra i tronchi d'alberi una baccante rossa mi chiese un fiore quando a Berna guerriera munita di statue di legno sul ponte che passa l'Aar una signora si innamorò dei miei occhi di fauno e a Berna colando l'acqua, lucente come un secondo cadavere, il bello straniero non potè più a lungo sostare? Fanfara inclinata, rabesco allo spazio dei prati, Berna.

[3] Come la quercia all'ombra i suoi ciuffi per conche verdi l'acqua colando dei fiori bianchi e rossi sul muro sono spuntati come tra i fiori del cardo i vostri occhi blu fiordaliso in un tramonto di torricelle rosse perché io pensavo ad Olimpia che aveva i denti di perla la prima volta che la vidi nella prima gioventù[.]

Sono immagini, «impressioni» e visioni che, al solito, si mescolano e si confondono: «così decisamente fuor del mondo com'è sempre la sua poesia», dirà il dedicatario di questi versi, Giovanni Boine, il 22 aprile 1916[87]. C'è la memoria del paese dove è nato (le «torricelle rosse», dice il poeta al Pariani, «sono torri di Marradi»: e ancora «nel paesaggio italiano collocavo dei ricordi»). C'è Olimpia che è il personaggio eponimo del quadro «scandaloso» di Manet – una giovane *Venere* tizianesca trasposta in un bordello – che Campana ha visto al Louvre («È uno dei suoi più bei quadri»; così come ha ammirato *La maison du pendu* di Cézanne, artista di cui parla con Cecchi a Firenze: e vengono alla mente le parole indirizzate proprio a Cecchi pochi mesi prima: «se non mi sono tirato un colpo di rivoltella è stato solo per un colpevole orgoglio»); ma Olimpia è anche, confesserà il paziente di Castel Pulci, evocazione di «una ragazza di dodici o tredici anni. Un ricordo d'infanzia, la figlia di un droghiere svizzero che stava a Marradi»[88].

Nella copia dei *Canti Orfici* donata a Sibilla Aleramo il poeta aggiungerà di propria mano i soli versi finali di *Arabesco-Olimpia* scrivendo però in calce: «Berna-Marradi» (se il bianco il rosso e il blu di *A Mario Novaro* ricordano forse i colori nazionali della Francia[89], il rosso e bianco che tornano qui con insistenza possono, chissà?, oltre che essere forse un ricordo di Rimbaud[90], alludere alla bandiera svizzera). Racconterà Campana al Pariani: «Sono stato a Berna; ci sono delle pitture, sui muri, di antichi soldati svizzeri». Le «pitture» sono i grandi affreschi patriottici, come quello di un antico militare sulla parete di un vecchio palazzo all'Hotelgasse, nel cuore della città[91]. Il «ponte che passa l'Aar» è quello di Nydeck, che dista pochi passi dai portici, e dalle «pitture, sui muri», e che porta alla fossa degli orsi e ai «prati verdi tra i tronchi d'alberi» dove si va a prendere il fresco. E, quanto alla donna che si innamora dei suoi occhi «di fauno»: «Ciò non è vero affatto, tutte fantasie!» (ma poi precisa: «Se mai quella figura va attribuita a Ginevra»). Fatto sta che il poeta «orfico» rimane poco a Berna. Forse perché, memore di alcuni versi verlainiani appena letti a Ginevra («Beautés passant, au lieu de sous, | Faites à ce mauvais garçon | L'aumône seulement... de vous»)[92], l'«impudent» abbraccia una donna per strada, se l'evento non è capitato in realtà altrove. Forse per i soliti motivi – il vagabondaggio, la violenza, l'ebbrezza dell'*absinthe* («l'atroce sorcière verte», «l'absinthe du soir et de la nuit», «source de folie et de crime, d'idioties et de honte», come dice ancora il «Pauvre Lelian»; su un taccuino Dino scrive: «Sul tabouret d'assenzio e | i vetri del caffè»)[93] –, è costretto a lasciare la città dove «il bello straniero non potè più a lungo sostare». Spiegherà ancora al medico psichiatra: «Dovetti andar via. Vi ero andato a cercare un impiego, poi mi offrirono persino di andar volontario in Germania; ma io rifiutai. Era il tempo della guerra. Poi venni in Italia. Poi divenni mezzo strano. Non potevo più vivere. Fui internato durante la guerra».

Dopo il 19 maggio del 1915 il «matt Campèna» è già sulla via del ritorno. Forse va riferito a questo momento l'appunto registrato dal Pariani: «Ero venuto in Italia dalla Svizzera per non disertare. In Italia videro ch'ero stato in manicomio e non mi chiamarono in servizio. Quindi restai a spasso in quel modo»[94]. A Ginevra o a Losanna deve essersi procurato il libro delle poesie di Villon che ora porta, preziosa reliquia, con «i *suoi* stracci». Quando arriva a Domodossola, dopo avere fatto a piedi il passo del Sempione, transitando per le gallerie scavate nella roccia, i numerosi ponti, accanto a torri che servono da rifugio per i viandanti e i pastori, trovando finalmente a Varzo, come dice il Baedeker, «la végétation luxuriante du Midi: châtaigniers, figuiers, mûriers; champs de maïs et de vigne», scrive sulla pagina della *Ballade des pendus*: «Comme des tourelles d'acier | Dans le cœur brun de soir | Mon esprit qui se...»[95]. È l'avvio di quella «poesia patriottica», forse non priva di accenti ironico-parodistici («stai fida l'onore | Te lo venderemo con una nuova verginità»), ma anche di un partecipe sguardo sul mondo dell'emigrazione – «La vie humble aux travaux ennuyeux et faciles | Est une œuvre de choix qui veut beaucoup d'amour» ha appena letto in Verlaine[96] – che Campana afferma di avere cominciato a scrivere, o di avere ripreso, nel luglio del 1915 (ma altrove dice «maggio» e «giugno»: insomma, passando per quei luoghi; la si trova già alla fine del *TM*): «poesia nazionale» all'inizio, e poi «rude canto popolare» (come spiegherà a Cecchi nell'aprile del 1916 e come rileverà Cardarelli un mese più tardi)[97]. Usciti in una prima versione, come già sappiamo, nel novembre del 1914, sul foglio goliardico bolognese «Il cannone», questi versi dai toni un poco «corali e popolareschi»[98] percorrono vicende filologicamente complesse. Conoscono varie redazioni e vari titoli: *Canto dell'espatriato*, *Canto popolare italo-francese*, *Canto proletario italo-francese*, *All'Italia*, *A M.[ario] N.[ovaro]*. Vengono mandati al destinatario e a Cecchi nell'aprile del 1916[99] e sono pubblicati, con la data «Domodossola 1915» e la firma «Dino Campana – poeta germanicus»[100], sulla «Riviera Ligure», nel maggio del 1916:

Come delle torri d'acciaio
Nel cuore bruno della sera
Il mio spirito ricrea
Per un bacio taciturno.
. . . .
. . . .
Se là c'è un rosso giardino
che cosa è il bianco con il turchino?

. . . .
. . . .
. . . .
. . . .
sull'alpe c'è una scaglia di lavoro
Del povero italiano non si sa.
Tra i pioppi
Al margine degli occhi | bruni della sera
Se c'è una pastorella non si sa
Che pare far vane le torri
Al taglio di un pioppo che brilla:
Italia.
Ma come torri d'acciaio
Nel cuore bruno della sera
Il mio spirito ricrea
Per un bacio taciturno.
. . . .
. . . .
. . . .
. . . .
Hai domati i picchi irsuti
Hai fatto strada per le montagne
Con poco canto con molto vino
Sei arrivata vicino
Fin dove si poteva arrivar.
Senza interrogare la giubba rossa delle stelle
Hai sfondato finchè si poteva arrivare
Finchè sei andata a riposare
Laggiù nello straniero suol.
Italia non ti posso lasciare
La scaglia dell'italiano senza cuore
Brilla: stai fida l'onore
Te lo venderemo con una nuova verginità.
L'edera gira le torri
È la vigna della tua passione
Italia che fai processione
Con il badile prendi il fucile ti tocca andar
Fora la giubba rossa delle stelle
Questa volta con il cannone
Italia che fai processione
Prendi il fucile guarda il nemico ti tocca andar.
Guarda il nemico che poi non t'importa
Ti sei fatta a forzare la pietra
Prendi coraggio se batti la porta
Questa volta ti si aprirà.

Cara Italia che t'importa
Ti sei fatta a forzare la pietra
Prendi coraggio questa volta
Che la porta ti si aprirà.
. . . .
. . . .
. . . .
. . . .
Nel paesaggio lente si spostano le rondinelle
Il paesaggio è costituito dal ponte in riva al
secondo fiume
. . . .
. . . .
L'oro e l'azzurro dei tramonti decrepiti si è
cambiato in verde
. . . .
. . . .
Ma come torri d'acciaio
Nel cuore bruno della sera
Il mio spirito ricrea
Per un bacio taciturno.

Parrebbe quasi di risentire – al di là delle «segretezze liriche»[101], come dice Cardarelli, delle «torri» (che, più che «gli allora recenti tralicci dell'elettricità della ferrovia del Sempione»[102], paiono essere piuttosto i tralicci che si ergono nelle vallate che salgono verso il Sempione: «ho fatto [...] il Sempione. [...] Viaggiavo a piedi»)[103], e di altre immagini – un ricordo vago di impressioni già vissute o scaturite dal sogno e dal mistero («vidi le Alpi levarsi ancora come più grandi cattedrali», «tra le lance immobili degli abeti», «quale un ricordo incantevole ed orrido in fondo al mio cuore»). Come quello della svizzera «segantiniana» («una fanciulla nel torrente lavava», «mi accolse, nella notte mi amò», «brillò la luce della sera d'amore»).

Viene inoltre da domandarsi: perché la poesia è dedicata a Mario Novaro? Il generoso direttore della «Riviera Ligure», che ospita versi di autori stimati da Campana, come Sbarbaro e Boine, e anche del poeta degli *Orfici*, è laureato in filosofia a Berlino, dopo avere studiato a Vienna: è insomma uno dei pochi in Italia, essendosene occupato, capace di «assimilare la Kultur». Per questo Campana lo considera un «fratello». Emblematico ciò che gli scrive Dino due mesi dopo il rientro dalla Svizzera: «io faccio l'orso, lo strambo, solo con quelli che non hanno gli elementi di sensibilità per cui ci si possa intendere [...]. Sono nemico dei mezzi termini e cerco senz'altro dei "fratelli"». E nella primavera dell'anno seguente, scrivendo sempre a Novaro, osserva: «siamo un po' fratelli non è vero?»[104].

Il 24 maggio 1915 l'Italia dichiara la guerra all'Austria-Ungheria (Campana dunque ricorda forse male allorché dirà, nell'aprile del 1916: «ero in Svizzera quando venne la guerra», volendo piuttosto dire che l'imminenza dell'entrata in guerra lo ha spinto a seguire molti italiani rientrati in patria, o invitati a tornarci, perché richiamati o desiderosi di arruolarsi). La condizione di «riformato», la stessa di Papini, Binazzi, Boine, Meriano, e altri, pesa non poco, riverberandosi in idee di grandezza, di ripensamenti («Italia Italia nonostante | ti amo con smisurato | dolore», si legge in una bozza del *Canto proletario italo-francese*)[105], di persecuzione, in improvvise bizzarrie, scatti di impulsività e irascibilità. È la «nevrastenia», confessa il poeta nei sempre più rari momenti di lucidità (ma un amico gli dice, invitandolo a scrivere: «la Patria [...] può, in questi momenti, aver altrettanto bisogno d'inchiostro che di sangue»). Federico Ravagli racconta di averlo incontrato «mal vestito e tutto sporco di fuliggine» e che Campana gli avrebbe detto «che aveva compiuto un lunghissimo viaggio per ferrovia, che proveniva dall'estero e che era giunto a Bologna proprio allora». L'11 giugno, e qui torniamo ai documenti, scrivendo a Cecchi da Firenze, il poeta dice di essere «venuto dalla Svizzera per arrolar*si*»; e a Mario Novaro, il 12 aprile 1916: «Ero riformato ma venni in Italia [dalla Svizzera] ad arrolarmi volontario e dopo dieci giorni passati all'ospedale militare del Maglio in Firenze fui riformato una seconda volta»[106].

Lo sconforto, mentre almeno compaiono i primi riconoscimenti critici per i *Canti Orfici*, deve essere grande se all'inizio di luglio del 1915 il poeta si dice «décharné par des chacals» e se la vita gli sembra oramai un «long assasinat». Chissà che non abbia in mente una confessione, letta a Ginevra due mesi prima, dove Nietzsche si definisce «tout maigre et décharné» (e aggiunge: «une foule de jeunes hommes souffrent du même mal»)[107]. Anche per questo Dino spera di espatriare nuovamente, stavolta per recarsi a Parigi: «my toughts bend again toward France». Perché è in Francia, non nell'Italia di D'Annunzio – «che, poveraccio, dell'Europa moderna non capisce proprio nulla» («siamo fino alla gola nell'enfasi meridionale») – che palpita la vera cultura moderna. Ha letto a Ginevra in una pagina di Nietzsche: «je ne crois qu'à la culture française, et tiens que tout ce qui, en dehors d'elle, se décore en Europe du nom de "culture", commet une méprise». Soltanto chi non capisce queste cose può chiamare «barbares» i francesi[108]. Ma in tempo di guerra la Francia rimane un miraggio. Il

4 ottobre del 1915 Campana scrive a Giuseppe Prezzolini «per un consiglio e un piccolo aiuto». Afferma: «Vorrei un passaporto per la Svizzera e trovo delle difficoltà. Spero che non troverà strano questo mio desiderio (ripensando trovo che non ho mai chiesto al mio paese altro che un passaporto)». Nell'ottobre è Bino Binazzi però a dirgli: «credo molto difficile ottenere il passaporto»[109].

Campana è malato di nefrite: ma parla lucidamente, in mezzo a tanta reboante retorica, di quelli che saranno gli effetti nefasti del conflitto: «sembra già enormemente stupida e ridicola l'idea di un miracolo nazionale prodotto dal meccanismo della guerra», osserva. Dall'ospedale di Marradi si rivolge di nuovo al ticinese Francesco Chiesa, «poeta d'iniziazione parnassiana»[110], che il 19 novembre 1915 risponde da Lugano: «Vorrei poter fare qualcosa che le sia utile, e non so che dirle la mia calda fraterna simpatia»[111]. La paranoia ambulatoria («Ah! ch'io parta! ch'io parta!», scriveva alla fine del 1912)[112] non viene comunque meno. Stando a Firenze, il poeta vorrebbe andare a Capri dove vive Italo Tavolato che alla fine di novembre lo ammoniva: «tu ti ammazzi nello sforzo creativo di "lirica pura". [...] Tu vuoi [...] trasformare la merda in oro». E il giorno di Natale del 1915, dicendosi «strettissimamente sorvegliato» e – il termine è già in Nietzsche che D'Annunzio chiama più volte «barbaro»[113] – «ultimo avanzo dei barbari in Italia», ma sentendosi anche finalmente migliorato nel fisico, scrive a Mario Novaro («se crepo questo è il mio testamento»), memore certo delle nevi incontrate sopra la valle Bavona nel 1906: «Speriamo dunque di poter lasciare il più presto possibile questa santa e benedetta Italia. [...] Allo sgelo sarò in grado di scavalcare le Alpi Svizzere se sarà necessario».

Il lasciapassare non gli viene però concesso («Credevo di poter ripartire allora ma mi fu rifiutato il passaporto ed io dovetti restar prigioniero delle belve clericali del mio paese»), e Campana non partirà né per la Francia, nella primavera del 1916 vorrebbe andare a Nizza a insegnare e prendere la cittadinanza francese, né per la Svizzera. Il suo desiderio di dare un «addio all'Italia» rimane quindi definitivamente proscritto. In un crescendo di rabbie e di rovelli («Il popolo d'Italia non canta più. Non vi sembra questa la più grande sciagura nazionale?»), l'«eterno e sublime vagabondo», come lo chiama un amico, cercherà ancora di recuperare, ma invano, il manoscritto «perduto» dagli «chacals» fiorentini. Poi, ed è un colpo di fulmine, l'ultimo, incontra Sibilla Aleramo, nell'estate del 1916[114]: nell'autunno lei lo definirà impietosamente «malato profondamente, neurastenia con mania continua di fuga». La libertà e i vagabondaggi sono oramai soltanto un ricordo. Anche se il 21 novembre il poeta scrive ancora, non del tutto domo: «Non so cosa farò, forse andrò all'estero»[115]. Ai primi del 1918 Campana verrà invece internato per sempre in manicomio.

«LA «BIZZARRA FIGLIA DELLA MONTAGNA BARBARICA»

La Svizzera – ora nitzscheana ora segantiniana – è dunque il paese dove il «fuggitivo» vagabonda più spesso e volentieri. Ricorderà Soffici che, al tempo della guerra, durante un congedo, il poeta va a parlargli «di scorribande in Isvizzera»[116]. I motivi di questo interesse sono certamente vari. Al di là del fatto che è lo Stato (al di fuori dei confini italiani) geograficamente più vicino a Marradi, la Confederazione elvetica è anche e soprattutto luogo di forte tradizione migratoria, quello dell'«Italia che f*a* processione | Con il badile». Nel 1913 sono circa duecentocinquantamila gli italiani che vi lavorano stabilmente o come stagionali. La prima volta Dino ci si rifugia in tutta fretta per evitare il manicomio; e forse è in quell'occasione che trova un impiego, almeno se possiamo assecondare, *obtorto collo*, l'aneddotica campaniana, in un luna park («il tiro a bersaglio fu in Svizzera»). La seconda, se già non ci è tornato nel 1909, per smaltire la rabbia e il dolore dovuti alla perdita del manoscritto del *Più lungo giorno* e per cercare di racimolare i soldi per la stampa dei *Canti Orfici*. La terza per ribadire a sé e agli altri il «diritto di esistere»[117].

La «mania di vagabondaggio» è spesso fatta di fughe, infrazioni, arresti, rimpatri forzati («pidocchioso e stracciato», come ricorda nel marzo del 1916), ricoveri coatti, provvisorie dimissioni. È l'emarginazione, e il risentimento che ne nasce, a spingere Dino verso l'altrove. Nel mezzo della tempesta d'amore con Sibilla Aleramo scrive a Boine: «era la mia solitudine che ha voluto riprendermi: parto». Così in giugno è in val di Susa, nel Piemonte; e in settembre (mentre Sibilla è a Ca' di Janzo, nell'alta Valsesia) viene fermato dalla polizia a Novara. Torna in Toscana e oramai farnetica («Sappiate che il colpevole della guerra sono io»). Viene ricoverato all'ospedale militare di Firenze da dove scrive a Riccardo Bacchelli: «Ora non ti parlerò di letteratura. Il silenzio è grande e il meglio è non turbarlo colle piccole cose, colle sopravvivenze effimere. In questo silenzio certi momenti mi sento, più spesso mi perdo». Viene riformato per «demenza precoce», pensa oramai al suicidio, si sente un'«ombra»[118].

Ma è anche la rabbia nei confronti della «canaglia italiana» a spingerlo a lasciare il proprio paese. Dino ce l'ha – per vari motivi e in epoche diverse – con Marradi, con Firenze («focolaio di cancheri», scrive nel 1913), con la cultura ufficiale che lo ignora o lo tratta come un «pazzo», o peggio come un fenomeno da baraccone, con l'organizzazione del consenso e la retorica reboante degli interventisti. Ecco cosa dice, da Torino, ai primi di febbraio del 1915 (e sarebbe troppo semplice leggere queste parole come lo sfogo di un pazzo): «rinunciare alla nostra nazionalità, arruolarsi per la Germania, questo è il nostro dovere: la canaglia italiana è qualche cosa che deve essere finalmente schiacciata, e ciò con qualunque mezzo». Se alcuni amici, come Cecchi, Novaro e Boine, gli testimoniano a più riprese la propria stima («parecchie pagine del suo libro mi diedero una febbre d'esaltazione che non perderò», scrive quest'ultimo il 5 agosto 1915), sono in pochi, in realtà, a prenderlo sul serio. Parlando dei *Canti Orfici* Papini afferma che c'è «poesia di primo e di secondo ordine»[119]. Quanto male potessero fare, e quanto risentimento potessero far scaturire, giudizi come questi, per un poeta «puro» («essere un puro artista ecco ciò che importa», scrive Dino in epigrafe a *Il più lungo giorno*)[120], per l'«ultimo dei Germani in Italia», per «l'alchimista supremo che del dolore ha fatto sangue», è facile immaginare.

Ma la «mania di vagabondaggio» si lega anche al bisogno, fondamentale in Campana, di esplorare altre culture, diverse da quella imperante ma oramai logora di D'Annunzio («la massima cloaca di tutto il letteratume presente passato di tutti i continenti»)[121], e da quella dei «cretini» del Futurismo e dei «lordi cafoni di Firenze» e dei «sorci napoletani», «che non hanno capito nulla dell'Italia». «Noi dell'alta Italia apparteniamo ancora all'Europa per costituzione etnica», scrive il poeta a Corrado Govoni nel luglio del 1916[122]. Non va sottovalutata in questo senso l'opportunità di accostare, durante i soggiorni elvetici, specie quelli del 1914 e del 1915, tramite quali stimoli purtroppo non sappiamo, letture importanti di «maestri più fini»[123]: di Nietzsche, che ha insegnato a Basilea e ha soggiornato a Sils, in Engadina, poco lontano dai luoghi della pittura segantiniana (scrive Campana alla Aleramo il 4 gennaio 1917 da Livorno: «Dovremmo ancora vedere le Alpi. Nietzsche scendeva di là al mare colla sua sfida»)[124], anch'egli un *Heimatlos*, come Segantini, il «rivelatore della montagna» (aveva detto D'Annunzio del filosofo tedesco: «La serenità adamantina | che s'inarca su i ghiacci dell'erme | Alpi placò la sua furia»)[125], e «matto», come Schumann; di studiosi dotati di straordinaria «capacità di osservazione» come Freud e Abraham, scienziati della follia[126], e come Ruskin, un altro «matto», negli ultimi anni della vita (e forse, per quanto riguarda l'arte, di saggi su Jean-François Millet, Segantini, Cézanne). E chissà di chi altro ancora.

L'ammirazione del «poeta germanicus» per il mondo tedesco, quello «nemico» per i nazionalisti italiani, per la sua «purezza» («ideale non reale»)[127], così come la dedica dei *Canti Orfici* «a Guglielmo II Imperatore dei Germani», ha certamente una valenza provocatoria. Peraltro è sentimento condiviso anche da Giovanni Boine[128]. E tuttavia, sotto il veleno, e il desiderio di rivalsa, c'è un interesse forse non sempre mirato e lucido, comunque assai vivo e benefico, per una cultura aperta e meno provinciale e retoricamente parolaia di quella italiana del tempo della guerra. «Cercavo idealmente una patria non avendone», dirà Campana a Cecchi nel marzo del 1916[129], evocando un'altra volta Segantini – il «tipo morale superiore»[130] – che muore sullo Schafberg, nelle Alpi engadinesi. In questo senso la Confederazione, almeno come luogo di incontro di lingue e di culture, gioca un ruolo importante: specie in vista dell'idea, tutt'altro che balzana, benché un poco nebulosa, al tempo della lotta nazionalistica fra *Kultur* e *civilisation*, di «fare una fusione tra la Svizzera sassone dello spirito» e «la religione della maternità del lavoro e dell'amore». Cioè della cultura nordica e della «Mediterranea ars», dei notevoli sviluppi delle discipline scientifiche e filosofiche settentrionali e del «génie latin qui est et sera demain la chose plus sacré [*sic*] qui existe sur la terre»[131].

Insomma, la «sacra» Svizzera (la «heilige Helvetia», come la chiama un poco ironicamente Campana, forse rifacendosi al vecchio inno nazionale elvetico)[132] fa parte della vita errabonda del «Faust» di Marradi, ma anche, e in modo tutt'altro che secondario, della sua cultura, delle sue riflessioni, della sua poesia orfica, delle «fantasticherie» e delle «trasfigurazioni», delle visioni e dei sogni. L'avversione ai nazionalismi, il carattere plurilinguistico e multiculturale, almeno laddove esso diventa «punto di fusione», fanno del paese un crogiolo ideale dove potere combinare proficuamente esperienze diverse. «Nel fuggire la stretta | oppressione dei contrari | si crea l'arte», scrive il poeta nel *Tf*, e ancora: «Il valore dell'arte non | sta nel motivo ma nel | collegamento e quindi | nel punto di fusione si ha | la grande arte»[133].

In realtà, dunque, il poeta non fugge nella Confederazione elvetica solo «perché non *sa* che fare». Vi cerca invece, oltre che un'occasione di tregua – «in Svizzera mi riposerò in una casa di salute qualunque», dirà come sappiamo quando è definitivamente ricoverato in manicomio – un ideale di vita e di cultura che l'Italia, quella almeno che lui non ama, non sembra potergli o volergli offrire. E non è un caso che, nella sua fuga, come Nietzsche, come Segantini, verso le «bianche cattedrali», ci sia sempre posto – accanto all'acqua, simbolo forse, come le montagne[134] e lo «scarabillo» che il poeta sente suonare sulle Alpi, di contro al «limo del tevere»[135], di innocenza («Una fanciulla nel torrente lavava, lavava e cantava nelle nevi delle bianche Alpi», «a Berna colando l'acqua, lucente»)[136] – per una giovane donna che gli si dona o almeno, nella «luce della sera d'amore», lo porta a sognare o a entrare orficamente nella visione. Sia essa l'«ancella» che ama sulle Alpi. O la «Svizzera segantiniana» («bruna ed i capelli rossi | e le mammelle spuntate»)[137], incontrata forse nella biblioteca cittadina di Ginevra. O «Olimpia che aveva i denti di perla». O la «bambina bella pallida» (una «fantasia»: «Non posso separarmi da questa immagine», confesserà nel tradurre un brano del *Faust* goethiano)[138]. O ancora la «pastorella» del Sempione. Che altro non è che la donna-Chimera, la donna-poesia, la donna-madre (come scrive Freud), la «bizzarra figlia della montagna barbarica»[139]. Come Catrina[140], la madre di Leonardo, uno dei *phares* di Baudelaire, e di Walter Pater, e dello scrittore simbolista russo Merežkowskij. Il poeta delle *Fleurs du Mal*, in un passo che ricorda da vicino il già citato, segantiniano «bianco delicato mistero» circoscritto dagli «abeti» e dalle «nevi» della *Notte*, oltre all'avvio della *Chimera* («Non so se tra roccie il tuo pallido | Viso m'apparve, o sorriso | Di lontananze ignote»), scrive: «Léonard de Vinci, miroir profond et sombre, | Où des anges charmants, avec un doux souris | Tout chargé de mystère, apparaissent à l'ombre | Des glaciers et des pins qui ferment leur pays»[141]. Se la fonte non è diretta, almeno l'aria che si respira ha lo stesso misterioso sapore.

[1] Ricca oltre misura, e spesso improntata all'aneddoto, la trafila delle «testimonianze» sui vagabondaggi campaniani. Ecco cosa scrive Ardengo Soffici: «Si trattava di nazioni e di popoli? e Campana mescolava al suo discorso frasi rivelatrici intorno all'Olanda, alla Francia, ai porti d'Inghilterra, alle pampe americane, come uno che avesse tali siti familiari. Di viaggi lontani e di avventure? ed egli faceva continue allusioni a pellegrinaggi qua e là per l'Europa, a navigazioni oceaniche, a casi allegri o tremendi occorsigli nel nord o nel sud del nuovo mondo», Ardengo Soffici, *Dino Campana a Firenze*, in Id., *Ricordi di vita artistica e letteraria*, Firenze, Vallecchi, 1931, pp. 109-142, a p. 114; e Luigi Fallacara: «Era uno che veniva di lontano. Sul suo vestito, stagnavano i colori e gli odori terrestri dei soli mediterranei, delle piogge montane, dei riposi nei fienili e nelle stive», Luigi Fallacara, *Ricordo di Dino Campana*, in «Il Frontespizio», 10, ottobre 1937, pp. 761-766, alle pp. 761-762. Variamente documentati sono gli studi biografici su Dino Campana: si va dalle *Vite non romanzate, di Dino Campana scrittore e di Evaristo Boncinelli scultore*, scritte da Carlo Pariani (Firenze, Vallecchi, 1938; qui: Pariani, *Vita*) a Gianni Turchetta, *Dino Campana. Biografia di un poeta*, Milano, Marcos y Marcos, 1990 (poi Milano, Feltrinelli, 2003[2]).

[2] Pariani, *Vita*, pp. 38, 50.
[3] *CO*, p. 148; *TM*, pp. 203-204; Pariani, *Vita*, p. 63.
[4] Sul periodo e sugli studi faentini e a Carmagnola cfr. ora Stefano Drei, *Dino Campana. Ritrovamenti biografici e appunti testuali*, Faenza, Carta Bianca Editore, 2014, pp. 11-58.
[5] Enrico Falqui, *Per una cronistoria dei «Canti Orfici»*, in Dino Campana, *Opere e contributi*, a cura di Enrico Falqui, 2 voll., Firenze, Vallecchi, 1973, I, pp. 127-260, a p. 142.
[6] Pariani, *Vita*, p. 23.
[7] Pariani, *Vita*, p. 24; *Lpd*, p. 308.
[8] Pariani, *Vita*, p. 42.
[9] Pariani, *Vita*, p. 46; *Lpd*, p. 150.
[10] Pariani, *Vita*, pp. 45-46.
[11] Pariani, *Vita*, p. 45.
[12] Cfr. Sebastiano Vassalli, *La notte della cometa. Il romanzo di Dino Campana*, Torino, Einaudi, 1985, pp. 85-86; l'ipotesi è accettata da Giovanni Bonalumi, *Dino Campana: una sosta a Bignasco*, in Id., *Coincidenze*, Bellinzona, Casagrande, 1986, pp. 104-109, a p. 105.
[13] *Lpd*, p. 305.
[14] *Vca*, p. 80.
[15] *CO*, p. 17 (*La Notte* [14]).
[16] Paul Verlaine, *Sagesse*, I, III, v. 1 (Id., *Œuvres complètes*, 5 voll., Paris, Léon Vanier, 1899-1900, I, p. 201). Dallo stesso testo letto nel 1915 Campana trae una citazione che manda ad Astrid Ahnfelt nel 1916: cfr. *«Cose in Italia inaudite...». Letture ginevrine di Campana*, qui alle pp. 72, 101 nota 40.
[17] Mario Bejor, *Dino Campana a Bologna (1911-1916)*, Bagnacavallo, Società Tipografica Editrice, 1943, pp. 8-10. Aggiungerebbe ancora Campana (ma la testimonianza di Bejor va presa, qui come altrove, con le pinze): «Passai poi in Isvizzera a piedi; e di là a Parigi. Stetti via cinque anni...», *ibid.*
[18] Pariani, *Vita*, pp. 34, 37; *Guida Itinerario per visitare celermente l'Esposizione*, Milano, Bietti & Co, 1906.
[19] *CO*, p. 53 (*Immagini del viaggio e della montagna*, vv. 15-16).
[20] *CO*, p. 148 (*Arabesco-Olimpia* [2]). Per l'uomo-fauno, cfr. *«Chiudo il tuo libro, snodo le mie treccie...». Un amore contrastato: Dino e Sibilla*, qui a p. 165 nota 11.
[21] *Lml*, p. 169.
[22] *CO*, p. 152 (*A M.N.*, vv. 44-45).
[23] Il telegramma è riprodotto in Giovanni Bonalumi, *Campana, poeta in fuga: verifiche e conferme*, in Id., *Coincidenze*, cit., pp. 110-116, alle pp. 112, 114. Trascrivo, qui e di seguito, partendo dalle riproduzioni anastatiche e correggendo qualche minimo refuso di lettura del primo editore di questo documento. Una circostanziata ricerca (gennaio 2017) nell'archivio dell'ex Comune di Bignasco (oggi Cevio, Cantone Ticino) non ha consentito purtroppo di ritrovare questo e i successivi documenti un tempo lì conservati: probabile che non siano stati restituiti. Nessun accenno a Campana, inoltre, nel pur dettagliato *Registro delle risoluzioni dal 7 Sett[embre] 1894 al 19 Dicem[bre] 1909 della municipalità di Bignasco* (verbali del 24 giugno, del 15 luglio e successivi) che sintetizza gli argomenti discussi durante le sedute del Municipio. Ringrazio il Municipio di Cevio, in particolare il segretario comunale Fausto Rotanzi, per avermi permesso di consultare l'Archivio comunale di Bignasco.
[24] Bonalumi, *Campana poeta in fuga*, cit., p. 113.
[25] *Ibid.*, p. 114. Anche qui correggo qualche modesto errore di copiatura.
[26] Bonalumi, *Dino Campana: una sosta a Bignasco*, cit., pp. 106-107.
[27] Cfr. la nota 103.
[28] Si legge nel *Registro delle risoluzioni* del Comune di Bignasco (cfr. la nota 23), in data 24 giugno 1906: «Si prende atto che nei passati giorni, come verbalmente d'accordo, s'ordinò un Treduo [triduo] di Benedizione col S.S. Sacramento p[er] intercedere una benefica pioggia» (n. 59).
[29] Cfr. *CO*, p. 17 (*La Notte* [14]). In realtà le precipitazioni, nell'inverno del 1905-1906, sono meno elevate rispetto al 1902, al 1903, e ai due anni seguenti; ma la quantità aumenta con l'inoltrarsi della primavera e la media delle temperature rimane bassa (-3,3 gradi nel mese di aprile e restano rigide in maggio e giugno). Il 19 giugno, sul passo del San Gottardo, il vento e

la nebbia sono molto forti, piove e la temperatura massima è di 8 gradi; dal 20 al 23 c'è sempre forte vento e molta nebbia; il 24 torna anche a piovere. Devo queste preziose informazioni all'Ufficio federale di meteorologia e climatologia MeteoSvizzera di Locarno-Monti (Cantone Ticino) e al suo archivio di dati.

[30] Pariani, *Vita*, p. 50.

[31] *Ibid.*

[32] Friedrich Nietzsche, *Par delà le Bien et le Mal*, traduzione di L. Weiscopf e G.[eorges] Art, Paris, Mercure de France, 1898, p. 31; § 44, p. 53; § 61, p. 74.

[33] *Lpd*, p. 305.

[34] Eugenio Montale, *Sulla poesia di Campana*, in Id., *Il secondo mestiere. Prose 1920-1979*, a cura di Giorgio Zampa, 2 voll., Milano, Mondadori, 2006, I, pp. 569-581, alle pp. 574, 579, 581.

[35] La formula viene usata da Ramat nel suo commento alla *Chimera* (Silvio Ramat, *Qualche nota per la «Chimera»*, in *Dino Campana alla fine del secolo*, a cura di Anna Rosa Gentilini, Bologna, il Mulino, 1999, pp. 21-38, a p. 31).

[36] Maria Antonietta Grignani, *Momenti della ricezione di Campana*, in *Dino Campana alla fine del secolo*, cit., pp. 169-187, a p. 176.

[37] Thomas Harrison, *1910: The Emancipation of Dissonance*, Berkeley, University of California Press, 1996, p. 33.

[38] «*La Notte* insegue per immagini e visioni una materia psichica, mnemonica e immemoriale, che si può considerare provata individualmente o trasmessa come incessante rappresentazione della vicenda tellurica [...] tra emergere dissolversi e riaffiorare di apparizioni la cui unica verità è il ripetersi e il variare. Il processo nel quale siamo risucchiati è di evocazione-distruzione-rigenerazione all'interno di un racconto intensamente affabulato: e le figure che vi ricorrono non importa quanto somigliano alle allegorie liberty se contengono fondamentali significazioni archetipiche», Mario Luzi, *Prefazione*, in Dino Campana, *Canti Orfici*, Alpignano, Tallone Editore, 1986, pp. 11-15, alle pp. 13-14.

[39] *CO*, pp. 17-18 (*La Notte* [14]). La «lampada stellare» illumina un secondo amplesso nella *Notte mistica* del *Plg*, p. 74. Possibili echi di questo passo nel *Tf*: «Sorgenti notturne abbiam da ascoltare | Sorgenti notturne che stanno a cantare»; «i lenti ticchiettii» del silenzio; «Intendi la dolce fanciulla | che dice all'orecchio più più» (pp. 259, 261, 263, 312).

[40] «Ich stieg, ich stieg, ich träumte, ich dachte», cfr. Friedrich Nietzsche, *Also sprach Zarathustra. Ein Buch für Alle und Keinen*, I-III, Chemnitz, Schmeitzner, 1883-1884; IV, Leipzig, Naumann, 1891, III, p. 8.

[41] Edmondo Solmi, *La resurrezione dell'opera di Leonardo*, in *Leonardo da Vinci. Conferenze fiorentine*, Milano, Treves, 1910, pp. 3-49, a p. 37. Una serie di richiami a Jurgis K. Baltrušajtis, amico di Papini, tradotto in italiano nel 1912, vengono suggeriti da Leonardo Chiari, *Un poeta russo, Campana e il suo segreto. Una fonte sconosciuta dei* Canti Orfici, in «Studi e ricerche del Liceo Torricelli», x, 2012, pp. 53-76. Qualche spunto potrebbe far pensare anche al *Canto della notte* (*Das Nachtlied*) dello *Zarathustra*, con la «solitudine», la «cascata indugiante», le «fontane zampillanti» che «parlano più forte», i «canti degli amanti», la «brama d'amore», le «piccole stelle scintillanti», la «sete di cose notturne» ecc. Cfr. anche l'avvio del capitolo immediatamente successivo (*Il canto della danza*): «Una sera Zarathustra andava con i suoi discepoli per il bosco; e mentre cercava una sorgente, ecco che giunse a un prato verde, attorniato da alberi e cespugli silenziosi: su di esso ragazze danzavano tra di loro», cfr. Friedrich Nietzsche, *Così parlò Zarathustra*, traduzione di Maria Francesca Occhipinti, prefazione di Carlo Sini, Milano, Mondadori, 2001, pp. 95-97 (Id., *Also sprach Zarathustra*, cit., II, pp. 35-36).

[42] *Lpd*, p. 277, il 14 dicembre 1917. Memoria dannunziana, lo scarabillo è un carillon e simboleggia l'innocenza (cfr. anche il «tintinnare di angeliche campanelle» in *Tf*, pp. 287, 320). Sempre in D'Annunzio la montagna è «Candore dei marmi lontani», *L'Alpe sublime* (*Alcyone*), v. 24. Ma occorre citare (senza dimenticare naturalmente Nietzsche) anche Angelo Conti, che scrive: «Non vediamo alcuni artisti solitarii, [...] dopo contemplati i capolavori dell'antica scultura e della grande pittura italiana, andare fra le montagne, a vivere fra le piante e in compagnia delle rupi, per non ascoltare, dopo udita la voce del genio umano, altra voce che quella dei torrenti e della bufera?», Angelo Conti, *La beata riva. Trattato sull'oblio*, Milano, Treves, 1900 (ora a cura di Pietro Gibellini, Marsilio, Venezia, 2000, pp. 96-97; il nome di Conti, in relazione al tema della montagna, è fatto da Cesare Galimberti, *Dino Campana*, Milano, Mur-

sia, 1967, pp. 19-37). Aggiunge Conti in una conferenza fiorentina del 1906: «In questo stato di attesa dell'ignoto e del nuovo, ogni osservazione è per Leonardo una visione, ogni analisi è una scoperta», Angelo Conti, *Leonardo pittore*, in *Leonardo da Vinci. Conferenze fiorentine*, cit., pp. 83-103, a p. 97; il testo contiano è stato riedito e commentato in anni recenti: cfr. Id., *Leonardo pittore*, a cura di Ricciarda Ricorda, Padova, Editoriale Programma, 1990, da cui si cita; su Conti cfr. anche Ricciarda Ricorda, *Dalla parte di Ariele. Angelo Conti nella cultura di fine secolo*, Roma, Bulzoni, 1993.

[43] *CO*, p. 79 (*Sogno di prigione*); *CO*, p. 25 (*La Chimera*, vv. 18-19); *CO*, p. 43 (*La Verna* [7]); *CO*, pp. 75, 142 (*Dualismo*, già uscito nel 1912).

[44] Gianfranco Contini, *Dino Campana*, in «Letteratura», I, 1937, pp. 106-110 (poi *Due poeti degli anni vociani. II. Dino Campana*, in Id., *Esercizî di lettura*, Firenze, Le Monnier, 1947, pp. 18-28, a p. 27, da cui si cita).

[45] *T*, p. 214.

[46] Falqui, *Per una cronistoria*, cit., p. 142.

[47] Pariani, *Vita*, pp. 48, 63.

[48] «They seem to have been built for the human race, as at once their schools and cathedrals [...] these great cathedrals of the earth, with their gates of rock, pavements of cloud, choirs of stream and stone, altars of snow, and vaults of purple traversed by the continual stars»; «the mountains of the earth are its natural cathedrals», John Ruskin, *Modern Painters*, parte V, c. XX, § 9 e 43 (in *The Works of John Ruskin*, a cura di E.T. Cook e Alexander Wedderburn, 39 voll., London, George Allen, 1904, VI, pp. 425, 457; ma del rapporto fra montagna e architettura gotica lo storico dell'arte inglese si occupa anche in *The Stones of Venice*). L'immagine viene ripresa anche da Solmi nella sua conferenza fiorentina su Leonardo (cfr. la nota 41) menzionata nel saggio di Freud letto da Campana a Ginevra nell'aprile del 1915: «La schiera delle colline lontane dorme ancora, sotto la guardia delle stelle. Nessun rumore indiscreto e volgare interrompe quella pace religiosa; si sente solo il lento mormorio della Loira, che ripete le sue eterne note dal fondo di questa cattedrale, la vôlta della quale è fatta dal firmamento», Solmi, *La resurrezione dell'opera di Leonardo*, cit., pp. 3-4. «Gotico» appare anche altrove in Campana («I pennacchi tremuli delle betulle | Come un tabernacolo gotico», *La dolce Lombardia coi suoi giardini*, in Campana, *Opere e contributi*, cit., II, p. 377). Cfr. anche Anna Ottani Cavina, *Le Alpi, cattedrali della terra*, in *Terre senz'ombra. L'Italia dipinta*, Milano, Adelphi, 2015, pp. 279-300.

[49] *CO*, p. 39 (*La Verna* [3]); Ottani Cavina, *Le Alpi, cattedrali della terra*, cit., p. 287. Il passo campaniano ricorda Prezzolini che nel 1904 scriveva sul «Leonardo»: «Verso la notte, verso il mistero, verso il segreto è la nostra azione – tu lo sapevi Novalis che inneggiavi alle Notti»; e prima ancora Schuré: «Tu solo, o Leonardo, hai conosciuto questo problema, tentato questo enigma, lottato per questa lotta», cfr. Galimberti, *Dino Campana*, cit., pp. 58, 88.

[50] Cfr. Ricciarda Ricorda, *Angelo Conti e il leonardismo di fine secolo*, in Conti, *Leonardo pittore*, cit., pp. 9-43.

[51] Cfr. Silvio Ramat, *Note ai «Canti Orfici»*, in Campana, *Opere e contributi*, cit., I, pp. 103-124, a p. 103. *L'amore alla fonte della vita* (o *La fonte della giovinezza*, 1896, oggi alla Civica Galleria d'Arte Moderna di Milano) è conservato, al tempo del viaggio campaniano, in collezione privata; ma di esso circolano naturalmente delle riproduzioni in vari cataloghi.

[52] Pariani, *Vita*, p. 46; *DCf*, p. 119 (qui come altrove correggo eventuali refusi di trascrizione su copie dei documenti originali: cfr. la nota 56). Prima della guerra vivono a Basilea fino a diecimila stagionali italiani, in particolare operai, manovali e sterratori: cfr. Peter Manz, *I «mangiapolenta». L'Unione sociale ticinese di Basilea (1897-1911)*, in «L'Almanacco», 4, 1985, pp. 133-139; Id., *Emigrazione italiana a Basilea e nei suoi sobborghi (1890-1914)*, Lugano, Edizioni Alice, 1988.

[53] Gabriele D'Annunzio, *Pagine sull'arte*, a cura di Stefano Fugazza, introduzione di Pietro Gibellini, Milano, Electa, 1986, p. 100.

[54] Cfr. *DCf*, p. 40. Anche nel registro dei passaporti che gli consente di andare in Argentina Campana è detto «scrivano», *Sp*, p. 282.

[55] Questo è il corrispondente di «demenza precoce»; cfr. Franco Mongini, *Il genio tra nevrosi e follia. Carlo Emilio Gadda, Dino Campana*, Torino, UTET, 2007, pp. 92-93 (e più in generale, per la follia di Campana, alle pp. 104-109).

[56] *DCf*, pp. 41-45. Qui come altrove, dove è stato possibile, ho confrontato e corretto se necessario le trascrizioni su fotocopie degli originali avute a suo tempo da Sebastiano Vassalli.

[57] *Lpd*, p. 309.

[58] *CO*, p. 47 (*La Verna* [10]).

[59] *DCsm*, p. 176. Sul significato della «lontananza», nel senso di mistero e di desiderio di conoscere, cfr. Ramat, *Qualche nota per la «Chimera»*, cit., p. 35; Marco A. Bazzocchi, *Campana, Nietzsche e la puttana sacra*, Lecce, Manni, 2003, pp. 7-8, 21-22.

[60] *DCf*, pp. 56, 105; *Sp*, p. 282; *Lpd*, p. 17.

[61] Cfr. Caroline Mezey, *Dino Campana's return from Belgium: four unpublished documents*, in «The Modern Language Review», 78, n. 4, October 1983, pp. 830-837, a p. 834. Correggo qualche piccolo errore di trascrizione.

[62] Cfr. *ibid.*, p. 833; *DCf*, pp. 58-59, 72; *Lpd*, pp. 6, 159.

[63] Cfr. Soffici, *Dino Campana a Firenze*, cit., p. 114.

[64] *DCf*, p. 79. Il *Certificat Médical*, ivi riprodotto (f.t., n. 24), è in copia e a momenti di difficile lettura; Cacho Millet legge «paresse», in luogo di una più probabile «fureur», e «[tendance] à l'alcoolisme» in luogo, forse, di «a l[']alcole» (?).

[65] *DCf*, pp. 17, 74, 81, 85.

[66] *Lpd*, p. 7.

[67] *CO*, pp. 37-38 (*La Verna* [2]).

[68] Pariani, *Vita*, p. 27.

[69] Cfr. *DCf*, pp. 91, 93-95, 108-109; *Sp*, p. 283; *CO*, p. 138 (*Le cafard*, vv. 14-17).

[70] Cfr. *DCf*, pp. 105, 114.

[71] Cfr. Renato Martinoni, *Storia dei* Canti Orfici, in *CO*, pp. 193-217; Stefano Giovannuzzi, *La «Verna» e «Il più lungo giorno»: storia del manoscritto perduto*, in *Plg*, pp. 9-50, 139-166.

[72] La presenza di Campana a Berna nella primavera del 1914 è congetturale: da «Bern | Svizzera», la lettera non è datata, il poeta manda a «Gigino» Bandini i *Notturni*, la cui lezione è posteriore a quella del *Più lungo giorno* (autunno-inverno 1913) e anteriore a quella dei *Canti Orfici* (estate 1914): *Lpd*, pp. 24, 27; *DCf*, pp. 106, 115; *Sp*, p. 19. Ricorderà Bandini: «Aveva mandato a me, non completo, il manoscritto [dei *Canti Orfici*] dalla Svizzera. Temeva che gli venisse sottratto dalla polizia, o temeva per la sua vita stessa», *Sp*, p. 60.

[73] Cfr. Roberto Maini, Piero Scapecchi, *L'avventura dei «Canti Orfici». Un libro tra storia e mito*, Firenze, Gonnelli, 2014, in particolare alle pp. 13-38.

[74] Cfr. Harrison, *1910: The Emancipation of Dissonance*, cit., pp. 1-3.

[75] Friedrich Nietzsche, *Aphorismes et fragments choisis*, a cura di Henri Lichtenberger, Paris, Félix Alcan, 1899, p. 36.

[76] *Lpd*, pp. 35, 39; Pariani, *Vita*, p. 46.

[77] *Lpd*, pp. 39, 40, 57; *DCf*, p. 120. Anche a Cecchi Campana scriverà: «andai in Sardegna poi a Torino, in Svizzera[,] tornai per arrolarmi volontario», *Lpd*, p. 137.

[78] *Lpd*, pp. 44, 48.

[79] Cfr. Piero Bianconi, *Colloqui con Francesco Chiesa*, Bellinzona, Grassi & Co, 1956, pp. 136-137.

[80] Cfr. Adriano Soldini, *«La Voce» e la Svizzera italiana*, in *Giuseppe Prezzolini (1882-1982)*, atti delle giornate di studio (Lugano, 27 gennaio e 6 febbraio 1982), a cura di Francesca Pino Pongolini, Bellinzona, Dipartimento della Pubblica Educazione, 1983, pp. 101-111. Francesco Chiesa firma un articolo, intitolato *L'anima del Cantone Ticino*, dove presenta il proprio paese, evidenziando difetti, limiti e anche i pregi («abbastanza diffuso e sentito è l'amore della coltura», «Il Cantone Ticino è [...] un paese in cui il senso della bellezza è antico e popolare»). Ma già il 18 luglio del 1912 Giuseppe Prezzolini parla della *Redenzione del Ticino* e il 25 luglio dell'*Università italiana nel Canton Ticino*. Gli rispondono Francesco Chiesa, il 15 agosto, e il linguista Carlo Salvioni, il 12 settembre: cfr. Giovanni Bonalumi, *La giovane* Àdula *(1912-1920)*, Chiasso, Elvetica, 1970, pp. 119-151, 169-184.

[81] Cfr. *Lpd*, p. 49; Giovanni Bonalumi, *Due lettere di Francesco Chiesa a Dino Campana*, in Id., *Coincidenze*, cit., pp. 117-119, a p. 117. Le due lettere sono state fatte conoscere da Franco Matacotta nel 1949. Cfr. *«La tua anima di barbaro dionisiaco». Una recensione elvetica dei* Canti Orfici *(1916)*, qui alle pp. 187-212, e la p. 208 nota 2 per gli «amici» di Chiesa.

[82] *Lpd*, p. 51.

[83] Ricorderà Giovanni Semeria: «All'uopo mi giovò moltissimo la poesia, le favole poetiche, più spesso e più volentieri il Trilussa», Giovanni Semeria, *Nuove memorie di guerra*, Milano, Amatrix, s.d. [1928], pp. 89-91: cito da Franco Contorbia, *Campana, Ginevra, l'intervento*, in «Studi Novecenteschi», v, n. 13-14, marzo-luglio 1976, pp. 137-152, a p. 143. Testimonierà a sua volta Francesco Chiesa: «nella Svizzera interna c'erano degli istituti, dei ricoveri nei quali questi poveri abbandonati e sfruttati potevano avere qualche soccorso», Bianconi, *Colloqui con Francesco Chiesa*, cit., p. 144.

[84] *DCf*, p. 124.

[85] Cfr. Nietzsche, *Così parlò Zarathustra*, cit., p. 5 («Als Z. dreissig Jahr alt war, verliess er seine Heimat [...] und gieng in das Gebirge. Hier genoss er seines Geistes und seiner Einsamkeit und wurde dessen zehn Jahre nicht müde», Id, *Also sprach Zarathustra*, cit., I, p. 5). Scrive D'Annunzio celebrando il filosofo tedesco: «Nacque su le montagne eterne | la mia saggezza inumana | su le montagne che stanno | vergini e sole», *Per la morte di un distruttore* (*Elettra*, vv. 11-14, 213-214). Cfr. anche «le altissime colonne di roccia» e i «ripidi colossali bassorilievi di colonne nel vivo sasso», *CO*, pp. 41-42 (*La Verna* [6, 7]), e «le costruzioni colossali», *Plg*, p. 108 (poi cassato nei *CO*).

[86] *DCsm*, pp. 137-138, 147. Anche il poeta considera *Arabesco-Olimpia* un testo «dei migliori che *lui* abbia mai fatto» (al Pariani: «È una delle mie più belle. [...]. Ci avevo messo un mese a farla»). Nel 1916 Emilio Cecchi propone di inserirla in una nuova edizione dei *Canti Orfici*. La poesia esce su «La Tempra» di Pistoia nell'ottobre del 1915 (Campana dice di averla scritta alla fine di settembre) e sulla «Riviera Ligure» nel marzo del 1916 (ma è mandata a Mario Novaro alla fine del 1915; difatti Novaro la giudica «ottim*a*»), poi scritta a mano su varie copie dei *Canti Orfici* e nel *TM*, e ha altri versi ad essa vicini, come *Nel verde si spostarono le rondinelle*, *Se tra i vostri occhi...*, *Se penso a un tramonto*: «Se penso a un tramonto di torricelle rosse tra i fiori del cardo io ti rivedo Olimpia che avevi denti di perla la prima volta che ti vidi nella prima gioventù. [...] Tra i fiori alcuni bianchi alcuni rossi del pomodoro dell'orto guardate l'acqua che cola per conche verdi: come i vostri occhi blu fiordaliso, o Berna guerriera, fanfara tra statue di legno (a Berna straniero non vorrò più a lungo sostare)», *Lpd*, pp. 98-99, 101, 171; Pariani, *Vita*, p. 63. Per l'«arabesco», che si situa tra riflessi futuristi e memorie leonardesche, cfr. Giorgio Zanetti, *Campana e il mondo delle immagini*, in *Dino Campana alla fine del secolo*, cit., pp. 135-168, alle pp. 149-151. Il titolo potrebbe però essere stato suggerito dalla lettura delle poesie di Laforgue (*Arabesque de malheur* si intitola una di esse, nella raccolta *Des fleurs de bonne volonté*) fatta a Ginevra qualche giorno prima: cfr. Jules Laforgue, *Œuvres complètes*, 3 voll., Paris, Mercure de France, 1903^3, I, pp. 448-449.

[87] *Lpd*, p. 161. «Le immagini di Berna e di Ginevra si confondono, in *Arabesco-Olimpia*, secondo un processo associativo sulla cui fulmineità recano qualche istruttiva testimonianza le tarde, e si direbbe postume, glosse del Campana di Castel Pulci registrate nel *cahier* dello psichiatra Pariani», Contorbia, *Campana, Ginevra, l'intervento*, cit., p. 137. Un possibile richiamo al «ponte che passa l'Aar», al di là delle reminiscenze nitzscheane, in *A Mario Novaro*: «Nel paesaggio lente si spostano le rondinelle | Il paesaggio è costituito dal ponte in riva al secondo fiume». «Anche certi accenni di paesaggio riconcordano e, pur nella diversità della situazione, il momento cronologico parrebbe analogo», Falqui, *Per una cronistoria*, cit., p. 200.

[88] Pariani, *Vita*, p. 63; *Lpd*, p. 142.

[89] Cfr. *DCf*, p. 119 e ill. 48; *DCsm*, pp. 128-129; Silvio Ramat, *Note ai «Versi sparsi»*, in Campana, *Opere e contributi*, cit., II, pp. 291-293, a p. 292.

[90] Cfr. «Le Faune affolé montre ses grands yeux | Et mord la fleur rouge avec ses dents blanches», Arthur Rimbaud, *Tête de faune*, in Id., *Poésies complètes*, prefazione di Paul Verlaine, Paris, Vanier, 1895, p. 105.

[91] Analogamente a Genova: «Il Dio d'oro del crepuscolo bacia le grandi figure sbiadite sui muri degli alti palazzi, le grandi figure che anelano a lui come a un più antico ricordo di gloria e di gioia», *CO*, p. 122 (*Crepuscolo mediterraneo*).

[92] Paul Verlaine, *L'impudent*, vv. 12-14 (*Parallèlement*, in Id., *Œuvres complètes*, cit., II, p. 263). Cfr. anche *«Cose in Italia inaudite...». Letture ginevrine di Campana*, qui a p. 99.

[93] *TM*, pp. 115, 133, 145, 147, 167, 198; Paul Verlaine, *Confessions*, in Id., *Œuvres complètes*, cit., v, pp. 3-196, alle pp. 107-108, 110. Per il *TM* e il *Tf*, cfr. Fiorenza Ceragioli, *Introduzione*, in *T*, pp. 13-36. Per il *TM* cfr. anche Stefano Giovannuzzi, *Dopo i* Canti Orfici*: la sta-*

gione inquieta del Taccuino Matacotta, in Dino Campana, *Taccuino, a cura di Franco Matacotta, seguito da «Taccuino Matacotta»*, Genova, Fondazione Giorgio e Lilli Devoto-Edizioni San Marco dei Giustiniani, 2014, pp. 7-32.

[94] Pariani, *Vita*, pp. 47, 63.

[95] *DCf*, pp. 119-120.

[96] Paul Verlaine, *Sagesse*, I, VIII, vv. 1-2 (Id., *Œuvres complètes*, cit., I, p. 211).

[97] Cfr. *Lpd*, pp. 128, 151, 176. E poi aggiunge: «La potrei rivivere e terminare nel senso di un "addio all'Italia" solamente. (Ma questo addio, anche praticamente, è terribilmente difficile poterlo dare)», *Lpd*, p. 128.

[98] Montale, *Sulla poesia di Campana*, cit., p. 577.

[99] Cfr. *Lpd*, pp. 151, 153-155.

[100] Così anche nel *TM*, p. 208.

[101] *Lpd*, p. 176.

[102] Cfr. *T*, p. 32. Osserva Fiorenza Ceragioli, relativamente al testo: «tra i molti motivi che lo compongono reca elementi del paesaggio alpino e della fatica degli italiani per il traforo del Sempione», Ceragioli, *Introduzione*, cit. pp. 25-27: l'emigrante italiano ha difatti lottato «a forzare la pietra», v. 51. Va però notato come, più che singolare di Alpi, «alpe» («sull'alpe c'è una scaglia di lavoro | Del povero italiano», vv. 13-14) va forse interpretato, secondo il significato che assume nell'Italia del nord, come «alpeggio» (l'Italia «che *fa* | processione con il badile» ha «fatto strada per le montagne», domando «i picchi irsuti»).

[103] Un'alta torre, abitata da pastori, si erge fra l'altro accanto al vecchio ospizio del Sempione; e a Gondo, ultimo villaggio svizzero prima della frontiera con l'Italia, ancora una torre di sette piani serve da rifugio per i viandanti e viene successivamente trasformata in albergo: cfr. Karl Baedeker, *La Suisse et les parties limitrophes de la Savoie et de l'Italie. Manuel du voyageur*, Leipzig-Paris, Baedeker-Ollendorff, 1898[21].

[104] *Lpd*, pp. 67, 153.

[105] *TM*, pp. 97, 173, 177 («Italia Italia nonostante | Ti ama uno smisurato dolore»).

[106] *Lpd*, pp. 59, 73, 158 (a Boine: «venuto dalla Svizzera in Italia per arrolarmi benché riformato»); Federico Ravagli, *Dino Campana e i goliardi del suo tempo (1911-1914). Autografi e documenti, confessioni e memorie*, Firenze, Marzocco, 1942, pp. 168-169.

[107] Nietzsche, *Aphorismes*, cit., pp. 165-166.

[108] *Ibid.*, pp. 174, 176.

[109] *Lpd*, pp. 60, 63, 77-78, 88.

[110] Bonalumi, *Due lettere di Francesco Chiesa a Dino Campana*, cit., p. 119. Interrogato, alla metà degli anni cinquanta, quando oramai è ultraottantenne, sui poeti del suo tempo, Chiesa risponderà: «Sinceramente devo dire che la poesia contemporanea non l'ho sentita molto. Semmai Montale piuttosto che Ungaretti. Non sono mai stato incline a sentire la poesia come cosa da iniziati; ho l'impressione che molti poeti moderni tendono, anche se non se n'accorgono, a trascendere le possibilità dell'espressione verbale», Bianconi, *Colloqui con Francesco Chiesa*, cit., p. 186.

[111] *Lpd*, p. 95; Bonalumi, *Due lettere di Francesco Chiesa a Dino Campana*, cit., p. 118.

[112] *CO*, p. 138 (*Le cafard*, v. 14).

[113] Cfr. *La Chimera di Orfeo. Il mito nella poesia campaniana*, qui a p. 183 nota 40. Nella laude *Per la morte di un distruttore* (in *Elettra*) D'Annunzio definisce Nietzsche «Barbaro enorme», «duro Barbaro» e «Barbaro pellegrino» (vv. 291, 302, 368).

[114] Cfr. *«Chiudo il tuo libro, snodo le mie treccie...». Un amore contrastato: Dino e Sibilla*, qui alle pp. 147-167.

[115] *Lpd*, pp. 73, 97, 116, 149, 230.

[116] Soffici, *Dino Campana a Firenze*, cit., p. 128.

[117] *Lpd*, p. 39 (scrive il poeta a Cecchi il 28 marzo 1916: «Mi lascio vivere in un disgusto e una noia mortale», *Lpd*, p. 145).

[118] Pariani, *Vita*, pp. 43-44; *Lpd*, pp. 130, 226, 287; *Sp*, p. 34; *DCsm*, p. 195.

[119] *Lpd*, pp. 17, 35, 65; Contorbia, *Campana, Ginevra, l'intervento*, cit., p. 152; *DCf*, p. 123.

[120] *Plg* [ed. De Robertis], p. 3.

[121] *Lpd*, p. 280.

[122] *Lpd*, pp. 159, 202.

[123] L'espressione, riferita in realtà ai modelli letterari, è di Montale, *Sulla poesia di Campana*, cit., p. 573.

[124] *Vca*, p. 99. Cfr. anche Luigi Abiusi, *Tempo di Campana. Divenire della poesia tra Nietzsche e Deleuze*, Bari, Edizioni B.A. Graphis, 2008.

[125] Conti, *La beata riva*, cit., p. 9. Scrive il critico d'arte: «Giovanni Segantini è stato il rivelatore della montagna. Nessuno come lui ha avuto mai il *senso della montagna*, nessuno ha saputo come lui rappresentare ciò che la montagna esprime con la sua angusta immobilità, nessuno come lui ha sentito il silenzio che la circonda, ha conosciuto l'aspirazione delle sue cime, ha udito ogni parola dei suoi colloqui col vento, con la notte, con le albe, con le nubi feconde e coi fiumi fecondatori». Chissà che il passo della *Notte* [14] citato in precedenza – con le vette, il torrente, il vento, le nubi, la notte, l'alba, il silenzio – non rechi qualche memoria di questo brano; cfr. inoltre Gabriele D'Annunzio, *Per la morte di un distruttore* (*Elettra*, vv. 379-381).

[126] Per la lettura di Freud e Abraham cfr. «*Cose in Italia inaudite...*». *Letture ginevrine di Campana*, qui alle pp. 95-96, e *I ricordi incomprensibili dell'infanzia. Leonardo e Freud, Segantini e Abraham*, qui alle pp. 105-145.

[127] *Lpd*, p. 137.

[128] Scrive Boine ad Alessandro Casati nel novembre del 1914: «Io sono ogni giorno più per la Germania. L'Europa sta furiosamente lavorando alla propria rovina. Uccidere la Germania politicamente è come trar via dalla compagine nostra la spina dorsale», cfr. Mario Isnenghi, *Il mito della Grande Guerra*, Bologna, il Mulino, 1989, p. 419.

[129] *Lpd*, p. 137

[130] *Lpd*, p. 138.

[131] *Lpd*, pp. 56, 123.

[132] *TM*, p. 115.

[133] *Tf*, pp. 237, 271.

[134] Scriverà Campana a Astrid Ahnfelt il 23 novembre del 1916: «Si ha la grande consolazione poi di sentire che la natura nelle sue bufere è infinitamente più dolce della vita, ed è questo forse che ci aiuta a credere che, come diceva Verlaine, quelque chose de pur demeure sur la montagne, quelque chose di cœur enfantin et subtile», *Lpd*, p. 231.

[135] *TM*, pp. 121, 197.

[136] «Per rendere il paesaggio, il paese vergine che il fiume docile a valle solo riempie del suo rumore di tremiti freschi, non basta la pittura, ci vuole l'acqua, l'elemento stesso, la melodia docile dell'acqua che si stende tra le forre all'ampia rovina del suo letto, che dolce come l'antica voce dei venti incalza verso le valli in curve regali: poi chè essa è quì veramente la regina del paesaggio», *CO*, p. 47 (*La Verna* [10]). Per «l'idea di continuità e circolarità» associata all'acqua cfr. Bazzocchi, *Campana, Nietzsche e la puttana sacra*, cit., pp. 24-25. Per i rapporti di Campana con l'arte (il Futurismo italiano, l'Espressionismo tedesco), oltre a Harrison, *1910: The Emancipation of Dissonance*, cit., cfr. Zanetti, *Campana e il mondo delle immagini*, cit., pp. 135-168; e più in generale Galimberti, *Dino Campana*, cit., pp. 59-66.

[137] *Lpd*, p. 47. I due versi sono espunti da alcuni brani di poesia scritte verosimilmente a Ginevra.

[138] *Lpd*, pp. 257-258.

[139] *CO*, p. 45 (*La Verna* [8]).

[140] Cfr. *I ricordi incomprensibili dell'infanzia. Leonardo e Freud, Segantini e Abraham*, qui a p. 127.

[141] Charles Baudelaire, *Les phares*, in Id.; *Les Fleurs du Mal*, introduzione, elenco delle varianti e note di Antoine Adam, Paris, Garnier, 1961, p. 15. Forse con memoria di Nietzsche: «Traum schien mir da die Welt und Dichtung eines Gottes», Nietzsche, *Also sprach Zarathustra*, cit., I, p. 37 («Il mondo mi apparve allora sogno e finzione di un dio», Id., *Così parlò Zarathustra*, cit., p. 25).

«COSE IN ITALIA INAUDITE...». LETTURE GINEVRINE DI CAMPANA

> Se una nuova civiltà latina dovrà esistere,
> essa dovrà assimilare la Kultur
> DINO CAMPANA[1]

Alla fine dell'inverno del 1915, mentre in Europa si stanno combattendo battaglie cruente, e già l'Italia si incammina a grandi passi verso la guerra, Campana si appresta a lasciare il proprio paese per ritornare in Svizzera. Sono mesi molto grami. Più travagliati del solito. Lo stato d'animo del poeta è pervaso di tristezza mista a risentimento. È «avvilito, Dino, del dover mendicare qualche lira per quello che h*a* scritto» (dove quel «per» significa «malgrado»). Confessa amaramente scrivendo a Papini, non senza sciogliere al solito, nell'inchiostro, qualche goccia di risentimento: «Era assai meglio che fossi andato subito in guerra per il Kaiser, sputando senz'altro su questa porca Italia». Lamenta, il «fauno», «il freddo e la miseria atroce» in cui la povertà lo obbliga a vivere. E aggiunge, con «ferma ed eroica speranza», un po' provocando un poco farneticando: «la canaglia italiana è qualche cosa che deve essere finalmente schiacciata, e ciò con qualunque mezzo». La poesia, almeno quella vera, su questo non ha dubbi, è una faccenda riservata ai «puri». Non alle «canaglie».

Qualche giorno più tardi, il 10 marzo, rivolgendosi a Emilio Cecchi, è ancora a Torino a fare lo strillone, Campana ricorda con un filo di rabbia: «Da quindici anni a questa parte tutti mi hanno contestato il diritto di esistere». Se la prende un'altra volta con «i superartisti di Firenze» che, nel loro «lazzaronismo», «credono che l'arte non esista». È la «civiltà», quella che diventa bersaglio delle sue frecce velenose, dei Papini e dei Soffici, ma anche di D'Annunzio, di Marinetti e dei «giovanissimi parvenus». Tutta gente che «*gli* ha messo addosso una serietà», cioè un'amarezza e un pessimismo, «terribile». Anche per questo sembra venuto, inevitabile, «il tempo di cambiar aria». «Dovendo partire», e volendo quasi lasciare dietro di sé almeno qualche traccia, il poeta scrive a Mario Novaro. Spera di poter pubblicare una poesia, forse *Frammento*, sulla «Riviera Ligure» (uscirà invece sulla «Voce» il 15 agosto). Non è un testamento ma un ricordo. Dice di rallegrarsi, ecco un briciolo di sollievo, delle recensioni che Cecchi, Binazzi e De Robertis, quest'ultimo sulla «Tribuna» di Roma, appena un mese prima, hanno scritto sugli *Orfici*[2]. Anche se, insieme a qualche lode, ci sono state delle critiche. Poi, all'improvviso, Campana scompare. E mentre arriva la primavera è già emigrato a Losanna.

Ma anche in Svizzera, da dove intanto molti italiani, alcuni renitenti altri di buon grado, stanno partendo verso il loro paese, perché richiamati in servizio o per arruolarsi volontariamente, «tutto continua ad andare per il peggio». Informerà i suoi di casa, Dino, che ha bisogno di ricevere la modesta somma che la famiglia gli versa. Otterrà forse anche quel pugno di lire che un amico da Torino gli spedisce dopo avere venduto alcune copie dell'edizione marradese delle sue poesie. Si rivolge a Francesco Chiesa, il lettore di questo libro già lo sa, per trovare magari un posto di insegnamento nel Cantone Ticino. Ma la risposta che arriva da Lugano, l'11 aprile, toglie di mezzo ogni residua speranza. Dino scrive anche a Papini, per riproporre, è un vecchio ritornello, la traduzione di *The Problems of Philosophy* di Russell. Ha già voltato in italiano un'ottantina di pagine, azzarda. Le conserva con altra poca roba «tra i *suoi* stracci». Con un po' di impegno e di buona voglia può portare a termine il lavoro. Interpella Renato Serra, il 17 aprile, perché lo aiuti a trovare un giornale che pubblichi qualcosa di suo: una poesia o una traduzione (risponde spaesato Serra, dal fronte: «passata la guerra, ci sarà da fare per tutti; e del posto per chi ha ingegno»). Ancora alla metà di maggio, incrociata chissà dove, forse in biblioteca forse lungo il *quai*, sul lago, e incontrandola poi di domenica dopo la messa, si farà dare un indirizzo da una signora ginevrina dal nome un poco improbabile: Sabine Gruyère Masoli. Chissà che qualcuno, a Ginevra, non gli offra finalmente uno straccio di lavoro... C'è chi, senza perderlo di vista (la *poste restante* accoglie paziente le lettere dei senzatetto e dei vagabondi, seguendoli come un'ombra), lo invita a non perdersi d'animo. «Lavora Dino», gli scrive dalla capitale piemontese uno dei pochi suoi veri amici, si contano sulle dita di una mano, il giornalista Aldo Orlandi: «non hai ancor detta l'ultima parola»[3].

Sono forse soprattutto questi segni remoti di solidarietà a evitare che Campana, come racconta in un momento di sfiducia, si spari un colpo di rivoltella. È il suo grande amore per la poesia a permettergli di non smarrire del tutto la luce del cammino. È forse soprattutto, in quei lunghi giorni di spaesamento, l'incontro con i libri a ridargli fiducia nelle cose. «Avevo perso completamente la voglia di scrivere ma come era da aspettarsi la vado riacquistando», confessa a Renato Serra il 17 aprile. E, per dimostrarlo, certo a se stesso prima che agli altri, usa due pagine rimaste bianche di una lettera di Orlandi, inviata da Torino il 28 marzo, per annotare alcuni versi che gli ronzano per la mente. È in riva al lago, mentre osserva le barche ormeggiate, e sullo sfondo le Alpi ancora bianche di neve, che forse scrive alcuni versi: «L'albero oscilla a tocchi nel silenzio. Una tenue luce | bianca e verde cade dall'albero. Il cielo limpido carico | all'orizzonte, verde e dorato, dopo la burrasca»[4].

Nel mese e mezzo che passa in Svizzera Dino deve viaggiare molto («ho girato la metà della Svizzera a piedi», racconta, forse esagerando un po'): chissà che non torni a Berna e a Basilea, o che non faccia un salto a Zurigo. Vivendo prevalentemente a Losanna e a Ginevra, tenta di lavorare in maniera saltuaria. Ma tutto è assai difficile. Perché la guerra porta la crisi e perché forte è in quei mesi, in un paese rimasto neutrale e pacifista per tradizione, il risentimento nei confronti del nazionalismo guerrafondaio. Anche di quello italiano. Trova un po' di aiuto presso la locale Società Dante Alighieri. Mangia la «zuppa quotidiana», verdure e fagioli, alla mensa dell'Opera Bonomelli. Trascorre le notti sotto i ponti – lo aveva fatto anche Benito Mussolini, per questo la polizia di Losanna lo ha arrestato nel 1902 – o nel dormitorio dell'Armée du Salut. Nei momenti meno tristi si mette a fare la corte alle ragazze «segantiniane» che incontra nei caffè. E soprattutto si chiede di continuo, non senza avvertire un senso amaro di frustrazione e di rabbia, se in Italia «qualcuno si occupa ancora di *lui*»[5].

Ma, a differenza di come è stato sovente visto, per colpevole eccesso di fantasie goliardiche, o per mancanza di documentazione, il poeta dei *Canti Orfici* non è soltanto uomo di fughe e di vagabondaggi, di sregolatezze e di eccessi, di notti teppiste e di anabasi nei bordelli. E forse Campana è meno «irregolare» di quanto non vogliano certi biografi impantanati nell'agiografia scapigliata. Perché è uomo ricco di interessi culturali e, di conseguenza, di stimoli intellettuali. Lo dimostra il fatto che frequenta con passione e con profitto, nel suo «anelito infrenabile», i musei e le biblioteche. Anche se le sue lettere quasi non lo dicono. Non va preso troppo alla leggera però quello che nel 1910, a venticinque anni, già lo sappiamo, scrive a una rivista fiorentina, «La difesa dell'arte»: «Un po' di coltura di pensiero veramente e vivamente moderno la posseggo anch'io. E i miei lunghi viaggi e le diverse manifestazioni del genio umano che ho studiato nelle diverse letterature moderne mi hanno conferito qualche larghezza, serenità e indipendenza di giudizio»[6]. In un'occasione, poi, annota:

> Entravo, ricordo, allora nella biblioteca. [...] Su da le pagine risuscitava un mondo defunto, sorgevano immagini antiche che oscillavano lentamente coll'ombra del paralume e sovra il mio capo gravava un cielo misterioso, gravido di forme vaghe, rotto a tratti da gemiti di melodramma: larve che si scioglievano mute per rinascere a vita inestinguibile nel silenzio pieno delle profondità meravigliose del destino. Dei ricordi perduti, delle immagini si componevano già morte mentre era più profondo il silenzio[7].

Come già sappiamo, Campana scrive a Papini il 14 aprile, da Ginevra, dove in realtà già da alcuni giorni ha cominciato a frequentare la *salle de lecture* della biblioteca cittadina: «Sono completamente all'oscuro dei rinnovamenti ultimi che hanno portato in Italia». E quindi aggiunge: «gradirei un numero della Voce, per conformarmi, in caso, a lo stile in uso ora»[8]. Altro che «all'oscuro»! Altro che desiderio di «conformar*si*»! Perché nella città di Calvino, stimolato da una curiosità inesausta, Dino ha modo di incontrare alcuni frutti della migliore cultura europea. Nel corso del 1915 la biblioteca ginevrina acquista oltre duemila volumi, specie di argomento umanistico, mentre altri libri vengono donati da varie università, da istituzioni pubbliche e da privati. È aperta dalle 9 di mattina a mezzogiorno, e poi dalle 13.30 alle 18 (e dalle 20 alle 22, oltre che nel pomeriggio della domenica, almeno fino al 30 aprile). Nel 1915 solo la *salle de lecture* è frequentata da oltre duemila persone che leggono circa sessantamila volumi[9]. Fra il 7 aprile e il 19 maggio Campana è fra il centinaio di lettori che la affollano giornalmente. Ci sono studiosi di valore e molti forestieri, sono sei su dieci, in parte esuli per motivi politici o razziali. Qualcuno forse cerca l'occasione per avere un posto dove stare al caldo, altri per sfogliare libri e riviste, altri ancora sono lì per studiare. Fra loro c'è la poetessa femminista Jeanne Mink che per sette giorni legge opere di Edouard Schuré, autore ben noto e caro a Campana[10]. C'è anche il padre Giovanni Semeria che, per le lezioni pubbliche che tiene all'università, legge opere di Dante.

Di tutto questo non sa nulla Papini che replica seccato il 22 aprile: «non ho tempo da tener dietro alle sue ironie»[11]. Il 12 maggio Campana, sempre alla ricerca di un modesto compenso che lo aiuti a sbarcare il lunario, scrive allora a Soffici, rivelando qualcosa delle sue scoperte: «Ho trovato alcuni studi, purtroppo tedeschi, di psicanalisi sessuale di Segantini, Leonardo ed altri, che contengono cose in Italia inaudite e potrei fargliene un riassunto per Lacerba»[12]. I due studi tedeschi sono di Karl Abraham (*Giovanni Segantini. Ein psychoanalytischer Versuch*, 1911) e di Sigmund Freud (*Eine Kindheitserinnerung des Leonardo da Vinci*, 1910). Entrambe le pubblicazioni fanno parte della serie degli «Schriften zur angewandten Seelenkunde» (il settimo e l'undicesimo) i cui primi sedici numeri sono stati iscritti nell'inventario della Bibliothèque publique et universitaire di Ginevra il 5 marzo dello stesso 1915. Sono appena arrivati dunque.

Se è vero, come è vero, che ognuno di noi, senza essere Pollicino, lascia delle tracce del proprio passaggio su questa terra, anche Campana, per fortuna nostra, lo fa. E non solo sui fogli di via delle polizie straniere e dei procuratori del re che lo obbligano a consegnarsi a Marradi o nei faldoni delle case di cura in cui viene internato. I *Registres de consultations à la salle de lecture* della biblioteca di Ginevra, ecco una felice *trouvaille*[13], attestano per esempio che il poeta – in un'occasione viene registrato come «Campana Louis» – ha letto l'opera di Abraham il 26 aprile e quella di Freud il 27 aprile[14]. Questo spiega ancora meglio le circostanze della lettera, un poco baldanzosa un poco provocatoria, che il poeta scrive a Soffici, appunto da Ginevra, il 12 maggio del 1915. In essa dice (dopo avere parlato di un incontro erotico con «una Svizzera segantiniana» e dell'ambiente elvetico fatto crepuscolarmente di «organetti, specchi, buone ragazze, conterie, cioccolato e cattivo gusto così dolce proprio della Svizzera») di essere sulla strada della conversione «alla democrazia». Vale la pena di rileggere questo importante passo della missiva campaniana che, forse, polemizza con il rifiuto futurista dell'utopia di arrivare a una «fusione amichevole dei popoli»:

> Credo che si potrebbe fare una fusione tra la Svizzera sassone dello spirito in cui Nietsche [*sic*] scrisse che si era rifugiato Schumann e la religione della maternità del lavoro e dell'amore, così divinamente espressa dal nostro dolce e severo Segantini, e che già si trova in Millet. Questa mi sembra la via da seguire perché è la più larga, quella che richiede maggiore umanità e realtà. Ho trovato alcuni studi, purtroppo tedeschi, di psicanalisi sessuale di Segantini, Leonardo ed altri, che contengono cose in Italia inaudite e potrei fargliene un riassunto per Lacerba.

Precisa poi Campana, ricordando forse il modo di lavorare di Nietzsche[15]: «Si tratta di utilizzare la capacità di osservazione di quella gente in favore della nostra sintesi latina. Se una nuova civiltà latina dovrà esistere, essa dovrà assimilare la Kultur»[16].

UN «FICCANASO» IN BIBLIOTECA

Vedremo più avanti quanto importante sia stata la lettura dei due saggi psicanalitici di Freud e di Abraham sull'arte (e prima ancora sull'infanzia) leonardesca e segantiniana[17]. Ma il rapporto con la biblioteca ginevrina non si ferma qui. I *Registres de consultations* testimoniano che Campana, ospite soprattutto di pomeriggio, forse il mattino si arrangia a fare qualche saltuario lavoro, o cerca almeno di trovarlo, legge *in loco* vari altri libri. Non avendo un permesso di residenza in città non ha il diritto di portarseli via. Probabile inoltre che il numero dei volumi presi in prestito debba essere limitato. Nei diciannove giorni di frequenza della *salle de lecture*, fra il 7 aprile (il giorno successivo al lunedì di Pasqua) e il 19 maggio del 1915, non senza qualche interruzione, Dino inoltra trentadue richieste per venticinque pubblicazioni (di sette di esse fa dunque una seconda domanda)[18] e trentasei tomi complessivi. Non è senza emozione, dopo oltre un secolo, che si scorrono le pagine «ginevrine» degli stessi esemplari avuti in mano dal poeta. Chissà che non sia lui che, qua e là, di tanto in tanto, a seconda degli interessi, le ha postillate in margine o le ha sottolineate a matita. Magari prima di ricopiare un passo che lo colpisce...

Campana non va mai – tranne il 19 maggio, quando riprende i *Poems* di Whitman insieme ai cinque tomi delle opere di Verlaine – oltre i quattro libri per giornata. In sei occasioni ne ordina uno solo. In altre cinque due (sempre di argomento diverso). In quattro casi tre (due volte però ci sono i tre tomi di Laforgue). In tre casi i prestiti sono quattro (accanto a libri di singoli autori ci sono però i due volumi di Morel-Fatio e i tre tomi di Chénier e Swinburne). E per sette volte – succede con le poesie di Chénier, Whitman, Laforgue e Thompson, oltre che con il saggio di Gundolf e, di Eucken, *Le sens e la valeur de la vie* e *Les grands courants de la pensée contemporaine* – chiede un'opera già avuta in prestito in precedenza: segno che vuole approfondire alcune letture, o almeno tornare a meditare su di esse. Un dato resta comunque assodato: l'autore dei *Canti Orfici*, così come un altro «irregolare», Rimbaud, è, per dirla con Verlaine, assiduo «fureteur» (cioè ficcanaso) «de bibliothèques, en pleine fièvre "philomatique"»[19]. Altro che poeta scostante, geniale e intuitivo! Di poche seppur scelte letture... Perché si può ben immaginare che, nella vita di Campana, la biblioteca ginevrina non sia una semplice ed estemporanea eccezione.

Ma quali sono i criteri, ammesso che ci siano, che sottostanno alle richieste dei libri? Si può forse intravedere una chiave di lettura o perlomeno un comune denominatore? E i libri domandati devono essere visti singolarmente o anche come scelta d'assieme? Qui, diciamolo subito, tutto diventa più difficile. In primo luogo vanno per forza di cose messi la curiosità del poeta di accostare opere nuove, e interessi mirati (Verlaine, Whitman) o generali: il filosofo Rudolf Eucken, accostato attraverso la lettura di quattro opere, due in lingua tedesca e due tradotte in francese, è già noto in Italia, anche prima del Nobel che riceve nel 1908. Così Romain Rolland e, prima ancora, a maggior ragione, Nietzsche. Né si può escludere che a qualche nome il poeta arrivi a caso (o «a naso»)[20].

Certo, l'idea dello studio dei rapporti fra le culture, in particolare di quella «meridionale» e quella «nordica», e il sogno di farne una «fusione», cercandone gli appigli storici e gli studi già fatti, che in realtà, in abito comparatistico, sono molto numerosi, può indurre a leggere le *Études sur l'Espagne* di Alfred Morel-Fatio. Così come l'interesse per il «deutschen Geist» (il carattere «sassone dello spirito», come dice Campana) può spiegare l'accostamento dell'indagine comparata dedicata a Shakespeare dal germanista Friedrich Gundolf, studioso peraltro ben noto ancora oggi nel mondo scientifico tedesco. Ma anche altri, e non meno importanti, devono essere i percorsi fatti da Campana per arrivare a orientarsi in biblioteca. Come ha mostrato convincentemente Alberto Petrucciani, il poeta può ricorrere ai fascicoli pubblicati anno dopo anno dalla Bibliothèque publique et universitaire di Ginevra (proprio nel marzo 1915 appare la lista delle «acquisitions récentes»)[21]; e, prima ancora, a un corposo catalogo sistematico, messo accanto alla sala di lettura, organizzato per discipline: filosofia, belle arti, letterature, generi, epoche, autori. Insomma, il lettore ha a disposizione strumenti rapidi e funzionali per ritrovare opere in lingue e di epoche differenti. Il che spiega come Campana possa imbattersi, accanto a poeti a lui certo noti di lingua inglese (Thompson, Kingsley), anche in autori meno conosciuti (Campbell Ogden, Lyman Short)[22]. Benché poi occorrerebbe chiedersi perché Dino scelga certi «minori» e ne disdegni altri. Oppure perché, leggendo Nietzsche, tralasci gli scritti di Max Nordau.

Non va dimenticata, forse, l'occasione: sappiamo che una lettrice divora per sette giorni di seguito, nella sala di lettura, le opere di

Schuré, autore amato dal poeta degli *Orfici*. Né va esclusa la possibilità che una parte dei libri acquisiti di recente possa venire esposta nelle vetrine sistemate nell'atrio della biblioteca: come succede spesso con le novità librarie già catalogate e subito fatte conoscere a chi vuole orientarsi sulle pubblicazioni più recenti. Ma c'è di più: «parecchio materiale era offerto in libero accesso sugli scaffali della sala di lettura, come si può vedere in un'immagine della sala stessa, successiva alla ristrutturazione del 1905 e probabilmente di epoca vicina a quella del soggiorno di Campana»[23]. Possiamo dire con certezza che alcune opere lette dal poeta, come i saggi di Freud e di Abraham, sono entrate in biblioteca da poco. Una volta catalogate, vengono esposte, per informare chi vuole essere subito aggiornato, in una bacheca della sala di lettura. Ovvio che i nomi di Segantini e di Leonardo – chissà se incrociati per caso, o se cercati per altri motivi, oppure segnalati dagli studiosi che frequentano in quegli stessi giorni la Bibliothèque ginevrina (fra loro ci sono lo psichiatra e psicanalista Charles Odier, ha un anno meno di Campana e presto andrà da Freud e Abraham, e Raymond de Saussure, figlio del linguista Ferdinand, anch'egli ammiratore di Freud)[24] – debbano attirare l'attenzione del poeta. Alcuni dei volumi presi in prestito dall'ospite italiano recano fra l'altro *in limine* un'indicazione a matita, verosimilmente di un coscienzioso bibliotecario addetto alle ordinazioni, che ne rivela la data di acquisizione. Se in un paio di casi la noticina dice poco («Legs de Frédéric Rapin 1907», si legge in Nietzsche, *Par delà le Bien et le Mal*; «achat [...] 1908», in Eucken, *Grundlinien einer neuen Lebensanschauung*; «achat [...] Leipzig 1910», in Thompson, *Selected Poems*; e ancora: «Achat, 1911», in Eucken, *Les grands courants de la pensée contemporaine*), almeno due opere sono di recentissimo acquisto: *A history of American literature* di William B. Cairns reca un appunto manoscritto: «achat [...] 1915»; e le *Balladen* di Spitteler: «Achat 1915».

In altri casi può essere la medesima opera presa in prestito a fornire indicazioni e stimoli per ulteriori letture. Il saggio di Abraham, letto il 26 aprile, reca l'elenco delle opere apparse nella collana, quindi anche quella di Freud, chiesta il giorno seguente. Lo studio di Eucken, *Le sens e la valeur de la vie*, ordinato il 23 aprile, annuncia sul controfrontespizio (e poi all'interno del testo, quando si parla dell'Illuminismo) anche la stampa di *Les grands courants de la pensée*, che Campana ordina tre giorni dopo e nuovamente il 3 maggio. Non è poi da escludere che Dino possa avere trovato l'indicazione di un libro su una rivista letteraria[25]. O, avendo visto circolare sui tavoli alcune opere per lui interessanti, che ne abbia parlato con qualcuno nell'atrio della biblioteca: il saggio di Freud e altri studi affidati alla collana degli «Schriften zur angewandten Seelenkunde» vengono letti in sala, e in quegli stessi giorni, anche da altri[26] (ma Campana ordina dapprima Abraham e questo fa pensare alla prima delle due ipotesi). Nella *salle de lecture* Dino può poi conoscere per esempio il peruviano Eduardo Francisco Forga, molto impegnato nella difesa dei diritti degli indios[27]: chissà che non sia lui, mentre discutono di poesia, a consigliargli il libro di Ricardo Palma che raccoglie i versi del *maudit* peruviano Juan del Valle y Caviedes. Leggendo Verlaine, Dino ha saputo che con «maudit» si indica colui «qu*i* n'est pas assez glorieux en ces temps qui devraient être à ses pieds»[28].

Quanto alla datazione dei libri letti: uno solo è uscito nel 1914 (è la seconda edizione dello *Shakespeare* di Gundolf), nessuno nel 1913 e nel 1915 (ma, come già sappiamo, le opere di Cairns e di Spitteler entrano in biblioteca nel 1915), tre volumi sono del 1912 e altri degli anni precedenti. Neanche un'edizione consultata da Campana è anteriore comunque al 1890. Ciò può essere dovuto al fatto che i registri ginevrini vengono pubblicati a partire dal 1875, con aggiornamenti successivi fino al 1899. Ma è più probabile, anzi quasi certo, che il poeta «abbia utilizzato solo un catalogo di nuove accessioni, o comunque selezionato tutte le sue letture in una fonte di quel tipo»[29]. Quanto ai temi: all'inizio (dal 7 al 19 aprile) Campana opta prevalentemente per i libri di poesia (Chénier, Thompson, Laforgue), cui però si aggiungono altre opere (i racconti di Tolstoj, la narrazione della vita di Beethoven, Nietzsche). Poi, mentre Nietzsche, ed è quasi inevitabile, ricompare, è il versante della «Lebensphilosophie» a interessare il poeta (23-26 aprile). Seguono la psicanalisi (26 e 27 aprile), la letteratura comparata (28 e 29 aprile), quella anglofona (6 e 7 maggio) e infine la letteratura francese e ancora quella di lingua inglese (17-19 maggio).

Se insomma l'indice dei nomi delle lettere campaniane è assai povero di voci forestiere, quasi che le culture extranazionali debbano restare lontano dai loro orizzonti, a fare difetto non è invece l'interesse del poeta per le altre culture. Diventa intanto quasi ovvio ipotizzare che le frequentazioni ginevrine non possono essere un evento isolato, ma che altre biblioteche: a Bologna, Firenze, Genova, Torino, debbano avere ospitato il poeta-lettore alla ricerca di opere e autori, specie, forestieri. Ricorderà non a caso il fratello Manlio di avere sentito spesso Dino «declamare, esaltandosi, versi in francese, in inglese, in tedesco ed anche in spagnolo»[30].

Perfino Papini, uno degli «chacals» di Firenze, dovrà poi ammettere che il poeta «conosceva abbastanza la moderna poesia francese»[31]. Nelle lettere e nei *Canti Orfici* si incontrano, seppure il più delle volte di straforo, vari nomi di autori transalpini: Maupassant, Jammes, Bergson, Apollinaire, Mallarmé (lodando alcune poesie di Emilio Cecchi, Campana scrive: hanno «una vera delicatezza e profondità di sentimenti intimi, della finezza di colore che ricordano Mallarmé»)[32]. Altri nomi di poeti francofoni sono stati fatti e si potrebbero ancora riproporre: Nerval, Samain, Verhaeren, Huysmans, Leconte de Lisle, oltre naturalmente a quelli altisonanti di *phares* abbaglianti come Baudelaire, Verlaine, Rimbaud. A Ginevra Campana sembra comunque soffermarsi su opere fin lì in generale, almeno a prima vista, più lontane da che vicine agli interessi che gli vengono sovente attribuiti. I primi volumi a essere accostati nella Bibliothèque sono quelli di Jules Laforgue, poeta nato a Montevideo e morto a soli ventisette anni, dopo essere stato per cinque in Germania come «lettore» di opere francesi della nonna del futuro imperatore Guglielmo II. Si potrebbe anche ipotizzare che il «Rimbaud italiano» debba prendere poi in prestito, per riassaporare il profumo di frequentazioni a lui certo care, non meno che ricche di confortevoli doni, libri rutilanti come *Une saison en enfer* di Rimbaud o *Das Nordlicht* di Theodor Däubler, uscito nel 1910, che nella seconda parte raccoglie dei versi dedicati alle altitudini (*Die Hymne der Höhe*) e nella terza poesie «orfiche» (*Pan - Orphisches Intermezzo*). E invece chiede le *Œuvres complètes* di André Chénier, peraltro popolate di figure e riferimenti mitologici (come del resto quelle di Laforgue e di Leopoldo Díaz) e qua e là strutturalmente affini ai «poèmes en prose» campaniani[33]. Non mancano comunque passi, nell'opera di un uomo dalla vita avventurosa e tragica, conclusa con un colpo di ghigliottina, con cui Campana (ma il discorso vale evidentemente in molti altri casi) potrebbe provare qualche consonanza: tanto nei *Canti Orfici*, ma già deve allora essere passato per alcune di queste letture, che nelle poesie scritte dopo il viaggio in Svizzera del 1915 o più semplicemente nel ripensare alla propria vita cercando di svelarne i nodi più profondi e arcani. Campana legge per esempio nel prologo di *Hermès*: «Je poursuis la comète aux crins étincelants, | Les astres et leurs poids, leurs formes, leurs distances; | Je voyage avec eux dans les cercles immenses»[34].

Immediatamente prima di lasciare la Svizzera, per tornare in Italia, Dino riprende in mano anche Verlaine che certamente già conosce. Benché lo citi poi nelle sue lettere soltanto dalla fine del 1915: dopo le letture ginevrine, quindi. Anche nell'opera verlainiana si possono individuare – in attesa di indagini sistematiche che possano evidenziare con acribia eventuali corrispondenze intertestuali con le poesie campaniane scritte dall'aprile-maggio del 1915 in poi – vari punti di convergenza: a cominciare dall'*Ode à Guillaume II*, l'«Imperatore dei Germani» a cui sono dedicati i *Canti Orfici* (scrive Verlaine: «Je t'aime comme on aime une ennemie | [...] || Parce que vous êtes un honnête homme | Bien que Prussien, | Parce que vous êtes un fou tout comme | Moi»)[35]. Certa è la consonanza di Campana quando il poeta francese scrive: «L'art, mes enfants, c'est d'être absolument soi-même». E chissà che Dino non ritrovi passi amati, o precise analogie, nei versi del «pauvre Lelian», vagabondo e *bohémien*, il «poète malade» costretto a scrivere stando disteso nel letto di un ospedale. Toccherà anche a lui in autunno vivere la medesima esperienza. O come quando Verlaine osserva: «Des chants voilés de cors lointains où la tendresse | Des sens étreint l'effroi de l'âme en des accords | Harmonieusement dissonants dans l'ivresse» («e canti | Udivo lenti ed ambigui ne le vene de la città mediterranea»)[36]. Scrive di Campana, con la solita enfasi, Mario Bejor: «Prediligeva Verlaine e ne aveva tradotte poesie con tale aderenza e perfetta espressione poetica italiana da sfidare le simili magìe di D'Annunzio». Poi aggiungeva: «Sono perduti quei gioielli?»[37].

«TOUS LES SECRETS DE LA CHIMÈRE»

Probabile che il poeta-lettore ricopi a Ginevra, non senza qualche refuso, forse per la fretta o la disattenzione, certi versi che lo colpiscono particolarmente in un quaderno rimasto ignoto o in un calepino tanto simile a un pugno di altri taccuini e «taccuinetti» sopravvissuti per miracolo all'internamento nel cronicario di Castel Pulci. O che mandi a memoria ciò che gli suona più caro. Il 30 dicembre di quello stesso 1915, facendo un consuntivo molto triste dell'anno che sta per terminare, confesserà a Cecchi ricordando due versi verlainiani letti (o riletti) a Ginevra: «La misère et le mauvais œil m'ont fait une âme de vieux prisonnier»[38]. Appena qualche giorno più tardi Campana inviterà Soffici «a scegliere fra Croce e Verlaine perché», aggiunge polemicamente, non avendo alcun dubbio al riguardo, «le conservi la stima che posso»[39]. E nel novembre del 1916, scrivendo stavolta ad Astrid Ahnfelt, citerà nuovamente dal «livre mystique» del «poète errant»: «la natura nelle sue bufere è infinitamente più dolce della vita, ed è questo forse che ci aiuta a credere che, come diceva Verlaine, quelque chose de pur demeure sur la montagne, quelque chose du cœur enfantin et subtile. Car, qu'est-ce que vraiment nous accompagne, et quand la mort viendra que reste-t-il?»[40]. È forse di questi mesi, se non è già fatta a Ginevra, anche la traduzione di una quartina dei *Poèmes saturniens* che, stando ancora a Bejor, Campana reciterebbe poi volentieri ad alta voce: «Moi, je ne puis, chétif trouvère de Paris, | T'offrir que ce bouquet de strophes enfantines: | Sois bénin et, pour prix, sur les lèvres mutines | D'Une que je connais, Baiser, descends, et ris». Chissà che il «bouquet de strophes enfantines», tradotto poi in italiano, parrebbe, per una cugina di Marradi, non debba essere stato recitato dapprima, forte della «ivresse inénarrable» del bacio, nel fare la corte alla svizzera «segantiniana»[41]?

Possono invece sorprendere maggiormente, data la scarsità di conoscenze maturate in questo ambito culturale, per quello che sappiamo almeno, le scelte campaniane relative alla letteratura di lingua spagnola. I due tomi degli *Études sur l'Espagne* dell'ibero-romanista e comparatista Alfred Morel-Fatio (1850-1925), letti il 26 aprile, si occupano – oltre che del *Quijote*, l'eroe di cui il «matto» di Castel Pulci avrà poi modo di parlare ancora con il medico Pariani[42], conoscendo già le sue avventure, e rileggendole in manicomio – della ricezione spagnola in Francia e dei rapporti fra la cultura spagnola, quella delle Fiandre e il mondo germanico. A Campana deve interessare, e non poco, almeno per affinità elettiva, anche il volume curato da Ricardo Palma (*Flor de Academias y Diente del Parnaso*): in particolare per la figura di Juan del Valle y Caviedes, autore *maudit* del Seicento («un poeta bien desgraciado», lo dice il prefatore, che tuttavia precisa poi, ecco un altro elemento di consonanza nella coerenza del proprio lavoro: «no se contaminó con las extravagancias y el mal gusto de su época, en que no hubo alumno del Apolo que no pagase tributo al gongorismo»). Gli scritti di questo «gran poeta peruano» sono «tan frescos, tan castizos, que parecen escritos en nuestros días». Ammonisce Palma: «El *Diente del Parnaso* escandalisará oídos susceptibles, sublevará estomágos delicados y no faltará quien lo califique de desvergonzadamente immoral». Del resto Juan del Valle y Caviedes ama definirsi «sujeto al pecado»: per questo, il suo, sarà «para los hipócritas» ma solo per loro, «un libro repugnante y digno de figurar en el *Indice*»[43]. Musica per gli orecchi del poeta dei *Canti Orfici*. C'è da giurarci.

Il giorno dopo, giovedì 29 aprile, Campana chiede *Las Sombras de Hellas* di Leopoldo Díaz. Sulla pagina di sinistra dell'edizione vengono pubblicate le poesie originali in lingua spagnola; sulla destra la traduzione in francese, opera del giurista, politico e bibliofilo ginevrino Frédéric Raisin. Scrive il prefatore, Rémy de Gourmont, uno dei rifondatori del «Mercure de France», scrittore e teorico simbolista, amico di Mallarmé, fautore dell'idea di una comunanza «estetica» fra la cultura tedesca e quella francese (basterà questo perché venga allontanato, al tempo della guerra, dalla Bibliothèque nationale de France dove lavora): «L'Amérique du sud a ses poètes, ses romanciers, ses critiques, ses philosophes», e i loro modelli non sono la Spagna ma Parigi. Anzi alcuni poeti modernisti, come Rubén Darío, ammiratore di Verlaine, e Leopoldo Díaz, che sulle orme di José María de Heredia (a lui il libro è dedicato), «chante la beauté grècque», hanno vissuto anche a Parigi. Chissà che Campana non possa avere già letto in Argentina, dove è stato, dall'autunno del 1907 alla primavera del 1909, queste poesie che pullulano di figure mitologiche e di temi a lui tanto cari? In una lirica Leopoldo Díaz invita l'artista a scolpire il marmo nella cava vergine: («Vé á despertar el mármol en la virgen cantera!», «Va réveiller le marbre en la vierge carrière!») per dare vita all'opera d'arte («La piedra será un dia viviente, luminosa | Y el golpe fulgurante de tu cincel espera», «Sous ton ciseau de feu la superbe matière | Un jour se lèvera, vivante et lumineuse»). Un po' come nella *Verna* michelangiolesca: «colei che tu piegasti sulle sue ginocchia stanche di cammino, che piega che piega e non posa, nella sua posa arcana come le antiche sorelle, le barbare regine antiche». E subito dopo: «Sus intimos secretos arranca á la Quimera, | Levanta el triple velo de la Isis misteriosa» («Arrachant le bandeau d'Isis mystérieuse, | Tu connaîtras tous les secrets de la Chimère...»)[44]. In altri versi parnassiani Díaz invita a incidere con il bulino, nell'argilla di un vaso, il mito della Chimera: «Grabe el buril el mytho de la veloz Quimera» («Grave le mythe surprenant de la Chimère»). Chimera che torna ancora in *Las siete Notas* (mentre Chénier scrive: «Vierge au visage blanc, la jeune Poésie» che fa pensare a «il tuo pallido | Viso» della *Chimera* campaniana). In altre liriche il poeta argentino fa posto al lamento e al soliloquio di un fauno[45].

Molto interessanti, non da ultimo per la singolarità della scelte, ma c'è da augurarsi che queste acquisizioni possano stimolare studi più mirati – lasciamo agli anglisti il compito di meglio intendere il senso più profondo di questi accostamenti campaniani –, sono le letture di poeti inglesi e americani, tutti attivi nella seconda metà dell'Ottocento (affermerà poi un testimone che a Firenze l'autore degli *Orfici* traduce un autore inglese, precisando però: «non volle dirmi il nome del poeta»)[46]. Il 19 aprile Campana sceglie i *Poems* di Thompson, il 6 e 7 maggio quelli di Campbell, Kingsley, Lyman, Swinburne e Whitman, il 18 maggio un'antologia della letteratura americana. Poeta inglese, *bohémien* vagabondo, oppiomane, morto di tubercolosi, Thompson (1859-1907) si muove fra tradizione classica e misticismo cristiano, con implicazioni simboliste. Più difficile, ammesso che motivi di ordine biografico possano bastare a dare una risposta a domande rimaste per ora aperte, capire le ragioni della scelta di Edward Lyman Short (1854-1905), avvocato di New York; e anche di quella di George Campbell Ogden (1841-1911), medico e pittore paesaggista dell'Ohio: non fosse, ma è argomento troppo fragile, che due poesie – *The Witch of Vesuvius* e *The Fairy Italian* – respirano atmosfere «italiane»[47]. Da parte sua il pastore inglese Charles Kingsley (1819-1875), scrittore e poeta del «socialismo cristiano», è autore di un «little book of poems» che raccoglie «the product of idle summer hours in his youth», con alcune delicate poesie d'amore scritte con spirito da «infant soul» in parte in Europa (St. Moritz, Capri) da destinare a una ristretta cerchia di amici[48]. *Poems and Ballads* è l'opera più nota di Algernon Charles Swinburne (1837-1909), «that damned simulacrum», come lo chiama Whitman. Contiene anche una ballata su e traduzioni dal francese da Villon[49]. Tornando in Italia, da Ginevra, dopo avere acquistato un'edizione delle poesie villoniane, Campana scriverà sulla pagina della *Ballade des pendus*: «Comme des tourelles d'acier | Dans le cœur brun de soir | Mon esprit qui se...».

Non può mancare Walt Whitman: ancora nel marzo del 1916 il poeta dei *Canti Orfici*, che come sappiamo si chiudono con un colophon whitmaniano, confesserà di adorarlo. Tanto che Sbarbaro testimonierà che *Leaves of Grass* era un «livre de chevet» di Campana[50]. Dice il curatore dell'edizione letta a Ginevra che Whitman è uno dei «Bohemians», l'autore di «an immoral book», *Foglie d'erba* appunto, improntato a un «sense of incompleteness». I *Poems* dell'autore americano (peraltro molto noto anche nell'America del Sud, dove il «poète errant» potrebbe averlo già letto in occasione del suo soggiorno argentino), nell'edizione di William Michael Rossetti, recano in esergo una citazione di Michelangelo («Or si sa il nome, o per tristo o buono, | E si sa pure al mondo ch'io ci sono») e un'altra di Robespierre che certo non può dispiacere a Campana, quando almeno pensa ai suoi «avversari» fiorentini: «Les efforts de vos ennemis contre vous, leurs cris, leur rage impuissante, et leurs petits succès, ne doivent pas vous effrayer; ce ne sont que des égratignures sur les épaules d'Hercule»[51]. Ci sono passi che, un'altra volta, rammentano certi brani campaniani (ricorderà il «matto» al medico Pariani: «Sono stato ad ammucchiare i terrapieni delle ferrovie in Argentina. Si dorme fuori nelle tende»): «Night on the prairies. | The supper is over–the fire on the ground burns low; | The wearied emigrants sleep, wrapped in their blankets; | I walk by myself – I stand and look at the stars, wich I | think now I never realized before. | Now I absorb immortality and peace. | I admire death, and test propositions»[52].

Dieci giorni più tardi, il 18 maggio, Campana prende in lettura *A history of American literature* di William B. Cairns, studioso dell'Università del Wisconsin. Uscita tre anni prima a New York, è una storia letteraria «sociale» degli Stati Uniti, peraltro poco nota. Va però subito aggiunto che ai primi del Novecento non si sa molto, in Europa, della letteratura americana. Il capitolo v (*Recent Years, 1833-1912*) fa spazio ad autori importanti, come Ralph Waldo Emerson, e a due grandi «irregolari»: Poe e Whitman. Del primo – «a proud nature», «a nervous temperament», che ha avuto «few or no friends» («persistently he thought on the great mysteries of existence»), che «In literature he was in advance of his time» – Campana ama soprattutto *Ulalume*[53]. È anche l'occasione per leggere notizie fin lì poco note sull'uomo e sul carattere di Whitman, sui suoi viaggi, sui suoi rapporti con le donne, sulla sua vita disordinata («in all the dissipations»), sul disprezzo che i suoi nemici riservano ai suoi «prose poems» (aggiunge Cairns: «The most bitter attacks were based on misunderstandings of the poems»), sulla musicalità della sua poesia, sul suo essere «the prophet of a new poetry». Appena qualche giorno prima, il 10 marzo, Campana scriveva a Cecchi: «Io anderò in Francia [...] e curerò i feriti». Chissà che non pensi a Whitman, leggendo nella *History* di Cairns che durante la guerra di secessione americana l'autore delle *Leaves of Grass* si è impegnato nell'aiuto dei soldati feriti («he ministered to the sick and wounded soldiers»)[54].

Tra le figure più interessanti dei «New England Writers» Cairns mette poi Emily Dickinson e Julia Ward Howe (1819-1910). Poetessa, scrittrice, abolizionista, riformatrice e femminista («she edited an antislavery paper in Boston, and after the war she became active in the woman's suffrage propaganda»)[55], la Ward Howe è l'autrice a lungo rimasta senza nome di una quartina tradotta in italiano da Campana. Stando alla testimonianza di una parente, il poeta, conoscendoli a memoria, trascriverebbe i versi su un foglietto fra il 1911 e il 1912. Pertanto il nome della Ward Howe è già noto a Campana, anche perché i versi da lui tradotti sono usciti (con una nota siglata Nemi: cioè, forse, Giovanni Cena o Sibilla Aleramo) sulla «Nuova

Antologia» nel marzo-aprile del 1911[56]. La ricchezza dell'indice analitico messo in calce alla *History* di Cairns consente inoltre di acquisire rapidamente molte altre informazioni. Campana può venire a sapere, per esempio, che Amos Bronson Alcott (1799-1888) ha pubblicato fra il 1840 e il 1842 gli *Orphic Sayings*: «a series of sententious observations wich were often unintelligible»[57].

LA «KULTUR» E LA CIVILTÀ LATINA

Come già sappiamo, Dino scrive da Ginevra ai primi di maggio del 1915: «Se una nuova civiltà latina dovrà esistere, essa dovrà assimilare la Kultur». Probabile che nella biblioteca cittadina abbia potuto scorrere, fra le riviste disposte nelle scansie delle novità, nella *salle des périodiques*, le pagine dell'ultimo numero del «Mercure de France» (l'editore di Laforgue e delle traduzioni francesi di Nietzsche), uscito in aprile e quasi tutto dedicato alla Germania e al Pangermanesimo. Il fascicolo più recente esordisce proprio con un lungo, polemico articolo intitolato *La faillite de la «Kultur»*. La guerra, si legge, ha allontanato di molto la Francia dalla Germania e il testo, non privo di tratti nazionalistici, insiste proprio sull'illegittimità dell'idea di una superiorità germanica. Già Heine e Nietzsche del resto, argomenta l'autore, avevano denunciato «la stupidité et l'arrogance des Germains». L'immagine della «Kultur allemande», strumento in Germania di nazionalismo e di imperialismo guerrafondaio, sarebbe stata creata unicamente «pour donner aux Allemands la tradition qui leur manque, pour remplacer une civilisation qu'ils n'ont pas»[58]. Un altro articolo guarda da un punto di vista politico all'Europa del dopoguerra: l'unica certezza sembra essere il bisogno comune a tutti di «une rupture entre l'ordre de choses d'avant et l'ordre de choses d'après»[59]: di trovare insomma una via che, invece di dividere, unisca. Si parla anche di Nietzsche la di cui opera «n'est pas une littérature pour Allemands», ma semmai una guerra feroce e coerente contro i filistei tedeschi. Anzi, stando al «Mercure de France», il filosofo rappresenta «la victoire prochaine de l'esprit européen sur la bête allemande»[60].

Non figurano, fra le letture ginevrine, né Goethe, che Nietzsche loda per «la sensiblerie, le culte idolâtre de la nature, le mépris de l'histoire, l'idéalisme, le dédain du réel, l'esprit révolutionnaire» (nel 1917 Campana manderà a Leonetta Cecchi Pieraccini la traduzione di un brano della goethiana *Walpurgisnacht*) né Heine[61]. Un po' curiosa pare invece la scelta delle *Balladen* di Carl Spitteler (1845-1924). Avversario del nazionalismo tedesco, ammiratore di Schopenhauer e di Nietzsche, premio Nobel nel 1919, proprio nel 1915 Spitteler riceve a Losanna il dottorato *honoris causa*: e forse questa onorificenza, celebrata dai giornali, insieme al carattere della sua produzione – *Olympischer Frühling* del poeta elvetico è popolato di figure della mitologia greca trasposte nella modernità (nel 1916 Dino loderà la «sensibilità neogreca» che, dice a Mario Novaro, «è quella della vera poesia italiana moderna»)[62] –, può essere la molla che fa scattare la curiosità di Campana. Del resto Dino sa bene che esiste una *Kultur* tedesca che va assai oltre il nazionalismo guerrafondaio pangermanico. Lo dimostra lo studio comparatista (orientato, come gli *Études sur l'Espagne* di Alfred Morel-Fatio, sulla *Stoffgeschichte*) di Friedrich Gundolf dedicato a Shakespeare e allo «spirito tedesco», che analizza l'influenza di Shakespeare nella letteratura germanica: da quando il teatro shakespeariano viene portato in Germania, dalle compagnie teatrali, fra il tardo Seicento e l'alba del Settecento, fino all'epoca romantica. Poeta e germanista, allievo di Stefan George, alcuni suoi libri (come quelli su Goethe e Kleist) vengono letti ancora oggi in Germania, Gundolf si occupa di Shakespeare come «materia», «forma» e «contenuto», allargando poi la sua indagine sul Razionalismo, sul Classicismo e sul Romanticismo, e parlando di autori tedeschi come Lessing, Wieland, Herder, Goethe, Schiller.

Quello che il poeta dei *Canti Orfici* sembra cercare con insistenza è soprattutto però una risposta alle inquietudini che scaturiscono senza sosta dall'infrenabile calamità della guerra in corso e della desolazione degli orizzonti europei. «L'air est lourd autour de nous», aveva scritto profeticamente, nel 1903, Romain Rolland, nel suo saggio dedicato alla vita di *Beethoven*, libro preso in prestito da Campana il 12 aprile: «La vieille Europe s'engourdit d'une atmosphère pesante et viciée. Un matérialisme sans grandeur pèse sur la pensée». Aggiungeva poi lo scrittore francese: «La vie est dure. Elle est un combat de chaque jour pour ceux qui ne se résignent pas à la médiocrité de l'âme»[63]. Un discorso molto sentito in favore dalla neutralità svizzera aveva tenuto anche Carl Spitteler, a Zurigo, il 14 dicembre del 1914.

Pochi mesi prima, nel settembre del 1914, sul «Journal de Genève», Rolland, che ora vive nella città di Calvino, aveva pubblicato un testo pacifista (*Au-dessus de la mêlée*), coraggioso e duro, che aveva sollevato un vespaio di reazioni e di commenti, non di rado imbarazzati, spesso negativi, a volte feroci. Molti lo considerano un tradimento e chiamano con disprezzo l'autore dell'appello «Germain»

Rolland. Il testo – forte nei contenuti e vibrante nei toni, sarà poi seguito da altri articoli dello scrittore usciti sul medesimo quotidiano nei mesi successivi – è indirizzato ai «jeunes frères ennemis» e alla «jeunesse avide de se sacrifier» sull'altare di un eroismo più perverso che vero, più retorico che sacro. Non ai capi di Stato, dunque, sordi a ogni appello, ma ai soldati che sui vari fronti stanno sacrificando la loro giovinezza combattendo ciecamente fra di loro. Chissà che Campana non ne possa avere parlato, nella *hall* della Bibliothèque, con uno dei tanti lettori svizzeri e soprattutto forestieri che la frequentano e che, come lui, arrivano da tutta l'Europa. Qualcuno è dovuto fuggire dalla patria e guarda preoccupato a quello che sta succedendo a poca distanza. E chissà che, avendone sentito parlare, non scelga di leggere il coraggioso «J'accuse» rollandiano che definisce la guerra in corso un «jeu puéril et sanglant», una «monstrueuse épopée» e una «mêlée sacrilège, qui offre le spectacle d'une Europe démente». La responsabilità, dice lo scrittore-pacifista, è degli Stati, Russia, Prussia e Austria («les trois aigles rapaces») in prima fila, ma certo non solo di loro: è anche dei guerrafondai, dell'imperialismo, di tutti. Anche di chi, pur non volendo la guerra, troppo poco ha fatto, prima che scoppiasse, per osteggiarla. «À cette épidémie, pas un n'a résisté», afferma con vigore: neanche i socialisti o i cristiani, non meno nazionalisti e perciò colpevoli degli altri. «Plus une pensée libre qui ait réussi à se tenir hors de l'atteinte du fléau», continua Rolland: «et tous, les uns aux autres, se lancent le nom de "barbares"». In Francia Bergson ha proclamato che «la lutte engagée contre l'Allemagne est la lutte même de la civilisation contre la barbarie». In Germania si risponde che «la guerre est engagée entre le germanisme et la barbarie». «Entre nos peuples d'Occident, il n'y avait aucune raison de guerre», precisa l'appello: «frères de France, frères d'Angleterre, frères d'Allemagne, ne nous haïssons pas». E conclude ecumenicamente: «l'humanité est une symphonie de grandes âmes collectives». «Un désastre de la France», poi, inutile nasconderlo sotto le ali del patriottismo, «serait aussi un désastre pour les penseurs libres d'Allemagne»[64].

Sono da vedere in questo contesto (negli stessi giorni il poeta scrive a Soffici: «sento quà le notizie più contraddittorie. Sembra, dunque, che facciamo la guerra?»)[65] le attenzioni campaniane per opere altrimenti, in apparenza almeno, lontane dai suoi interessi di poeta. L'8 aprile Dino legge alcuni racconti di Tolstoj, autore peraltro molto caro a Rolland. Narrano lo spettacolo tragico e macabro della guerra in Crimea, con i suoi morti, i feriti, i mutilati, con l'assedio (1854-

1855) di Sebastopoli, con la difesa dalle truppe russe dagli attacchi degli eserciti francesi, inglesi e ottomani. E soprattutto stigmatizzano la follia, l'inutilità e «l'horreur de la guerre» (come scrive Tolstoj in una prefazione fin lì inedita), denunciando insieme l'impossibilità di mostrare i sentimenti dell'uomo di fronte alle assurdità dei conflitti. La guerra, dice lo scrittore (chissà che Dino non ne parli con alcuni profughi russi che incontra a Ginevra), è un tabù che non può essere messo in discussione, perché tutto finisce sotto una montagna retorica che ne cela le atrocità. Nel raccontare «l'horrible torture morale» provata da un giovane di fronte a un evento drammatico, dove tutti sono solo «de la chair à canon» e dove la verità viene nascosta, Tolstoj afferma: «ce n'est pas la souffrance et la mort qui sont terribles, mais ce qui permet aux hommes de les produire»[66].

Il 3 maggio 1915 mentre comincia la mobilitazione dei soldati in Italia – e intanto, nel corso del «radioso maggio», D'Annunzio, «la massima cloaca di tutto il letteratume presente passato di tutti i continenti»[67], si appresta a tenere pomposi discorsi nazionalistici che inneggiano alla guerra («Arma la prora e salpa verso il mondo») –, Campana chiede due opere di Rudolf Christoph Eucken, professore di filosofia all'Università di Jena. Il 6 maggio, forse per consolarsi del fatto che il Comitato delle società italiane di Ginevra gli ha dato il benservito, e dopo avere letto sul giornale che il giorno prima, 5 maggio, a Quarto dei Mille, «il Vate grammofono» ha tenuto un infuocato discorso che inneggia alla guerra redentrice imperiale, Campana va in biblioteca e ordina i libri di tre poeti che scrivono in inglese: Campbell Ogden, Kingsley e Lyman Short. Il 7 maggio è poi la volta di Swinburne e Whitman. Proprio in quel giorno un sommergibile tedesco affonda il *Lusitania*. E subito i giornali si mettono a parlare del transatlantico britannico, delle negligenze del comandante William Thomas Turner, dei tanti morti annegati, dei misteri che avvolgono la vicenda (la nave trasportava armi ed esplosivi?), dell'eroismo di alcuni e della codardia di altri, del rapido affondamento, dell'obbligo morale, oramai, per gli Stati Uniti d'America, di entrare in guerra contro la Germania. Anche l'Italia è sempre più vicina al grande passo e chi non la pensa come gli interventisti viene considerato un «traditore della patria». Non la vede così Campana che, scrivendo a Soffici, dopo il rientro dalla Svizzera, ma intanto ha letto opere che gli hanno fornito argomenti che bastano a vedere le cose in maniera diversa, definirà «enormemente stupida e ridicola l'idea di un miracolo nazionale prodotto dal meccanismo della guerra»[68].

Ed è proprio per trovare delle risposte alle ansie esistenziali che ne conseguono che Dino, soffocato, oltre che dalle vicende personali, da una «atmosphère pesante et viciée», accosta a Ginevra i *Lebensphilosophen*. Capaci di cercare al di sopra delle miserie del mondo i filosofi della vita si sforzano di trovare, nel passato e nel presente, delle risposte confortanti, se non convincenti, alle «dissonanze» che nutrono un'epoca sempre più contraddittoria e difficile da spiegare nelle sue convulsioni ideologiche, nell'inconciliabilità delle posizioni, nelle sue tragedie – riflessioni sulla «tragedia» della vita si trovano in molti intellettuali dell'epoca, da Miguel de Unamuno a Georg Simmel – fondate su contrapposizioni apparentemente irrisolvibili. Qui trova una possibile spiegazione anche la formula della «Tragödie des letzten Germanen» che è, come ben sappiamo, il sottotitolo non poco enigmatico dei *Canti Orfici*[69]. Campana, che sta traducendo *The Problems of Philosophy* di Russell, è uno di quelli «qui ne se résignent pas à la médiocrité de l'âme», come auspica Rolland nel suo appello contro la guerra. È interessato soprattutto al tema della vita, al suo senso, alla visione che i filosofi, specie quelli tedeschi – di cui loda (chissà quanto capendo fino in fondo il loro pensiero) «la capacità di osservazione» –, hanno avuto e hanno di essa. È preoccupato di trovare delle risposte alle inquietanti domande che lo perseguitano e forse di allontanarsi dal «matérialisme sans grandeur» aborrito da Rolland. Proprio in quegli anni si assiste a una grande ripresa europea, forse l'ultima, intesa a liberare lo spirito umano dalle costrizioni della realtà materiale[70].

Si spiega così l'interesse per alcune opere di Rudolf Christoph Eucken (1846-1926), Nobel per la letteratura nel 1908, uno dei «nemici» principali, più immaginati che veri, dei nazionalisti francesi. Di lui Campana chiede quattro opere: *Le sens et la valeur de la vie* (il 23 e 24 aprile); *Die Lebensanschauungen der grossen Denker* (le visioni della vita dei grandi pensatori, il 24 aprile); *Les grands courants de la pensée contemporaine* (il 26 aprile e ancora il 3 maggio); e *Grundlinien einer neuen Lebensanschauung* (linee di fondo di una nuova visione della vita, il 3 maggio). Se quest'ultima opera indaga l'uomo, la *Lebensanschauung*, il bisogno di nuovi valori e di nuovi obiettivi, mettendo in evidenza l'importanza della cultura e dell'arte («da nessuna parte la vita moderna pulsa più rapidamente e vigorosamente che nel campo dell'arte e della letteratura)[71], la prima – pubblicata da Félix Alcan, il principale editore parigino di opere di orientamento filosofico e psicologico – affronta il problema del senso e del valore della vita in epoca antica, moderna e contemporanea. Il significato dell'esistenza, osserva il filosofo «neo-idealista» tedesco, sembra diventare anno dopo anno sempre meno comprensibile: per questo esso ha bisogno di indagini «interiori» che consentano di trovare delle risposte alle incertezze e alle contraddizioni del presente, che permettano all'uomo di collegarsi all'universo e di dare un nuovo senso alla vita, di trasformare una «civilisation sociale» in una «civilisation idéale». Osserva Bergson nell'*Avant-propos* all'edizione francese di Eucken: «L'idée que l'esprit, inséré dans la nature, est véritablement créateur d'énergie et puise en lui la force de hausser toutes choses, de se hausser aussi lui-même, pour ainsi dire, à des degrés croissants de spiritualité, est le *leitmotiv* du présent ouvrage». E quindi aggiunge: «nous portons sur nous, ou plutôt en nous, la clef de l'énigme»[72]. Campana, certo ne è colpito, ordina due volte questo libro che dice: «chaque individu peut donner au nécessaire une expression individuelle, peut l'annoncer dans la langue qui lui est propre». Forse non è d'accordo con Eucken quando, convinto com'è il filosofo tedesco che la vita debba essere più un progresso interiore che una vittoria esteriore, osserva con enfasi (proprio in quei giorni il poeta degli *Orfici* parla di «spirito» e di «fusione»)[73]: «si la vie de l'esprit est pour nous une transposition dans une vie créatrice, celle-ci ne peut être l'affaire de l'individu, mais bien celle de l'ensemble», e aggiunge che occorre evitare in tutti i modi «une glorification de l'obscur». Ma, mentre esce dalla biblioteca, e si mette a gironzolare per Ginevra, chissà che non pensi a un concetto ripreso da Hegel, riproposto in altra forma da Nietzsche e menzionato nel volume che ha appena riconsegnato al banco dei prestiti: «l'homme doit naître deux fois, une fois naturellement, une fois spirituellement, comme le bramine»[74].

«CET IMPÉRIEUX BESOIN DE VÉRITÉ»

Dai dati emersi dai *Registres de consultations* della Bibliothèque publique et universitaire di Ginevra vien fuori un'immagine ben diversa da quella oramai riduttivamente cristallizzata di Campana. Che, certo, con i suoi trent'anni di età, non è soltanto il «povero diavolo che scrive come sente», così racconta a Prezzolini nel 1914. Insomma, un essere tutto genio e follia. Al contrario: è uomo, come confessa al medesimo destinatario nell'autunno del 1915 (forse sognando di stare, insieme a Nietzsche, letto il 13 aprile, fra i «*bons Européens*, et libres, *très* libres esprits»), attento a ciò che succede nella «grande cultura» dell'«Europa moderna». Sono, queste, acquisizioni di cui il poeta sembra però parlare soltanto con le pochissime persone di cui ha fiducia. Ai primi del 1916 Cecchi ricorderà, riandando con il pensiero a una comune discussione: «Credo che Ella abbia sentito, le poche ore che fummo insieme, che io non le mostravo una vana e accidentale simpatia. Per me quelle poche ore furono una ripresa di energia e di fiducia»[75].

Come Rimbaud – che oltre al francese sa l'inglese, il tedesco e l'italiano[76] – Campana conosce, bene e meno bene, occorre precisarlo, più lingue: il francese, il tedesco, l'inglese e lo spagnolo: tanto che nel 1910 si spaccia per «diplomando in lingue straniere». Preciserà il medico che lo cura a Castel Pulci: «Rammentava meglio il tedesco dell'inglese»[77]. Resta che, al di là di tutti i limiti, questo *atout* diventa un fattore decisivo di differenziazione. Pochi in Italia, ai primi del Novecento, hanno l'opportunità di leggere nell'originale, mancando spesso ancora le traduzioni, opere scritte in altre lingue: come i saggi di Abraham e di Freud. Anche se, va aggiunto (non fosse per l'aiuto delle versioni in francese di cui in parte il poeta si avvale), leggere le pagine di Eucken in tedesco, così come quelle degli psicanalisti, resta affare tutt'altro che di poco conto.

Per procurarsi qualche modesto guadagno Campana si improvvisa di tanto in tanto traduttore. Si è parlato di alcune pagine di Nietzsche voltate in italiano per un professore bolognese. Da parte sua Papini gli affiderebbe da tradurre, oltre a *The Problems of Philosophy* di Bertrand Russell, a cui lavora probabilmente in biblioteca, una non meglio precisata «operetta tedesca». Testimonia poi il medico Pariani, al tempo del manicomio: «Ricevute alcune grammatiche, si mise a tradurre e rimase pago della prova». È anche in questa prospettiva che va vista la lettura di opere redatte in altre lingue. È un utile esercizio per chi sta cercando con affanno un'occupazione non occasionale: come traduttore o come insegnante. Il 17 aprile del 1915 Campana scrive, da Ginevra, a Renato Serra: «se Lei vorrà darmi l'indirizzo di qualche giornale che paghi un po', o propormi un lavoro qualsiasi (di traduzione p. es., conosco le lingue meno il russo) le sarò gratissimo». E intanto si è già rivolto a Francesco Chiesa per trovare nel Cantone Ticino un posto di insegnamento: magari di una lingua straniera o di materie filosofiche[78]. Restano aperte altre questioni: esiste un disegno dietro la successione cronologica dei libri scelti nella *salle de lecture*? Oppure Campana riempie le cedole di ordinazione seguendo il caso, la curiosità, l'occasione, i consigli di altri? Forse, accostando le pagine di Verlaine, apprende che anche Rimbaud «venait à la bibliothèque [...] et y demandait des ouvrages malsonnants aux oreilles du bibliothécaire en chef»[79]. E questo non può che renderlo ancora più fiero.

Va da sé che il suo amore per la letteratura resta sempre in primo piano. Non sappiamo se il poeta, a Ginevra, legge per la prima volta, specie i poeti, o rilegge: nel secondo caso la loro influenza sui *Canti Orfici* potrebbe essere presa in seria considerazione. Nel primo, volendo cercare delle affinità, il discorso va circoscritto alla produzione campaniana coeva o posteriore alla primavera del 1915. Certo, alcuni, come Verlaine, sembrano più vicini; altri, come Laforgue, preso in prestito due volte, non fosse per analogie tematiche, come il gusto per le vetrate e l'uso dei colori, paiono più discosti. Colpisce soprattutto (forse è una conseguenza del clima che si respira nell'Europa del 1915, anche sul piano del dialogo scientifico, tradottosi in polemica fra culture diverse, delle notizie sulle tragedie che si susseguono sui campi di battaglia, dell'acuirsi progressivo delle angosce esistenziali) l'intenso sguardo sul mondo e sull'umanità. Uno dei libri di Eucken letti a Ginevra, *Die Lebensanschauungen der grossen Denker*, offre un ampio sguardo sul pensiero filosofico che indaga la vita; mentre *Les grands courants de la pensée contemporaine* – l'editore tedesco von Veit ha in catalogo, insieme a volumi di Eucken, varie opere di tipo filosofico: sulle correnti spirituali della contemporaneità, sulla terminologia filosofica, sulla filosofia di Nietzsche, sull'etica di Kant: cioè, per tornare a un'immagine rollandiana, scritte dai «frères d'Allemagne» – si sofferma sulla crisi dell'uomo e sul bisogno del nuovo. A dispetto della «débordante plénitude de vie qui pénètre notre époque», osserva Eucken, polemizzando contro la retorica dei nazionalismi, l'uomo non è più la misura e il centro dell'universo: e invece c'è bisogno «d'une existence plus large, plus libre, plus riche de contenu, la soif intense d'une vie qui possède l'infinité et la vérité de l'univers». Precisa il filosofo tedesco: «Tous ceux qui comprennent combien une telle situation est critique doivent travailler, chacun selon son pouvoir, à cet approfondissement de la vie et à ce renouvellement de la civilisation». Si giunge a questo approfondimento e a questo rinnovamento «par la conquête d'une autonomie de la vie de l'esprit», grazie soprattutto «à plus d'indépendance intérieure»[80].

Altri motivi, come il comune sentire umano o intellettuale, servono ancora a spiegare le scelte fatte da Campana nella *salle de lecture* ginevrina. Probabile che il poeta possa trovare in certe figure, magari dapprima avvicinate per altre ragioni, delle affinità o almeno delle consonanze. È il caso di autori vicini a lui per carattere o problemi di vita: di «hommes de péché», come Verlaine, sodale di Baudelaire e di Rimbaud. Tutti poeti dotati di una grande «purità di accento»[81]. E ancora di altri autori, per un motivo o per l'altro, controversi e irregolari, eccentrici e provocatori, quando non scandalosi e «immorali»: Chénier, Swinburne, Juan del Valle y Caviedes, Francis Thompson – il poeta «of celestial vision», come scrive il prefatore, Wilfrid Meynell, che con la moglie Alice lo accoglie in casa – vagabondo e oppiomane, «a nervous illness», morto appena otto anni prima[82]. Tutti «irregolari». Tutti solitari. Tutti rifiutati dalla società per la loro condotta di vita. Non è forse un caso che Dino dichiari nell'agosto del 1915: «cerco senz'altro dei fratelli»[83].

È forse anche il caso di Beethoven. Se l'attenzione può essere legata alla musica («Dei musicisti», confesserà Campana, «ammiravo molto Beethoven, Mozart, Schumann»), anche la figura del compositore, tanto cara a Schumann, intriga. Sconfinata, e polemica nei confronti dei nazionalisti francesi, è l'ammirazione di Rolland che, nel libro che gli dedica, e che il poeta dei *Canti Orfici* trova a Ginevra, lo dice «la grande voix libre, la seule peut-être alors de la pensée allemande». Perché, aggiunge, «est bien davantage que le premier des musiciens. Il est la force la plus héroïque de l'art moderne. Il est le plus grand et le meilleur ami de ceux qui souffrent et qui luttent». Tutt'altro che difficile trovare elementi di identificazione con il «fratello» germanico. Beethoven ha un carattere «trop libre et trop violent». È vittima di un «mal durable», la sordità. È povero. È «profondément malheureux» (commenta Rolland: «il faut du temps à l'âme pour s'accoutumer à la douleur»). Anzi, per dirla tutta, vive in «un abîme de tristesse». Con la sua «barbe de plusieurs jours et une crinière sauvage» (che è l'esatto corrispondente del «barbuto e cappelluto come un Longobardo» con cui il medico Pariani descrive Campana a Firenze), e soprattutto con la sua «enfance sévère, à laquelle manqua la douceur familiale», il grande musicista si apparenta strettamente, e idealmente, a Campana. «Dès le commencement, la vie se révéla à lui, comme un combat triste et brutal», aggiunge il suo biografo francese. Beethoven è uno degli «amis héroïques» (per eroi Rolland intende «ceux qui furent grands par le cœur»), una delle «grandes âmes qui souffrirent pour le bien». La sua esistenza, come tutte quelle dei grandi uomini, è stata «un long martyre» («jamais la vie n'est plus grande, plus féconde, – et plus heureuse, – que dans la peine»). Così che verso la fine della vita – nell'autunno del 1915 Campana dirà che lui e Nietzsche «erano dei genii» – questa «voix libre» è «pauvre, malade, solitaire – mais vainqueur: vainqueur de la médiocrité des hommes – vainqueur de son propre destin, vainqueur de sa souffrance»[84].

È il caso di Laforgue. Nato a Montevideo, cresciuto in condizioni familiari ed economiche difficili, morto giovane, il poeta ha conosciuto «le plus haut degré de souffrance et au plus haut degré de sensibilité»[85]. È il caso ancora, quanti compagni di strada!, di un altro vagabondo, Nietzsche, il rappresentante più genuino di quell'«esprit allemand», di cui, si legge in un aforisma, «le trait dominant était un scepticisme viril»[86]. Con il suo pessimismo, il filosofo «tragico» che si oppone a un'epoca «socratica», cioè ingenuamente orientata sulle scienze, è uno dei «morts victimes de leur caractère d'exception», oltre che di un ostracismo brutale che si trasforma in «silence absolu». Cosciente e fiero di stare all'opposizione, desideroso, nel suo disprezzo del mondo, di «vomir la lave», Nietzsche viene presentato dal prefatore degli *Aphorismes*, che Campana prende in prestito il 23 aprile, come uomo prima che come filosofo; non come un matto (anche se la sua vita è stata un'alternanza di tristezza profonda e di stati di esaltazione), ma come «une nature riche, complexe, affinée, il est vrai, mais nullement anormale». Il tratto dominante ed «eroico» del carattere di Nietzsche – che ama il Rinascimento italiano (e quindi anche Leonardo), e odia l'ottimismo becero dei «filistei», cioè i borghesi benpensanti e retrivi, e soprattutto il «philistin cultivé», colui che si crede artista e non lo è, che pretende ridicolmente di essere «le digne représentant de la culture allemande actuelle» (aggiunge Nietzsche: «il tient pour culture tout ce qui est la négation même de la culture») – è «cet impérieux besoin de vérité, de sincérité absolue»[87]. Parole che devono suonare come musica per Campana, che parla del filosofo in una lettera della primavera del 1913 e che nel 1917 esalterà la sua «sfida» al mondo[88]. Perché anch'egli è un «fratello»: tedesco sì, ma, come dice il «Mercure de France» del 1° aprile del 1915, lodando i suoi «incomparables recueils d'aphorismes», un «germanico» avverso a ogni forma di nazionalismo culturale. Un tedesco che appartiene anzi «à cette catégories d'Allemands antinationaux et antipolitiques qui voient dans la subordination à la civilisation latine le salut de leur pays»[89].

«QUALCHE COSA FORSE D'IMPORTANTE»

Il bisogno campaniano di trovare dei «fratelli» passa in primo luogo attraverso la ricerca di consonanze, anche di natura umana (forse che l'uomo non ha bisogno anche di queste cose?), e di comuni interessi intellettuali. Conosciamo già un passo di una lettera che dice: «le diverse manifestazioni del genio umano che ho studiato nelle diverse letterature moderne mi hanno conferito qualche larghezza, serenità e indipendenza di giudizio». Ma probabilmente, per chi non sa né può rinunciare a sondare il proprio animo, resta difficile sottrarsi al peso soffocante del destino. Già l'epigrafe (presa da Heine) messa in esergo al primo volume delle poesie di Laforgue può colpire il poeta: «De la santé et un supplément d'argent, | Voilà, Seigneur, tout ce que je demande». Altre riflessioni, che parlano di isolamento e di emarginazione, certo lo possono inquietare. Osserva per esempio Nietzsche: «Qui, dans ses rapports avec les hommes, n'a pas passé par toutes les couleurs de la misère, – par toutes les nuances, vertes et grises, de l'aversion, du dégoût, de la pitié, de la tristesse, de l'isolement, – celui-là n'est pas un homme de goût supérieur». Da parte sua il curatore dell'edizione francese degli *Aphorismes*, ricordando che «l'homme est fatalement condamné à la souffrance», nel presentare la personalità di Nietzsche, afferma che «l'histoire de sa vie extérieure et intérieure» è stata chiusa tragicamente «par la plus brutale et la plus sombre des catastrophes»[90]. Solo il pessimismo, osserva il filosofo tedesco, può valere come antidoto contro «le quiétisme du "philistin" qui croit que tout est pour le mieux dans ce meilleur des mondes» («Tutto va per il meglio nel peggiore dei mondi possibili», ripeterà Campana, rinchiuso da dodici anni in manicomio, nel 1930). D'altronde, ammonisce Eucken, è solo nella dura lotta contro se stesso che il tempo può raggiungere il proprio essere più vero e può assolvere il proprio compito universale. Sono riflessioni, queste, che certo danno un poco di sollievo a Dino che il 25 aprile, scrivendo a Soffici, confessa: «Per conto mio continuo una vita possibile»[91].

Più aperto rimane il discorso intorno alle consonanze poetiche e alla questione delle possibili derivazioni (ammesso che non si tratti di semplici affinità) e all'intertestualità nella poesia campaniana: i *Canti Orfici*, se alcune letture ginevrine sono delle riletture, o quella scritta dalla primavera del 1915 in poi. In questo campo, così come in quello della *Weltanschauung* campaniana, il termine a questo punto non può essere considerato peregrino, il lavoro da fare offre certamente ancora delle potenzialità (e naturalmente varrà anche la pena di fare un discorso inverso: vedere ciò che Campana sembra non leggere, per questioni di tempo o per altri motivi: come ad esempio George Simmel). Ci limitiamo a qualche esempio basato su Laforgue. La ragazza creola («Elle, cette jeune fille! au teint créole diaphane! aux yeux si francs, si purement lumineux») sembra imparentata con l'«adorabile creola dagli occhi neri e scintillanti come metallo in fusione» di *Dualismo*[92]. Sempre in Laforgue, per esempio nei «poèmes en prose» di *Paysages et impressions*, si incontrano scenari vicini a quelli campaniani. Ecco l'avvio di *Paysage d'été*: «Le Soleil torride à son apogée pleure des lingots! comme des battants de cloche, et assoiffé de brises de prairies, de parfums de cresson, il aspire les sources invisiblement, les sources des paysages; [...] et l'eau plane alors en nappes noires», che potrebbe imparentarsi con un passo della *Notte*: «Ricordo una vecchia città, rossa di mura e turrita, arsa su la pianura sterminata nell'Agosto torrido, con il lontano refrigerio di colline verdi e molli sullo sfondo. Archi enormemente vuoti di ponti sul fiume impaludato in magre stagnazioni plumbee: [...] e [...] un canto, da la palude afona una nenia primordiale»[93]. Ma anche altri «paysages» e altre «impressions» laforgueani di tono un poco crepuscolare possono far pensare a Campana, e già a partire da certi titoli: *Soir d'automne au Luxembourg*, *Clair de lune de novembre*, *Un parc*, *Promenade dans une rue*, *Crépuscule de mi-juillet, huit heures*[94]. O ancora: «la vie est brève, | Tout est vain»; «Vanité, vanité, tout n'est que vanité» («tutto è vano vano è il sogno: tutto è vano tutto è sogno»)[95]. L'immagine del poeta che, chiedendosi quanto gli resta da vivere, si getta a terra e freme «devant les siècles d'or pour jamais endormis | dans le néant sans cœur dont nul Dieu ne délivre!» rammenta poi, certo con l'aggiunta dell'«uomo nuovo» nietzscheano, «l'uomo libero tendeva le braccia al cielo infinito non deturpato dall'ombra di Nessun Dio»[96]. E certo non sfuggiranno alla sua attenzione i versi dedicati all'infanzia e all'innocenza da Thompson e gli «innocents» cantati da Verlaine[97]. Così come le *Storie* che Campana manda a Mario Novaro, nella primavera del 1916, costruite sull'opposizione fra ciò che vale e ciò che non vale («L'arte è espressione. Ciò farebbe supporre una realtà. L'Italia è come fu sempre: teologica»; «Metamorfosi di uno scrittore: non fu leone ma elefante»; «Indovinate: Gli aforismi di Nietzsche per Tito Livio Cianchettini (si pubblicano anche su questo giornale)»; «Su qual terreno potrebbero intendersi p. es. Baudelaire e Palazzeschi? Povera nostra poesia!») fanno pensare da vicino agli *Aphorismes et fragments choisis* di Nietzsche letti il 23 aprile. Di sapore molto niezscheano è anche un'altra *Storia*: «Poi perché fossimo fuori della storia bisognerebbe almeno che oggi vi fosse una storia»[98].

Resta che le letture ginevrine di Campana – in parte prevedibili e in parte almeno no, eclettiche e caratterizzate come sono da un forte senso dell'attualità, oltre che dalla coscienza inquietante ma viva delle «dissonanze» del mondo – devono recare conforto a chi, prima di mettere piede nella Bibliothèque, si sente una «épave» e soffre molto per «l'intolleranza morale che h*a* provato negli ambienti frequentati in Italia». Come già sappiamo, dopo appena una settimana da quando ha cominciato a frequentare la biblioteca ginevrina (e ha letto già Laforgue, Tolstoj, Rolland, Chénier e il Nietzsche di *Par delà le Bien et le Mal*) dicendosi, ma mentendo con l'intenzione di provocare, il 14 aprile, «completamente all'oscuro dei rinnovamenti ultimi che hanno portato in Italia», Dino in realtà sta già riacquistando «la voglia di scrivere». La coscienza piena dell'importanza che l'occasione gli offre lo porta a ironizzare contro la sprezzante sicumera, che suona come ossimoro, degli «innovatori fiorentini». Forse ricorda ciò che ha appena letto in Nietzsche e che non può non averlo colpito nel profondo, lui che cerca la «purità» delle cose: «nous apprenons à *mépriser* quand nous aimons et précisément quand nous aimons le mieux».

Il 12 maggio, come già sappiamo, il poeta scrive a Soffici. Intrisa di beffarda ironia, la lettera rivela comunque una certa dose di ottimismo che nasce dalla consapevolezza dell'importanza delle «scoperte» fatte a Ginevra. E ora si capisce meglio anche il senso delle parole dell'estate del 1915. Conscio del fatto (l'ha provato sulla sua pelle) che «tutto è sforzo individuale» Campana riesce a sentirsi non uomo di retroguardia, o di percorsi occasionali, come vogliono i suoi avversari, ma a pieno diritto un «fratell*o* maggior*e*». Anche per questo guarda con disprezzo «tutti i mangiapane ultimi venuti che», scrive, finita la guerra, mentre lui sogna di essere a Parigi, «daranno fiato agli organi magni della cultura per scoprire quello che noi sappiamo benissimo per averlo imparato a nostre spese senza tanto chiasso»[99].

Questo processo, o almeno la consapevolezza di esso, è già avviato in Italia: almeno nel bisogno di allontanarsi da una cultura nazionale sentita come ferma a marciare sui propri passi, per non dire oramai di retroguardia. Scriveva Dino, in procinto di partire per la Svizzera, nel marzo del 1915: «Ci fu un tempo, prima di prendere conoscenza diretta della civiltà italiana contemporanea, che io potevo scherzare. Ora questa civiltà mi ha messo addosso una serietà terribile». Ecco venuto il tempo, aggiunge pertanto, di «cambiar aria». A Ginevra si nutre di letture «che contengono cose in Italia inaudite» e che i boriosi «philistins cultivés» fiorentini, nella generale «débâcle» italiana, così pensa, non hanno mai sentito neanche nominare. Aggiunge il poeta nell'autunno dello stesso anno, dopo avere parlato della cultura tedesca e di quella francese: «E chi, modestia a parte, comprende queste cose da noi, cioè le integra e le risente[,] non le violenta, colla animalità del *parvenu*?». Perché se a volte la migliore cultura europea è presente in Italia, essa è tuttavia «in certe mani mezzane», come quelle di D'Annunzio «che, poveraccio, dell'Europa moderna non capisce proprio nulla». Conscio delle proprie acquisizioni culturali, liquidate da Papini come semplici «ironie», di avvicinarsi all'ideale dell'«homme de goût supérieur», Campana dice alla fine del 1915: «Se non fossi ammalato sento che qualche cosa forse d'importante si potrebbe sviluppare da me ora». E nella primavera del 1916: «io seguo logicamente una via»[100]. È la strada di un «esprit européen» che, confrontato con un'Europa sempre più «démente», cerca la salvezza, la più autentica e confortante, nella «symphonie de grandes âmes».

APPENDICE: I LIBRI LETTI A GINEVRA

Ecco l'elenco cronologico delle letture ginevrine di Campana. Per ogni scheda diamo le seguenti informazioni: dati bibliografici, collocazione nella Bibliothèque publique et universitaire de Genève, titolo (quando c'è) dei saggi o delle parti interne del volume (traduciamo alla lettera in italiano quelli in lingua tedesca). Aggiungiamo qualche considerazione relativa ad aspetti o contenuti che paiono particolarmente vicini agli interessi campaniani[101].

Prima richiesta (mercoledì 7 aprile)

– Jules Laforgue, *Œuvres complètes*, I-III, Paris, Mercure de France, 1902-1903.

Vol. I, 1903^{3}, pp. 457 (BGE, Hf 4113/1): *Poésies*: *Le sanglot de la terre*, pp. 7-52; *Les complaintes*, pp. 55-198; *L'imitation de Notre-Dame de la Lune*, pp. 203-271; *Le concile féerique*, pp. 275-286; *Derniers vers*, pp. 288-337; *Des fleurs de bonne volonté*, pp. 341-457; vol. II, 1902, pp. 272 (BGE, Hf 4113/2): *Moralités légendaires* («six contes en prose»: *Hamlet ou les suites de la piété filiale*, pp. 19-72; *Le miracle des roses*, pp. 75-100; *Lohengrin, fils de Parsifal*, pp. 103-134; *Salomé*, pp. 137-173; *Pan et la Syrinx ou l'invention de la flûte à sept tuyaux*, pp. 177-212; *Persée et Andromède ou le plus heureux des trois*, pp. 216-250); *Les deux pigeons*, pp. 253-272; vol. III, 1903, pp. 332 (BGE, Hf 4113/3): *Mélanges posthumes*: *Pensées et paradoxes*, pp. 7-23; *Paysages et impressions*, pp. 25-46; *Sur la femme*, pp. 47-85; *Pierrot fumiste*, pp. 87-107; *Littérature*, pp. 111-132; *Critique d'art*, pp. 133-218; *Lettres*, pp. 221-332.

Oltre alle poesie e alle prose l'opera raggruppa riflessioni sull'uomo, la solitudine, la malinconia, il mito, la letteratura (Baudelaire, Mallarmé, Rimbaud), l'arte, da Leonardo agli impressionisti.
Viene nuovamente richiesta il 17 maggio.

Seconda richiesta (giovedì 8 aprile)

– *Œuvres complètes du Comte Léon Tolstoï*, traduction de J.[ean]-W.[ladimir] Bienstock, IV, Paris, P.[ierre]-V.[iktor] Stock, 1903, pp. 405 (BGE, Zs 1/4).

Il quarto volume, quello preso in prestito da Campana, raggruppa i tre racconti di *Sébastopol* e altre due prose di guerra: *Une rencontre au détachement* e *Deux hussards*.

Terza richiesta (lunedì 12 aprile)

– Romain Rolland, *Vie des hommes illustres. Beethoven*, Paris, Cahiers de la Quinzaine, 1903, pp. 91 (BGE, Zs 763/4/10).

Alla fine del libro si annuncia l'apparizione, dello stesso autore, di sette altri «Cahiers de la Quinzaine» (escono venti volte all'anno: questo è il decimo quaderno della quarta serie): fra di essi le vite di Garibaldi, Mazzini, Millet e Schiller. Campana citerà da questo libro (p. 49) nella lettera scritta il 4 ottobre 1915 a Prezzolini: «Ricordi le ultime parole di Beetoven [sic]: Nel sud della Francia, laggiù, laggiù» (*Lpd*, p. 78). Ricorda Rolland che Beethoven, vecchio e malato, esprime il desiderio di andare verso il sud, «vers la lumière du Midi, vers le sud de la France, ou vers cette Italie qu'il rêvait de parcourir»; e in nota vengono ricordate le parole del musicista tedesco: «Le Sud de la France! c'est là! c'est là!» («Südliches Frankreich, dahin! dahin!»): p. 49 e nota 4.

– *Œuvres complètes de André Chénier*, publiées d'après les manuscrits par Paul Dimoff, Paris, Librairie Delagrave, I-III, [1908-1909] (BGE, Hf 4095).

Vol. I, [s.d.], pp. 308: *Bucoliques*, pp. 3-308; vol. II, [s.d.], pp. 297: *Poèmes*, pp. 5-248 (*L'Invention*, *Hermès*, *L'Amérique*, *Susanne*, *L'art d'aimer*, *La République des lettres*, *La France libre*); *Hymnes*, pp. 251-261 (*Hymne à la pauvreté*, *Hymne à la justice*, *Hymne à la nécessité*, *Hymne au temps*); *Théâtre*, pp. 265-297 (*Tragédies*, *Comédies et Satyres*); vol. III, [s.d.], pp. 323: *Élégies*, pp. 3-176; *Épitres*, pp. 179-206; *Odes*, pp. 209-255; *Iambes*, pp. 259-282; *Poésies diverses*, pp. 285-323.

Il 29 aprile Campana domanderà nuovamente il secondo volume delle *Œuvres complètes* di Chénier.

Quarta richiesta (martedì 13 aprile)

– Friedrich Nietzsche, *Par delà le Bien et le Mal*, traduction par L. Weiscopf et G.[eorges] Art, Paris, Mercure de France, 1898, pp. 263 (BGE, Cd 341).

Cap. 1, *Préjugés des Philosophes*, pp. 3-29; cap. 2, *L'Esprit libre*, pp. 33-56; cap. 3, *La manie religieuse*, pp. 59-78; cap. 4, *Maximes et Intermèdes*, pp. 81-97; cap. 5, *Histoire naturelle de la Morale*, pp. 101-125; cap. 6, *Nous autres savants*, pp. 129-150; cap. 7, *Nos vertus*, pp. 153-182; cap. 8, *Peuples et Patries*, pp. 185-212; cap. 9, *Qu'est-ce qui est noble?*, pp. 215-252; *Épilogue: Sur les hautes montagnes*, pp. 255-257.

Temi principali sono la filosofia, quella greca e quella moderna, spesso ridotta, lamenta Nietzsche, a semplice teoria della conoscenza, la morale, la fede, l'uomo, i suoi istinti, la «bêtise bourgeoise» (§ 218, p. 155), la scienza, l'antipositivismo, l'uomo superiore, cioè «le plus solitaire, le plus caché, le plus écarté, l'homme par delà le bien et le mal, le maître de ses vertus» (§ 212, p. 148), la misoginia (specie nella parte finale della sezione intitolata *La vertu*). Scagliandosi contro i «philosophâtres de la réalités» (*«pourquoi pas plutôt* le non-vrai?»), l'opera polemizza con la filosofia tradizionale: «Quoi d'étonnant, si finalement nous devenons défiants, si nous perdons patience, si nous nous retournons impatients?» (pp. 3, 12).
Il 17 aprile 1915 Campana scrive a Renato Serra: «Avevo perso completamente la voglia di scrivere ma come era da aspettarsi la vado riacquistando», *Lpd*, p. 51.

Quinta richiesta (lunedì 19 aprile)

– *Selected Poems of Francis Thompson*, With a Biographical Note by Wilfrid Meynell, London, Methuen and Co, Burns and Oates, 1909, pp. 142 (BGE, Hgc 1353).

La poesia più famosa è *The Hound of Heaven*. L'opera viene di nuovo consultata in sala il mercoledì 21 aprile.

Sesta richiesta (mercoledì 21 aprile)

– Campana domanda nuovamente i *Selected Poems* di Francis Thompson.

Settima richiesta (venerdì 23 aprile)

– Friedrich Nietzsche, *Aphorismes et fragments choisis*, éd. par Henri Lichtenberger, Paris, Félix Alcan, 1899, pp. 181 (BGE, Cd 289).

All'introduzione del curatore (pp. I-XXXII) segue una scelta antologica di testi tratti dalla *Naissance de la tragédie*, da *Considérations inactuelles*, *Choses humaines par trop humaines*, *Aurore*, *La gaie Science*, *Zarathustra*, a cui viene dato lo spazio maggiore, *Par delà le Bien et le Mal*, *La généalogie de la Morale* e altro ancora. Annota il curatore: «Nietzsche vaut plus encore comme homme, comme personnalité, comme poète, que comme philosophe, comme auteur d'un système logique et coordonné de théories» (p. I).

– Rudolf Eucken, *Le sens et la valeur de la vie*, traduit de l'allemand par Marie-Anna Hullet et Alfred Leicht, Paris, Félix Alcan, 1912, pp. 199 (BGE, S 665).

Cap. I, *Les réponses du temps*; cap. II, *Essai d'une édification.*

Il volume si occupa nella prima parte dei sistemi di vita antichi (l'uomo e la divinità) e moderni, della vita dello spirito, delle incertezze e delle contraddizioni del presente, insistendo sull'importanza, un tempo, della religione che mette in rapporto la vita con «un esprit supérieur au monde» (p. 7): per cui la vita, con il Cristianesimo, si è concentrata sulla relazione con uno spirito assoluto e perfetto. Nel mondo moderno però il ruolo della religione si è notevolmente indebolito. Poi è venuto l'idealismo immanente, con il suo sogno di costruire una «civiltà ideale», di cui si hanno tracce già nel mondo greco e in maniera molto evidente in Goethe, che ha assunto la funzione di favorire «la profondeur de la vie» e di legare idealmente l'uomo all'universo, il mondo esteriore e visibile a quello interiore e invisibile. Di questa vita «elevata», frutto della nuova «civilisation idéale», arte e scienza sono state le manifestazioni più importanti perché hanno permesso di appropriarsi della «profondeur du monde». Ma il tempo attuale, quello della «civilisation sociale», quello del realismo e del naturalismo, con la sua smania del mondo visibile, con la sua grave crisi spirituale, ostacola tanto la religione che la «civilisation idéale» e impedisce all'uomo, votato nel suo individualismo a un'esistenza immediata, di vivere una vita più spirituale, di mirare a «un but élevé», a una «action créatrice spirituelle» (pp. 13-40). Occorre pertanto, si legge nella seconda parte, «edificare», in un mondo ricco di contrasti e di contraddizioni, una vita diversa nell'uomo, non atomizzata ma «universale», con un senso nuovo, un'esistenza più profonda e armonica, spirituale ed elevata, che diventi «une vie de l'esprit supérieure à l'homme» (dove «vie de l'esprit» non significa chiusura ma apertura, cioè «formation de la realité, et c'est pourquoi elle est la vie réelle par excellence», p. 145). Aggiunge l'autore: «mais celle-ci doit être susceptible de se révéler à lui, de se mêler même à sa propre essence» (p. 77). In questa visione trova posto anche il lavoro individuale: «chaque individu peut donner au nécessaire une expression individuelle, peut l'annoncer dans la langue qui lui est propre» (p. 144).

Il libro, che viene richiesto nuovamente il sabato 24 aprile, annuncia sul controfrontespizio (e poi ancora in calce) il titolo di un altro saggio di Eucken, *Les grands courants de la pensée contemporaine*, che Campana prende in prestito il 26 aprile.

– Campana ordina nuovamente *Le sens et la valeur de la vie* di Eucken.

Ottava richiesta (sabato 24 aprile)

– Rudolf Eucken, *Die Lebensanschauungen der grossen Denker. Eine Entwicklungsgeschichte des Lebensproblems der Menschheit von Plato bis zur Gegenwart*, Leipzig, von Veit & Comp., 1899[3], pp. 492 (BGE, Ca 1248).

Cap. 1, l'epoca greca dell'età classica (Platone, Aristotele), e post-classica (pp. 9-138); cap. 2, il Cristianesimo (dalla nascita alla Riforma) (pp. 139-283); cap. 3, l'epoca moderna (Rinascimento, Illuminismo e la sua crisi, l'idealismo tedesco, il realismo e la critica al realismo) (pp. 284-486). L'indice tematico (pp. 487-492) consente di recuperare concetti come: affetti, significato allegorico, carattere, miseria dell'essere umano, sentimento, genio, società e individuo, felicità e virtù, individualità, cultura, arte, amore, compassione, musicalità della lingua, sentimento della natura, idea del sacrificio, carattere simbolico dell'arte, immortalità ecc.

Argomento di questo libro è la visione e il senso della vita, nel passato e nella contemporaneità («An dem Leben aber hängt schliesslich auch das Sein», p. 1) attraverso gli scritti dei grandi pensatori che, afferma l'autore, non può ridursi a una infilzata di citazioni intorno alla vita umana ma deve studiare l'argomento all'interno del loro sistema di pensiero e la loro influenza sulla visione degli uomini (p. 4). In una nota iniziale si spiega che il volume, che risponde a un bisogno del tempo, è destinato per contenuto e forma a tutte le persone colte («nach Inhalt und Form an *alle* Gebildeten»): esso presenta le convinzioni dei grandi pensatori intorno all'essenza, ai valori, alle condizioni e ai compiti dell'essere umano, chinandosi sulla fortuna e sulla verità, sulla comprensione della contemporaneità nel suo sviluppo storico, così come sulle aspirazioni religiose, politiche e letterarie. Si va dalla saggezza greca («die Lebensweisheit», p. 87), a Platone (il «fra Angelico tra i pensatori», come lo ha definito Goethe, p. 49), ad Aristotele, agli Epicurei, agli Stoici, agli insegnamenti orfici e pitagorici («orphische und pythagoreische Lehren», p. 105: «sie entzündeten ein Verlangen nach Befreiung der in die Sinnlicheit versenkten Seele; neben einem asketischen Leben boten sie namentlich einen Glauben an Wunder und Weissagungen», p. 106, cioè «accesero un gran desiderio di liberazione dell'anima che era naufragata nella sensualità; accanto a una vita ascetica davano credito soprattutto a miracoli e profezie»), da Plotino al Cristianesimo, e poi all'epoca moderna, con le sue radicali opposizioni, la tendenza all'individualismo, la fede nel progresso e nella ragione, gli antagonismi e i conflitti, «una maggiore libertà, indipendenza e universalità della vita spirituale» (p. 286). Si entra quindi nel Rinascimento per arrivare al Razionalismo (Descartes, Spinoza, Locke, Leibniz, Adam Smith), all'Illuminismo (Hume, Rousseau, Kant), all'idealismo tedesco, all'ideale di vita dell'Umanesimo tedesco, ai romantici, per giungere a Fichte, Schelling, Hegel e Schopenhauer, e da ultimo al realismo e al positivismo scientifico e alle reazioni a queste visioni, come il «soggettivismo»: che, pur con il pericolo di cadere nel superomismo, riporta all'individuo e alle sue libertà e gli consente di cercare se stesso nell'arte, dando un contenuto al proprio essere: è un ritorno al mistico e al simbolico («So erscheint wiederum eine Richtung der Kunst auf das Mystiche und Symbolische, ähnlich wie in der Romantik», p. 483).

– Campana chiede inoltre di nuovo *Le sens et la valeur de la vie* di Eucken la cui lettura è cominciata il giorno precedente.

Nona richiesta (lunedì 26 aprile)

– Alfred Morel-Fatio, *Études sur l'Espagne*, première série, Paris, E. Bouillon, 1895², pp. 404 (BGE, Hga 434/1); Id., *Études sur l'Espagne*, deuxième série, Paris, Bouillon, 1890, pp. 453 (BGE, Hga 434/2).

Vol. I: cap. 1, *L'Espagne en France*; cap. 2, *Recherches sur Lazarille de Tórmes*; cap. 3, *L'histoire dans Ruy Blas*; cap. 4, *Espagnols et Flamands*; cap. 5, *Le Don Quichotte envisagé comme peinture et critique de la société espagnole du XVIe et du XVIIe siècle*. Vol. II: *Grande Espagne et petits princes allemands au XVIIIe siècle*.

Scopo degli studi è quello di ravvivare la conoscenza della cultura letteraria e filosofica spagnola («raviver autant que possible le goût des choses de l'Espagne», I, p. VIII), indagando le relazioni intellettuali tra Francia e Spagna dal Medioevo alla contemporaneità, il romanzo picaresco, le fonti del dramma *Ruy Blas* di Victor Hugo, la convivenza di spagnoli e fiamminghi durante i due secoli dell'appartenenza delle fiandre cattoliche alla Spagna (fine XV, XVI e inizio XVII secolo). Campana chiede soltanto i primi due dei quattro volumi dell'opera.

– Rudolf Eucken, *Les grands courants de la pensée contemporaine*, traduction de Henri Buriot et G.-H. Luquet, avant-propos de Henri Bergson, Paris, Félix Alcan, 1911, pp. 536 («Bibliothèque de philosophie contemporaine») (BGE, Ca 1513).

Cap. 1, *L'idée fondamentale de la vie de l'esprit* (pp. 13-108); cap. 2, *Le problème de la connaissance* (pp. 109-218); cap. 3, *Le problème du monde* (pp. 219-294); cap. 4, *Les problèmes de la vie humaine* (pp. 295-488); cap. 5, *Questions dernières* (pp. 489-525).

È la traduzione francese delle *Geistige Strömungen der Gegenwart* di Rudolf Eucken. Temi di fondo sono i seguenti: cos'è il mondo, cos'è l'uomo, e cosa può fare l'uomo per migliorare sé stesso; inoltre: l'intellettualismo e il volontarismo, l'idealismo e il realismo, metafisica e teleologia, monismo e dualismo, cultura e storia, società e individuo, personalità e carattere, immanenza e trascendenza, libero arbitrio, valore della vita, e più in generale le divisioni, gli antagonismi e le controversie nella società moderna che si riflettono nella vita culturale in direzioni contraddittorie e in pulsioni diverse. L'autore indaga «la culture artistique de notre époque littéraire classique, un réalisme puissant et fier, une réaction contre ce réalisme sous forme d'un subjectivisme radical et flottant!»; e osserva: «Ainsi, nous voguons incertains sur l'océan de notre époque, sans défense contre tout ce qui vient à nous avec une conscience forte et une affirmation hardie, sans défense aussi contre nos propres caprices et passions, jouets de situations et d'humeurs changeantes» (pp. 2-3).

Il volume, che traduce la quarta edizione del libro e indaga il senso della filosofia nel mondo attuale, cercando di rispondere alle domande più frequenti: «qu'est-ce que le monde?», «que sommes-nous?», «comment devons-nous agir pour faire de notre mieux notre métier d'hommes?» (p. II), viene richiesto da Campana nuovamente il 3 maggio.

– Karl Abraham, *Giovanni Segantini. Ein psychoanalytischer Versuch*, Leipzig-Wien, Deuticke, 1911, pp. 65 (BGE, Zt 107/11).

Cfr. *I ricordi incomprensibili dell'infanzia. Leonardo e Freud, Segantini e Abraham*, qui alle pp. 105-145.

Decima richiesta (martedì 27 aprile)

– Sigmund Freud, *Eine Kindheitserinnerung des Leonardo da Vinci*, Leipzig-Wien, Deuticke, 1910, pp. 71 (BGE, Zt 107/7).

Cfr. *I ricordi incomprensibili dell'infanzia. Leonardo e Freud, Segantini e Abraham*, qui alle pp. 105-145.

Undicesima richiesta (mercoledì 28 aprile)

– Friedrich Gundolf, *Shakespeare und der deutsche Geist*, Berlin, Georg Bondi, 1914², pp. 358 (BGE, T 2403).

Cap. 1, *Shakespeare als Stoff* [S. come materia], pp. 17-102 (sul teatro, sul razionalismo); cap. 2, *Shakespeare als Form* [S. come forma], pp. 105-181 (Lessing e Wieland); cap. 3, *Shakespeare als Gehalt* [S. come contenuto], pp. 185-358 (Herder, Goethe, Stürmer und Dränger, pubblico e teatro, Schiller, Classicismo e Romanticismo). Il libro viene richiesto nuovamente il 1° maggio.

– Ricardo Palma, *Flor de Academias y Diente Parnaso*. Edición oficial, Lima, Oficina tipográfica de El Tiempo-L.H. Jiménez, 1899, pp. 477 (BGE, Hga 465).

Dopo l'introduzione sulla poesia coloniale peruviana (pp. III-XX), e sui manoscritti e le opere a stampa della biblioteca del peruviano don Félix Cipriano Coronel Zegarra, Ricardo Palma si fa editore di un manoscritto, *Flor de Academias* (1713), che contiene le cronache delle sedute accademiche e i testi letti (pp. 9-332); seguono *Diente del Parnaso* (pp. 354-426) e *Poesías diversas* (pp. 429-474) del peruviano Juan del Valle y Caviedes.

Dodicesima richiesta (giovedì 29 aprile)

– Leopoldo Díaz, *Las Sombras de Hellas - Les ombres d'Hellas*, avec la traduction en vers français par Frédéric Raisin, Genève-Paris, Eggimann-Floury, 1902, pp. 218 (BGE, Hga 467).

Ricche di figure mitologiche, le poesie originali in lingua «néo-espagnole» sono stampate sulla sinistra della pagina; la traduzione in francese a destra. Scrive il prefatore, Rémy de Gourmont, ricordando che non c'è solo la Pampa: «L'Amérique du sud a ses poètes, ses romanciers, ses critiques, ses philosophes». I loro modelli non sono la Spagna ma Parigi. Anzi alcuni poeti modernisti, come Rubén Darío, ammiratore di Verlaine, e l'argentino Leopoldo Díaz – che sulle orme di José María de Heredia (a lui il libro è dedicato), «chante la beauté grecque» – hanno vissuto anche a Parigi: *Préface*, n.n.

– Campana domanda inoltre nuovamente il secondo volume delle *Œuvres complètes* di Chénier già avute il 12 aprile.

Tredicesima richiesta (sabato 1° maggio)

– Campana richiede lo *Shakespeare und der deutsche Geist* di Friedrich Gundolf, già avuto il 28 aprile.

Quattordicesima richiesta (lunedì 3 maggio)

– Rudolf Eucken, *Grundlinien einer neuen Lebensanschauung*, Leipzig, Verlag von Veit & Comp., 1907, pp. 314 (BGE, Ca 1453).

Cap. I, *Die vorhandenen Lebensanschauungen* [le visioni della vita esistenti], pp. 1-80; cap. II, *Der Entwurf einer neuen Lebensanschauung* [l'abbozzo di una nuova visione della vita], pp. 81-237; cap. III, *Wendung zur Gegenwart. Folgerungen und Forderungen* [l'orientamento sulla contemporaneità, conclusioni e sfide], pp. 238-310.

Il libro indaga la *Lebensanschauung* e l'immagine complessiva dell'essere umano; l'ordine della vita nella religione antica, nell'idealismo cosmico, nel socialismo, nel soggettivismo moderno; l'uomo come essere naturale; il desiderio di un nuovo ordine della vita, basato sull'idea di libertà; il problema della verità e della realtà, che riguarda anche la cultura e l'arte, dove la vita moderna pulsa con ineguagliato vigore e rapidità («Nirgends pulsiert das moderne Leben rascher und stärker als auf dem Gebiet von Kunst und Literatur», p. 293), chiamate proprio a sbloccare i limiti e a oltrepassare le barriere imposte dalla vita moderna. Ecco perché è nata «una nuova arte» che ha il compito di trovare altre forme di espressione, per poter garantire uno spazio completamente nuovo per il soggetto e lo sviluppo della sua individualità (p. 294).

– Inoltre Campana richiede nuovamente *Les grands courants de la pensée contemporaine* di Eucken già avuto il 26 aprile.

Quindicesima richiesta (giovedì 6 maggio)

– George Campbell Ogden, *Poems*, ed. by Charles H. Fisk, Published for Private Distribution by Laura Louise Ogden Whaling, Cincinnati, Press of Jennings and Graham, 1912, pp. 376 (BGE, S 1925).

– Charles Kingsley, *Poems*, London-New York, Macmillan, 1897, pp. x + 347 (BGE, Hgc 1199).

Fra i *Poems* c'è una tragedia in cinque atti, *The Saint's Tragedy*, un lungo poema, *Andromeda*, seguito dai *Miscellaneous Poems*.

– Edward Lyman Short, *Amor redivivus, and others poems*, New York, Robert Grier Cooke, 1905, pp. 28 (BGE, Hgc 1247).

Sedicesima richiesta (venerdì 7 maggio)

– Algernon Charles Swinburne, *Poems and Ballads*, I-III, London, Chatto & Windus, 1900-1910, I, 1900, pp. 338; II, 1901, pp. 240; III, 1910, pp. 181 (BGE, Hgc 1187).

– *Poems by Walt Whitman*, selected and edited by William Michael Rossetti, a new edition, London, Chatto & Windus, 1895, pp. 320 (BGE, Hgc 1196).

È una selezione di testi, in genere brevi, tratti da opere varie di Whitman (manca l'epico *Song of Myself*, lungo oltre 1300 versi, da cui Campana ha tratto l'epigrafe per i *CO*). I *Poems* verranno richiesti nuovamente il 19 maggio.

Diciassettesima richiesta (lunedì 17 maggio)

– Campana domanda nuovamente le *Œuvres complètes* di Jules Laforgue già chieste il 7 aprile.

Diciottesima richiesta (martedì 18 maggio)

– Carl Spitteler. *Balladen*, Zürich, Albert Müller's Verlag, 1906^2, pp. 152 (BGE, S 3947).

I. *Kosmisch und mythologisch*; II. *Episch*; III. *Heldenballaden* [ballate degli eroi]; IV. *Heimat und Vaterland* [patria e paese natale]; V. *Balladen im engern Sinn* [ballate in senso stretto]; VI. *Spruch und Lied* [sentenza e canto]; VII. *Sinnbilder* [simboli]; VIII. *Denkwürdigkeiten* [eventi memorabili].

– William B. Cairns, *A history of American literature*, New York, Oxford University Press, 1912, pp. 502 (BGE, S 4118).

Cap. I, *The Colonial Time (1607-1765)*; cap. II, *The Revolutionary Period (1765-1800)*; cap. III, *The Early Nineteenth Century (1800-1833)*; cap. IV, *The Central Period (1833-1883)*; cap. V, *Recent Years (1833-1912)*. In appendice un indice analitico molto dettagliato e ricco.

Storia (e geografia) letteraria degli Stati Uniti fatta come rassegna critica che in cinquecento pagine, le citazioni sono molto contenute, offre un quadro sintetico della letteratura americana che l'autore, che insegna all'Università del Wisconsin, considera un germoglio («an off-shoot») di quella inglese (p. 1). Inizia con la letteratura elisabettiana e si conclude con l'epoca coloniale. L'ultimo capitolo dà conto dei recenti sviluppi della letteratura americana: dai centri culturali più importanti, alla diffusione delle riviste periodiche, al ruolo assunto dalla fotografia, specie nei suoi rapporti con la letteratura di viaggio, al gusto per il realismo e all'analisi del carattere, oltre che per la «short story», quest'ultima favorita proprio dal proliferare dei *magazines*. Scarsi sono invece stati i progressi nel campo della poesia, breve ed epigrammatica; vanno aggiunti, sparuti, «many experiments in the manner od European poets». I modelli di riferimento restano Ralph Waldo Emerson e Walt Whitman (pp. 461-483).

Diciannovesima richiesta (mercoledì 19 maggio)

– Paul Verlaine, *Œuvres complètes*, Paris, Léon Vanier, I-V, 1899-1900, 5 voll. (BGE, Hf 3636)

Vol. I (1899), pp. 423: *Poèmes saturniens*, *Fêtes galantes*, *La bonne chanson*, *Romances sans paroles*, *Sagesse*, *Jadis et naguère*; vol. II (1899), pp. 448: *Amour*, *Bonheur*, *Parallèlement*, *Chansons pour elle*, *Liturgies intimes*, *Odes en son honneur?*; vol. III (1899), pp. 442: *Élégies*, *Dans les limbes*, *Dédicaces*, *Épigrammes*, *Invectives*, *Chair*. Campana non sembra invece richiedere (probabilmente perché il numero dei prestiti è limitato) i due successivi volumi: vol. IV (1900), pp. 452: *Les poètes maudits* (Corbière, Rimbaud, Mallarmé, Desbordes-Valmore, Villier de l'Isle-Adam, Pauvre Lelian), *Louise Leclercq*, *Les mémoires d'un veuf*, *Mes hôpitaux*, *Mes prisons*; vol. V (1900), pp. 483: *Confessions*, pp. 3-196, *Quinze jours en Hollande*, *Biographie de poètes et littérateurs* (ventisette in tutto, fra cui Leconte de Lisle, Verlaine, che si dice «blessé cruellement par la vie», p. 302, Villiers de l'Isle-Adam, Sully-Prudhomme, Mallarmé, Rimbaud, quel Maurice Rollinat, pp. 353-359, l'autore di *Névroses*, che forse avrebbe potuto interessare Campana).

– Campana domanda inoltre di avere nuovamente i *Poems* di Whitman già chiesti il 7 maggio.

[1] *Lpd*, p. 56, Campana a Soffici, da Ginevra, [12] maggio 1915.
[2] Cfr. *Lpd*, pp. 35, 39-42. Per le recensioni immediatamente successive ai *CO* si veda *«La tua anima di barbaro dionisiaco». Una recensione elvetica dei* Canti Orfici *(1916)*, qui alle pp. 199-201.
[3] *Lpd*, pp. 45, 50-52, 58.
[4] *Lpd*, p. 47.
[5] *Lpd*, pp. 51, 54, 56, 57.
[6] *Lpd*, p. 7.
[7] *CO*, p. 74 (*Dualismo. Lettera aperta a Manuelita Etchegarray*).
[8] *Lpd*, p. 50.
[9] Cfr. *Ville de Genève. Compte rendu de l'administration municipale pendant l'année 1915*, Genève, Albert Kundig, 1916, pp. 175-176.
[10] Per una dettagliata descrizione cfr. *ibid.*, pp. 171-196; e inoltre Alberto Petrucciani, *Il giardino dei sentieri che s'incrociano: il pubblico della Biblioteca di Ginevra (1915)*, in «Nuovi annali della Scuola speciale per archivisti e bibliotecari», a. XXIX, 2015, pp. 99-135. Per la Mink lettrice di Schuré, cfr. *ibid.*, p. 133.
[11] *Lpd*, p. 53.
[12] *Lpd*, pp. 56-57. Il corsivo è nostro.
[13] Ho anticipato i risultati delle mie ricerche ginevrine, limitatamente agli studi di Freud e di Abraham, in *«Le Alpi il bianco delicato mistero». Dino Campana e la Svizzera*, Id., *L'Italia in Svizzera. Lingua, cultura, viaggi, letteratura*, Venezia, Marsilio, 2010, pp. 171-203, alle pp. 186-187, 200 n. 59 (e prima ancora in *CO*, p. XXI n. 52). Nel frattempo queste e altre importanti informazioni sono state meritoriamente rese note con grande precisione da Alberto Petrucciani, *Dino Campana alla Biblioteca di Ginevra*, in «Biblioteche oggi», a. XXXII, n. 8, ottobre 2014, pp. 4-8; Id., *Dino Campana, Ginevra, la Biblioteca (7 aprile-19 maggio 1915)*, in «Antologia Vieusseux», n.s., a. XX, n. 59, maggio-agosto 2014, pp. 53-71; Id., *Ancora su Dino Campana e la Biblioteca di Ginevra*, in «Antologia Vieusseux», n.s., a. XX, n. 60, settembre-dicembre 2014, pp. 41-60.
[14] Cfr. Bibliothèque de Genève (BGE), Arch. BPU Cc 75, *Registres de consultations à la salle de lecture* (marzo-maggio). Le informazioni relative alla biblioteca ginevrina nel 1915 e alle letture di Campana mi sono state fornite in un primo tempo da Jean-Philippe Schmitt, responsabile dell'Unité Collection générale della Bibliothèque de Genève che ringrazio vivamente. Tutte le opere consultate da Campana sono state successivamente lette e schedate (utilizzando le copie originali, con l'aggiunta dell'emozione di avere sotto gli occhi le stesse pagine lette dal poeta) da chi scrive.
[15] Il prefatore Henri Lichtenberger parla di Nietzsche, «libre esprit», che si sforza di mostrare quella che deve essere la cultura moderna che il filosofo vuole fondare sulla «synthèse» di tre elementi: la tragedia greca, il dramma musicale di Wagner e la filosofia di Schopenhauer («deux grands initiateurs»): Friedrich Nietzsche, *Aphorismes et fragments choisis*, a cura di Henri Lichtenberger, Paris, Félix Alcan, 1899, pp. VIII, XI-XII.
[16] Cfr. *Lpd*, p. 56. Annota Filippo Tommaso Marinetti nel medesimo anno: «Noi consideriamo come superata ed ancora superabile l'ipotesi della fusione amichevole dei popoli e non ammettiamo pel mondo che un'unica igiene: la guerra», Filippo Tommaso Marinetti, *Guerra sola igiene del mondo*, Milano, Edizioni Futuriste, 1915.

[17] Cfr. *I ricordi incomprensibili dell'infanzia. Leonardo e Freud, Segantini e Abraham*, qui alle pp. 105-145.

[18] Cfr. BGE, Arch. BPU Cc 75, *Ouvrages consultés en Salle de lecture, Consultation* 39 (14 janvier-4 août 1915).

[19] Cfr. Paul Verlaine, *Arthur Rimbaud*, in Id., *Œuvres complètes*, 5 voll., Paris, Léon Vanier, 1899-1900, v, pp. 360-367, a p. 364 (la menzione completa delle opere lette a Ginevra, qui citate in forma abbreviata, è in appendice a questo saggio).

[20] Cfr. Petrucciani, *Ancora su Dino Campana*, cit., p. 54

[21] Cfr. *Ville de Genève. Compte rendu*, cit., p. 175.

[22] Cfr. Petrucciani, *Ancora su Dino Campana*, cit., pp. 48-55.

[23] Id., *Dino Campana, Ginevra, la Biblioteca*, cit., p. 71.

[24] Cfr. Id., *Il giardino dei sentieri che s'incrociano*, cit., p. 106.

[25] Sul numero del 1° aprile 1915 del «Mercure de France» (p. 843) viene pubblicata una lettera polemica di Romain Rolland, datata 11 febbraio 1915, in cui l'autore cita la sua *Vie des hommes illustres. Beethoven* (Paris, Cahiers de la Quinzaine, 1903) presa in prestito da Campana il 12 aprile; il numero del 1° maggio pubblicizza fra l'altro l'edizione, presso «Mercure de France», delle *Œuvres complètes* di Nietzsche.

[26] Cfr. Petrucciani, *Ancora su Dino Campana*, cit., pp. 55-57.

[27] Cfr. Id., *Il giardino dei sentieri che s'incrociano*, cit., pp. 110-111.

[28] Verlaine, *Œuvres complètes*, cit., IV, p. 66.

[29] Petrucciani, *Ancora su Dino Campana*, cit., p. 43.

[30] *Lpd*, p. 372.

[31] Cfr. *CO*, p. XXI.

[32] *Lpd*, p. 119.

[33] *Le voyage en Italie et le projet de voyage en Orient* (III, pp. 10-35; I. *Le départ et la route*; II. *L'Italie*; III. *L'orient*; IV. *Le retour*) potrebbe far pensare per esempio alla strutturazione delle parti della *Notte* (I. *La Notte*; II. *Il viaggio e il ritorno*; III. *Fine*).

[34] Oppure ancora «Heureux qui sait aimer ce trouble auguste et grand: | Seul, il rêve en silence à la voix du torrent | Qui le long des rochers se précipite et tonne», che ricorda un passo dei *CO*, p. 38 (*La Verna* [2]): André Chénier, *Œuvres complètes*, a cura di Paul Dimoff, I-III, Paris, Librairie Delagrave, [1908-1909], II, p. 29, vv. 25-28, 38-40.

[35] Paul Verlaine, *Invectives*, n. XLII, in Id., *Œuvres complètes*, cit., III, pp. 358-359, vv. 17-24.

[36] Id., *Nuit du Walpurgis classique*, vv. 17-19, in Id., *Œuvres complètes*, cit., II, p. 173; Id., *Poèmes saturniens*, ivi, I, p. 31; *CO*, p. 134 (*Genova*, vv. 143-144).

[37] Mario Bejor, *Dino Campana a Bologna (1911-1916)*, Bagnacavallo, Società Tipografica Editrice, 1943, p. 17. Cfr. Aldo Pecoraro, *Campana fra Verlaine, Baudelaire e Rimbaud*, in *Materiali per Dino Campana*, a cura di Piero Cudini, Lucca, Maria Pacini Fazzi Editore, 1986, pp. 117-146.

[38] Più correttamente il testo del sonetto (raccolto nella silloge *Parallèlement*) suona: «La misère et le mauvais œil, | Soit dit sans le calomnier, | Ont fait à ce monstre d'orgueil | Une âme de vieux prisonnier», *L'impudent*, vv. 1-4, in Verlaine, *Ouvres complètes*, cit., II, p. 263. Risponderà Cecchi (non sappiamo, anche se il suo riscontro sembra implicarlo, se Campana, nel frattempo, abbia scritto altre lettere): «Certe sue parole mi hanno invitato a rivedere un poco Verlaine: e io ne parlavo davvero troppo sommariamente. Quando si veggono quelle quartine de' simbolisti postverlainiani, allora si capisce che cos'è gran parte del movimento "odierno" da noi, ahimè», *Lpd*, pp. 108, 120.

[39] *Lpd*, p. 118, lettera del 5 gennaio 1916.

[40] *Lpd*, p. 231. La citazione è tratta da Verlaine, *Sagesse*, I, V, vv. 10-14, in Id., *Œuvres complètes*, cit., I, p. 208: «Ah! que, du moins, loin des baisers et des combats, | Quelque chose demeure un peu sur la montagne, || Quelque chose du cœur enfantin et subtil, | Bonté, respect! Car qu'est-ce qui nous accompagne, | Et vraiment, quand la mort viendra, que reste-t-il?»; inoltre: Id., *Paul Verlaine*, in *Vingt-sept biographies de poètes e littérateurs parues dans* Les hommes d'aujourd'hui, in Id., *Œuvres complètes*, cit., VI, pp. 300-307, alle pp. 302, 303.

[41] Cfr. Paul Verlaine, *Il bacio*, in Id., *Œuvres complètes*, cit. I, p. 54. In corrispondenza della quartina tradotta da Campana c'è nel volume letto a Ginevra un segno a matita: che l'abbia magari tracciato lo sesso poeta? Ritrovato solo nel 1942, il testo tradotto (*Io povero troviero*

di Parigi: «tre foglietti di quaderno, sciolti, dai margini irregolari, piegati a metà l'un dento l'altro»), si legge in Bejor, *Dino Campana a Bologna*, cit., p. 17; e nel *Fascicolo marradese inedito del poeta dei «Canti Orfici»*, a cura di Federico Ravagli, Firenze, Giunti-Bemporad Marzocco, 1972, pp. 9, 13-15, 18-22. Una ristampa del *Fascicolo marradese*, curata dal Centro di Studi Campaniani «Enrico Consolini», è uscita a Marradi nel 2017.

[42] Cfr. Alfred Morel-Fatio, *Le don Quichotte envisagé comme peinture et critique de la société espagnole du XVIe et du XVIIe siècle*, in Id., *Études sur l'Espagne*, I, Paris, Bouillon, 1895^{2}; II, Paris, Bouillon, 1890, I, pp. 297-382; Pariani, *Vita*, p. 40.

[43] Ricardo Palma, *Flor de Academias y Diente Parnaso*, Lima, Oficina tipográfica de El Tiempo-L.H. Jiménez, 1899, pp. 336-339, 438.

[44] Leopoldo Díaz, *Vé á despertar el marmol...*, *Va réveiller le marbre*, vv. 1, 3-6, in Id., *Las Sombras de Hellas - Les ombres d'Hellas*, traduzione di Frédéric Raisin, Genève-Paris, Eggimann-Floury, 1902, pp. 6-7; *CO*, p. 43 [*La Verna* [7]).

[45] Leopoldo Díaz, *Jóven, alza en tus manos...*, *Jeune homme*, v. 6, in Id., *Las Sombras de Hellas*, cit., pp. 32-33; *Las siete Notas*, *Les sept notes*, ivi, pp. 36-37; *Lamentacion del Fauno*, *La plainte du Faune*, e *Soliloquio del Fauno*, *Soliloque du Faune*, ivi, pp. 30-31, 50-51; André Chénier, *La Poésie*, in Id., *Œuvres complètes*, cit., I, p. 29, v. 1; *CO*, p. 25 (*La Chimera*, vv. 1-2).

[46] *CO*, p. XVIII n. 40.

[47] Cfr. George Campbell Ogden, *Poems*, a cura di Charles H. Fisk, Cincinnati, Press of Jennings and Graham, 1912, pp. 144-151; 155-157.

[48] Cfr. Charles Kingsley, *Poems*, London-New York, Macmillan, 1897, p. 18.

[49] Cfr. Algernon Charles Swinburne, *Poems and Ballads*, I-III, London, Chatto & Windus, 1900-1910, II, pp. 126-128 (*A Ballad of François Villon*); pp. 194-224 (*Translation from the French of Villon*).

[50] Cfr. *Lpd*, p. 137; *CO*, p. XIX.

[51] Walt Whitman, *Poems*, a cura di William Michael Rossetti, London, Chatto & Windus, 1895, pp. [IV-V].

[52] Id., *Night and Death*, in Id., *Poems*, cit., pp. 204-205; Pariani, *Vita*, p. 45. Manuelita Etchegarray è «figlia generosa della prateria nutrita di aria vergine [...]: anima dell'oasi dove la mia vita ritrovò un istante il contatto colle forze del cosmo»; e ancora «La prateria si alzava come un mare argentato agli sfondi, e rigetti di quel mare, miseri, uomini feroci, uomini ignoti chiusi nel loro cupo volere, storie sanguinose subito dimenticate che rivivevano improvvisamente nella notte» (*Dualismo. Lettera aperta a Manuelita Etchegarray*); «Le tende si allungavano a pochi passi da dove noi seduti in circolo in silenzio guardavamo a tratti furtivamente le strane costellazioni che doravano l'ignoto della prateria notturna. – Un mistero grandioso e veemente ci faceva fluire con refrigerio di fresca vena profonda il nostro sangue nelle vene: – che noi assaporavamo con voluttà misteriosa – come nella coppa del silenzio purissimo e stellato» (*Pampa*): CO, pp. 73, 93.

[53] Cfr. William B. Cairns, *A history of American literature*, New York, Oxford University Press, 1912, pp. 412-428; Bejor, *Dino Campana a Bologna*, cit., p. 37-38.

[54] Cfr. Cairns, *A history of American literature*, cit., pp. 372, 384, 386-395; *Lpd*, pp. 39-40.

[55] Sorella della madre dello scrittore Francis Marion Crawford, nato e cresciuto in Italia, che ha vissuto fra New York e Sorrento (è morto nel 1909), e che ambienta sovente le sue storie, romanzi e racconti, nel Belpaese (Cairns lo dice «the most cosmopolitan of American writers»), Julia Ward Howe è l'autrice di un celebre inno patriottico (*The Battle Hymn of the Republic*) noto soprattutto per il refrain (che torna anche in un altro famoso canto: *John Brown's Body*) che inizia con le parole: «Glory, glory, hallelujah!», cfr. Cairns, *A history of American literature*, cit., pp. 283-284, 466, 470-472.

[56] Cfr. *Fascicolo marradese*, cit., pp. 9, 17-20. Incipit: «B'y what fast heap of snow» (più correttamente: «Beneath what mound of snow»). La quartina è tratta dalla poesia *In Music Hall. Looking down upon the white heads of my contemporaries*, nella sezione *Poems of sentiments and reflection*, nella raccolta *At Sunset*, Boston-New York, The Riverside Press Cambridge, 1910, p. 140. Il nome della poetessa americana è stato svelato da Susanna Sitzia, *L'ignoto autore dei versi tradotti da Campana è la poetessa americana Julia Ward Howe*, in «Osservatorio Bibliografico della Letteratura Italiana Otto-novecentesca», a. IV, n. 3, 2004, pp. 88-101.

[57] Cairns, *A history of American literature*, cit., p. 244.

[58] Henri de Régnier, *La faillite de la «Kultur»*, in «Mercure de France», a. XXVI, n. 412, 1° avril 1915, pp. 659-662.

[59] Paul Louis, *Une Europe nouvelle*, ivi, pp. 665-681.

[60] *Revue du mois*, ivi, p. 787.

[61] Cfr. Nietzsche, *Aphorismes*, cit., p. 151. Di Heine Campana traduce *Die Heimkehr*, dal *Buch der Lieder*: cfr. *Oc*, pp. 234-236; *DCsm*, pp. 180-181; e *T*, pp. 216, 299, 322 («L'inquietezza il tormento | di non creare i fantasmi | greci è tutta | la bellezza del | tormento di Heine | di razza mediterranea»). Cfr. Mauro Ponzi, *Campana e Heine*, in *Dino Campana nel Novecento. Il progetto e l'opera*, a cura di Francesca Bernardini Napolitano, Roma, Officina Edizioni, 1992, pp. 167-176. A complemento dei succinti rinvii bibliografici dati in queste note e in *CO*, pp. XX-XXI note 51-52, relativi ai rapporti fra Campana, Goethe altri scrittori di lingua tedesca, come Theodor Däubler («molto lacunos*i*» lamentava Giuseppe A. Camerino, avendo chi scrive omesso di menzionare fra l'altro, nell'edizione einaudiana dei *CO*, due suoi saggi), rinvio all'intervento purtroppo non meno «lacunoso» e affrettato dello studioso apparso su «Italianistica», a. XXXIV, n. 3, 2005, pp. 148-149.

[62] *Lpd*, p. 167.

[63] Rolland, *Vie des hommes illustres. Beethoven*, cit., p. 5.

[64] Id., *Au-dessus de la mêlée*, in «Journal de Genève», 22 septembre 1914. L'appello di Henri Bergson data dell'8 agosto 1914 e viene lanciato davanti all'Académie de sciences morales et politiques di Parigi.

[65] *Lpd*, p. 54.

[66] Léon Tolstoï, *Préface inédite* (1889), Id., *Œuvres complètes*, traduzione di J.[ean]-W.[ladimir] Bienstock, IV, Paris, P.[ierre]-V.[iktor] Stock, 1903, pp. 386-396, alle pp. 386, 396.

[67] *Lpd*, pp. 280-283.

[68] *Lpd*, p. 63.

[69] «If tragedy relies on the perception—not the fact—that experience is hounded by painfully irreconcilable oppositions, then the years preceding the First World War were among the most tragic in Europe», Thomas Harrison, *1910: The Emancipation of Dissonance*, Berkeley, University of California Press, 1996, p. 22.

[70] «In 1910 we also witness a resurgence—perhaps the final great resurgence—of the traditional European ideal to liberate human spirit from the pressures of material reality», *ibid*, p. 4.

[71] Cfr. Rudolf Eucken, *Grundlinien einer neuen Lebensanschauung*, Leipzig, Verlag von Veit & Comp., 1907, p. 293.

[72] Cfr. Id., *Le sens et la valeur de la vie*, traduzione di Marie-Anna Hullet e Alfred Leicht, Paris, Félix Alcan, 1912, pp. III-IV.

[73] «Si potrebbe fare una fusione tra la Svizzera sassone dello spirito in cui Nietsche [*sic*] scrisse che si era rifugiato Schumann e la religione della maternità del lavoro e dell'amore, così divinamente espressa dal nostro dolce e severo Segantini», *Lpd*, p. 56.

[74] Eucken, *Le sens et la valeur de la vie*, cit., pp. 144, 155, 158, 172.

[75] *Lpd*, pp. 21, 78, 129; Friedrich Nietzsche, *Par delà le Bien et le Mal*, traduzione di L. Weiscopf e G.[eorges] Art, Paris, Mercure de France, 1898, p. VII.

[76] Cfr. Verlaine, *Arthur Rimbaud*, cit., p. 365.

[77] *Lpd*, p. 8; Pariani, *Vita*, p. 66.

[78] Cfr. *CO*, pp. XVI-XXIII; Pariani, *Vita*, p. 66; *Lpd*, pp. 49, 51.

[79] Verlaine, *Arthur Rimbaud*, in Id., *Œuvres complètes*, cit., IV, pp. 12-31, a p. 16.

[80] Rudolf Eucken, *Les grands courants de la pensée contemporaine*, traduzione di Henri Buriot e G.-H. Luquet, prefazione di Henri Bergson, Paris, Félix Alcan, 1911, pp. 3, 7, 527-528.

[81] L'espressione è in Paul Verlaine, *A Charles Baudelaire*, v. 14 (*Liturgies intimes*, in Id., *Œuvres complètes*, cit., II, p. 349); cfr. inoltre, per alcuni rimandi bibliografici, *CO*, pp. XXI-XXIII; *Lpd*, p. 21.

[82] Cfr. Francis Thompson, *Selected Poems*, nota biografica di Wilfrid Meynell, London, Methuen and Co, Burns and Oates, 1909, pp. IX, XII.

[83] *Lpd*, p. 67.

[84] Rolland, *Vie des hommes illustres. Beethoven*, cit., pp. 5-7, 11 n. 1, 13, 18-19, 31, 43, 48, 50, 52-54, 57; Pariani, *Vita*, pp. 27, 48; *Lpd*, p. 78.

[85] Jules Laforgue, *Pensées et paradoxes*, in Id., *Œuvres complètes*, I-III, Paris, Mercure de France, 1902-1903, III, p. 12.

[86] Nietzsche, *Par delà le Bien et le Mal*, cit., § 209, p. 142

[87] Id., *Aphorismes*, cit., pp. V, VII, 6, 7-9, 15, 16.

[88] Cfr. *Lpd*, pp. 18, 239.

[89] R. de Bury, *Revue du mois*, in «Mercure de France», 1° avril 1915, pp. 787-790.

[90] Laforgue, *Œuvres complètes*, cit., I, p. 5; Nietzsche, *Par delà le Bien et le Mal*, cit., § 26, p. 36; Id., *Aphorismes*, cit., pp. II, XI.

[91] Id., *Aphorismes*, cit., p. XII; *Lpd*, pp. 54, 297; Rudolf Eucken, *Die Lebensanschauungen der grossen Denker. Eine Entwicklungsgeschichte des Lebensproblems der Menschheit von Plato bis zur Gegenwart*, Leipzig, von Veit & Comp., 1899[3], p. 3.

[92] Cfr. Jules Laforgue, *Une jeune fille*, in *Sur la femme*, in Id., *Œuvres complètes*, cit., III, pp. 49-50, a p. 49; *CO*, p. 73 (*Dualismo. Lettera aperta a Manuelita Etchegarray)*.

[93] Jules Laforgue, *Paysages et impressions*, in Id., *Œuvres complètes*, cit., III, pp. 25-46, a p. 25; *CO*, p. 9 (*La Notte* [1]).

[94] Cfr. Laforgue, *Œuvres complètes*, cit., I, pp. 27-31, 35.

[95] Id., *Soir de carnaval*, vv. 2-3, 23, in Id., *Œuvres complètes*, cit., I, pp. 9-10; *CO*, p. 21 (*La Notte* [19]).

[96] Jules Laforgue, *Soir de carnaval*, v. 16, in Id., *Œuvres complètes*, cit., I, p. 10,: *CO*, p. 96 (*Pampa*).

[97] Cfr. Francis Thompson, *Poems on Children*, in Id., *Selected Poems*, cit., pp. 1-20, e *passim*; Paul Verlaine, *Saints innocents*, vv. 3, 7, in Id., *Œuvres complètes*, cit., II, p. 356.

[98] *Lpd.*, p. 149. Un altro modello per aforismi brevi (da una a quattro righe) è Nietzsche, specie quello delle *Maximes et Intermèdes*, in Id., *Par delà le Bien et le Mal*, cit., pp. 81-97.

[99] *Lpd*, pp. 50-51, 56-57, 63; Nietzsche, *Par delà le Bien et le Mal*, cit., § 216, p. 154.

[100] *Lpd*, pp. 39, 53, 56, 78, 102, 158.

[101] Cfr. anche Petrucciani, *Dino Campana, Ginevra, la Biblioteca*, cit., pp. 60-69.

I RICORDI INCOMPRENSIBILI DELL'INFANZIA. LEONARDO E FREUD, SEGANTINI E ABRAHAM

> Schenken wir darum lieber der analytischen Arbeit, die ja noch nicht ihr letztes Wort gesprochen hat, für eine Weile gerechtes Gehör.
> FREUD, *Eine Kindheitserinnerung des Leonardo da Vinci*[1]

La poesia campaniana resta, ancorché oramai sia stata spesso edita, negli ultimi decenni, con ammirevole acribia, oltre che studiata sovente con pertinenza, priva ancora di un *passe-partout* che permetta di dischiudere, come ha detto Montale, «una porta che non s'apre, o talora s'apre per lui solo»[2]. Si può anzi ipotizzare che questo nodo debba restare saldamente stretto per altro tempo ancora e che l'immagine della «figura difficilmente catalogabile entro l'epoca in cui visse» equivalga a un'acuta premonizione non priva di risvolti positivi: come quello di poter continuare a leggere i versi campaniani con un margine consistente di libertà individuale. Il che, di per sé, è un'occasione tutt'altro che irrilevante.

Dino Carlo Giuseppe è figlio di Giovanni Campana, maestro elementare e, dal 1900, «Direttore Didattico» delle scuole di Marradi, il paese natale. I documenti lo definiscono «benestante». Già il nonno Raffaello è detto «Pensionato Possidente», essendo proprietario di «terreni» e «fabbricati»; sua moglie Francesca Ceroni è «maestra privata». Vero è che, quando il poeta verrà ricoverato nel manicomio fiorentino di San Salvi, nel 1909, il padre, che ha trentuno anni più del figlio, cercherà di sottrarsi all'obbligo di mantenerlo e di accollare le spese al Comune di residenza sostenendo che «i *suoi* guadagni sono assai meschini»[3]. Ma le autorità, inflessibili, lo obbligheranno ad assumersi le spese dell'internamento. Giovanni Campana è, dirà un collega, «un maestro vecchio stampo, patriota convinto e appassionato, insegnante che riscuoteva l'incondizionata stima e fiducia della popolazione; un poco estroso, ma pieno di comprensione e d'umanità». Un uomo d'altri tempi, come si dice in queste occasioni. Soffre (forse quell'«un poco estroso» va letto come un bonario eufemismo per quell'uomo «debole e nevrotico») di «disturbi nevrastenici»[4]. Ancora nel 1915 Giovanni Campana scriverà al figlio: «Cerca di non ispendere più del fissato. [...] Bisogna essere sempre previdenti! [...] Prega almeno ogni sera Dio per te e per noi poveri vecchi»[5].

La madre, Francesca Luti, «Fanny», è «donna di casa» e a sua volta «benestante». In altre parole: non è ricca ma neanche, come succede a molti, povera in canna. È nata a Comeana, frazione di Carmignano, comune toscano in provincia di Prato, il 5 aprile del 1857, e morirà sessantottenne il 30 aprile del 1925. Il matrimonio la porta a vivere a Marradi, sull'Appennino tosco-emiliano. Un luogo diverso, più chiuso e angusto, da quello in cui è cresciuta. Lì, intorno al fiume Lamone, ognuno guarda l'altro e tutti sanno tutto di tutti. Dev'essere molto religiosa, Fanny, se nelle lettere che scrive, per sentirsi meno sola e per uscire da quella prigione, infila di continuo immagini sacre[6]. Si sente che è forestiera anche dal modo di parlare, per i cappelli che porta e per il contegno a volte un poco altezzoso. Dirà un biografo del figlio poeta: «È ricordata dai vecchi marradesi come una persona un po' bizzarra». Stravagante per il comportamento e anche perché «si assentava, ad esempio, per qualche giorno, all'improvviso, magari senza un motivo plausibile, almeno all'apparenza»[7]. Reagendo insomma nel modo meno appropriato, senza il ritegno che il suo ruolo di madre e la condizione sociale richiederebbe, con comportamenti curiosi («bizzarra» lei, insomma, «estroso» il marito), andandosene di casa e abbandonando temporaneamente al proprio destino il «Direttore Didattico» e poi, quando li avrà, anche i due figlioletti.

Il 20 agosto del 1885, al numero 20 della casa di via Pescetti, a Marradi, nasce il primogenito, Dino. Ricorderà con fierezza il maestro Campana, nel 1906, certo per consolarsi un poco, quando si manifestano i primi segnali preoccupanti della malattia mentale del figlio ventunenne: «Sua madre è donna sana, energica, intelligente, risentita». E quindi aggiunge: «Dopo il parto allattò da sé tranquillamente e andava altera della robustezza del suo bell'allievo»[8]. Diversa la testimonianza della cognata, Giovanna Diletti Campana, moglie di Torquato, lo zio del poeta, anch'egli insegnante elementare: «Sua mamma, essendo allora sposa giovane, non sapeva fasciarlo, usava allora, ed era una barbaria [*sic*], di fasciare i piccini da sotto le braccia fino ai piedini e richiedeva certo un po' d'abilità. Supplivano per lei Marianna e Barberina [Bianchi], due zitelle che abitavano allo stesso piano. Barberina era levatrice e così si può ben dire che fu allevato da loro. Dino si affezionò a loro e loro a Dino»[9]. Dirà da parte sua Fanny, il 5 marzo del 1917, scrivendo a Sibilla Aleramo (e non può essere casuale l'uso di «quel» invece che di «questo»): «L'infanzia e l'adolescenza di quel figliolo è stata meravigliosa. Pacifico bello grasso ricciuto, inteligente [*sic*] di due anni diceva l'Ave in francese, ero da tutti invidiata»[10]. Anche la Aleramo ricorderà i momenti felici trascorsi da Dino a Marradi («nel tuo paese [...] dove soltanto da bimbo hai riso di gioia»)[11].

Non si vuol certo rubare il mestiere agli specialisti. Né si intende qui tornare, Dio ce ne liberi!, al dilettantismo fuorviante spacciato per scienza di certa psicocritica tanto *à la mode* nel secolo passato o di certa critica pseudo-psicanalitica, Dio ce ne liberi un'altra volta!, di infelice memoria. Resta che il rapporto fra Campana e la madre, stando almeno alle testimonianze di cui si dispone, è oltremodo problematico. E su di esso, pur con le dovute riserve, e le necessarie precauzioni, vale la pena di sostare. A Sergio Zavoli che le domanda: «Giudica che trovasse della comprensione in famiglia?», così risponde Maria Cappelli, cugina del poeta: «Il padre era molto affettuoso. Anche la mamma non si può dire che non lo fosse, ma lui non sentiva che la mamma lo comprendesse. A lui, comunque, non sembrava». Insomma, non è lecito negare che Fanny si preoccupa di Dino, ancorché non manchi un velo di reticenza («non si può dire che non lo fosse»). Di qui le incomprensioni, le rimostranze, i disaccordi, le tensioni e le liti. Chiede ancora Zavoli: «Ebbe spesso impeti d'ira contro la madre?». Risponde la Cappelli: «Sì, ne aveva; frequenti, anche». Insiste allora il giornalista: «E da che cosa fossero motivati, non sa?». Replica reticente la cugina, evitando di girare il coltello nella ferita: «No, proprio non lo so»[12].

La situazione sembra comunque peggiorare con l'arrivo di «Ninni», il 2 settembre 1887. Testimonierà Giovanna Diletti Campana: «Dopo la nascita di Manlio, il cocco Dino passò in seconda, o per meglio dire in terza linea»[13]. Il che vuol dire che a Manlio vengono riservati il primo e il secondo posto, a Dino soltanto quello successivo. La mamma e il secondogenito vanno per di qua e il primo nato per di là. Ricorderà ancora la zia: «Le liti con la mamma erano assai frequenti, forse era incomprensione dall'una parte e dall'altra. Dino era geloso e questo è indubbio, certo è che egli cercava invano nella mamma l'affetto del nome di mamma! Intelligente come era ben si avvedeva delle differenze che la mamma faceva fra lui ed il fratello. Le moine tributate a quest'ultimo e gli improperi a lui diretti»[14]. Dino è inquieto, perché cerca un affetto che la madre «donna sana, energica, intelligente, risentita», come precisa il marito, quasi a giustificarne l'operato, o forse, chissà, a rimuoverne i lati negativi, non gli dà. Anzi reagisce alle sue proteste trattandolo male e indulgendo agli «improperi». Lui, che è molto sensibile, capisce che Fanny non è imparziale. Manlio è più «buono» e mamma lo tratta bene perché non si rivolta, mentre il fratello maggiore schiva la compagnia di quello minore[15]. Continua la Diletti Campana: «Ninni sempre Ninni solo Ninni. Marianna ancor più che Barberina si era affezionata a Dino. Quanto [*sic*] veniva in casa per la questua della Chiesa mi chiedeva come vanno su? e si sfogava con me. Si ha da vedere, diceva lei, un povero figliolo che quando escono per il passeggio la mamma gli dice: tu Dino vai sulla strada di Palazzuolo, noi si va per altra via. Quel noi, era Fanny e Manlio. E gli abiti? Colla cosa che era disordinato egli aveva sempre i più brutti, o gli scarti del babbo e quando era lusso erano quelli provenienti da B[arberina?]»[16]. Ancora nella primavera del 1917, finita la breve e infuocata storia d'amore con Sibilla, Dino è fuggito in Piemonte, la madre promette (è a Lastra a Signa, vicina al suo paese d'origine) di tornare a Marradi per portare al vagabondo, se ripasserà, «un abito da mezza stagione». Ma non si fermerà ad attenderlo. Dichiara anzi: «L'altro mio figlio che abita a Siena ci prega a passare da lui le vacanze e feste Pasquali, insiste tanto: vedremo contentarlo»[17].

Toccherebbe forse al genitore, che pure un conoscente dice persona «tesa al concreto, al pratico», il compito di colmare le carenze materne. Infatti Giovanni – la cui figura echeggerà in una commedia rappresentata a Marradi nel 1911, dove Dino sarà chiamato a interpretare curiosamente proprio il ruolo del «pedagogo»[18] – si occupa sì del figlio, narra un testimone, con «molta cura»: ma, poi aggiunge, è «una cura forse intesa piuttosto al fisico, alla superficie»[19]. E allora Dino trova l'affetto che cerca, oltre che nello zio Torquato, in due donne: Marianna e Barberina Bianchi[20]. Marianna, in particolare, levatrice di professione, che vive, come già sappiamo, nella stessa casa dei Campana, anzi porta a porta, sullo stesso piano, lamenta il modo iniquo usato da Fanny nel trattare i propri figli: tutto l'affetto materno è proiettato sul secondogenito. Non è certo un caso che, quando il poeta verrà ammesso a Castel Pulci, il 9 aprile del 1909, un documento registri queste parole: «Ha un odio speciale colla sua mamma, che è dovuta andar via di casa»[21]. Insomma, interrogato dai dottori, Dino ricorda due cose: l'odio per la mamma e le fughe da casa di lei. Anche se a detta della madre l'infanzia del primogenito è stata del tutto normale. Anzi, per dirla tutta: «meravigliosa». In famiglia, insomma, tutto procede per il meglio. Non fosse per il ricovero, ai primi del 1893, dello zio Mario, anch'egli alle prese con problemi mentali, e delle liti di Fanny con il marito. Sicché la donna, di tanto in tanto, come sappiamo, «senza motivo plausibile, almeno all'apparenza», scompare da Marradi – forse si rifugia dai parenti a Comeana, forse se ne va per i fatti suoi, magari a Firenze, per comperarsi un abito o un cappello – per ricomparire all'improvviso, come se nulla fosse successo, qualche giorno più tardi.

Alla fine dell'anno scolastico 1894-1895, con cui conclude il quarto anno – è nella Scuola Elementare Superiore Maschile, il suo maestro è Giovanni Campana – Dino ottiene il primo premio dalla Commissione di vigilanza del Comune di Marradi per avere dato «saggio di vero profitto»[22]. Sembra insomma che, almeno a scuola, i risultati siano molto buoni. Poi però il ragazzo si trasferisce a Faenza, dove si iscrive al ginnasio nel Convitto Salesiano. Quando arriva il turno di Manlio, la madre scende da Marradi per abitare insieme ai due figli[23] che frequentano la stessa scuola e «per accudirli» (cioè, chissà?, per continuare a regalare le «moine» al minore e gli «improperi» al più grande, sempre meno diligente e più ribelle). È ancora la zia, Giovanna Diletti Campana, a definire il maggiore dei figli dei Campana, «uno scarabocchione disordinato», mentre un'altra testimonianza lo dice «sempre in contrasto con la famiglia disperata per il vacillare delle sue condizioni di salute»[24].

È poi al tempo del ginnasio-liceo Torricelli di Faenza che cominciano le prime vere «distrazioni», i primi «fenomeni di eccitamento e di depressione», come dirà Carlo Pariani che lo visiterà dopo il ricovero definitivo[25]. È l'epoca, leggerà poi il poeta nei versi di Verlaine, «du trouble infini | Qui nous prend comme une tempête, | Nous poussant comme par la tête | Vers l'abîme»[26]. Scrive il padre al professor Brugia, direttore del manicomio di Imola, nel 1906 (la «modula» di ammissione annota, «prima dello sviluppo della pazzia»: «Carattere mite – Fino ai diciotto anni vita di Collegio»): «Questo mio figlio fisicamente non è mai stato malato, fino a quindici anni è stato sempre di carattere un po' chiuso, ma sempre buono, obbediente e giudizioso nelle cose sue, sebbene *alquanto disordinato*». Poi aggiunge, rabbuiandosi in volto: «Egli ha la psiche esaltata, avvelenata, pervertita, non sente affetti e prende presto a noia luoghi e persone. Nel 1900 [...] egli cominciò a dare prova d'impulsività brutale, morbosa in famiglia e *specialmente colla mamma*»[27]. È al tempo della pubertà, verso i quindici anni, insomma, che cominciano ad alternarsi, come dirà la «modula» di ammissione al manicomio di Imola, nel settembre del 1906, «periodi di eccitabilità e misantropia quasi continua ed in forma non grave tanto da permettergli il proseguimento degli studi» e che, come scriverà il medico Pariani, si manifestano i primi sintomi dei «mutamenti forti e non giustificati dell'umore, le irrequietezze e gli impulsi, l'antipatia verso la madre, il nomadismo»[28].

Forse anche per questo la famiglia decide allora di allontanarlo da casa, mandandolo a studiare in un collegio a Carmagnola, in Piemonte. Là, nel 1903, pur fra molte difficoltà, Dino ottiene la licenza liceale. Assai diversa, anzi antinomica, come per un processo di rimozione, la testimonianza della madre che, scrivendo a Sibilla Aleramo, commenterà: «Di un ubbidienza e bontà ecezionale [*sic*], i suoi professori di ginnasio e liceo lo dicevano di un ingegno non comune, a noi genitori dicevano, *sarà la loro consolazione*. – Ora sono stata costretta dirle: *per compatirti grande, bisogna mi richiami alla mente i tuoi primi anni*, e non basta. Lo crede che spero in un altra trasformazione»[29]. Curioso quel «bisogna mi richiami alla mente i tuoi primi anni». Perché significa due cose ben diverse: da un lato, ecco la rimozione, che solo pensando ai tempi felici dell'infanzia Fanny riesce a consolarsi del presente; dall'altro, ecco l'intuizione, occorre pensare ai primi anni della vita del poeta per capire il dramma del presente. In virtù dei suoi comportamenti Dino oramai sta diventando per tutti il «matt Campèna». Tornato in paese, c'è chi lo deride, chi lo addita per strada, chi lo provoca. «Mi arrabbiai e divenni nevrastenico», racconterà, come già sappiamo, il poeta: «Poi cominciai a viaggiare. Non feci mai nulla di buono»[30].

«HO PASSATE VARIE VOLTE LE ALPI...»

Prende avvio a questo punto una fase di ricordi vaghi e nebulosi. Osserva il medico che scriverà poi la vita «non romanzata» (così almeno sosterrà lui) del poeta: «A ventitré anni si iscrisse nella Università di Bologna e vi commise bizzarrie che sembrano piuttosto in relazione col troppo bere che con una ricaduta nella frenosi dissociativa»[31]. La biografia campaniana si arricchisce – complice il concorso postumo di tanti biografi e pseudo-biografi che, più che togliere, hanno voluto aggiungere mille orpelli – di innumerevoli aneddoti. E diventa materia da romanzo picaresco. Dino è studente a Bologna, a Firenze, a Genova. Quasi sempre con poco impegno e scarsissima costanza. Tanto che dirà: «finii per squilibrarmi completamente»[32]. A Bologna, testimonierà un conoscente che lo considera l'ultimo dei *bohémiens* in circolazione, sarebbe autore di «una scia di stramberie memorabili» (commenterà perplesso e accomodante il paziente, tanto cosa cambia oramai per lui: «Non so... ubriachezze... qualche scenata... discorsi in pubblico... stranezze... futurismo...»)[33]. I compagni di studio e di baldorie lo vedono, lui «amico di tutti e di nessuno», «distratto, immobile, pensieroso»[34]. E il suo carattere, aggiungerà un «geloso custode» delle memorie di quel periodo, oltre che «un po' strambo», è «silenzioso e accigliato», «poco socievole, rude, taciturno»[35]. E qualche volta, all'improvviso, sarebbe vittima di «accessi di improvviso furore»[36]. Neanche il servizio militare, a Ravenna, nel 1904, poi a Firenze, a cui si può forse aggiungere il tentativo di concorrere, prima, per il «conseguimento della patente di Segretario Comunale», e quindi per un posto di «alunno delegato di P[ubblica] S[icurezza]» nel corpo della Polizia, alla fine del 1911[37], serve a ridare ordine alla sua vita. Così Dino, che cammina sempre più in fretta «vers l'abîme», viene riformato. Nel suo «fatale paese», succede in tutti i villaggi del mondo, come farebbe tanta gente a passare il tempo se non ci fosse lo «scemo» a divertirla?, c'è intanto chi non rinuncia al gusto di «cuculiarlo». L'avversione per Marradi cresce di pari passo con il peggiorare del suo stato di salute mentale. E presto l'immagine del luogo dove è nato e cresciuto sembra associarsi a quella della follia: «Mi accorgo di sragionare», scriverà alla Aleramo da Palazzuolo di Romagna: «Mi avvicino al mio fatale paese»[38].

Ecco un motivo in più per fuggire di casa. Non certo, come faceva lo zio Mario, perseguitato da manie religiose, per affidarsi «alla Provvidenza» (o per sottrarsi alle sue immaginarie punizioni), quanto – sempre con «grave apprensione»[39] della famiglia – per dare sfogo alla sua smania ambulatoria. Confesserà Francesca Luti Campana a Sibilla Aleramo il 4 gennaio 1917: «quando dice partire si sente agitato tanto che meglio è per lui e per noi lasciarlo fare»[40]. Ne sa qualcosa anche lei che, come sappiamo, quante volte si è assentata, e forse sparisce ancora da casa, «all'improvviso, magari senza un motivo plausibile, almeno all'apparenza»[41]. E qui l'epopea psicobiografica si mescola con la realtà. C'è chi immagina Campana a Odessa, tra la fine del 1903 e l'inizio dell'anno seguente. Certo è che nella primavera del 1906 il questore di Firenze, con le sue fughe (a Genova) e le sue sceneggiate Dino è tornato ad avere problemi con la giustizia, lo dice «alquanto squilibrato di mente»[42]. E il professor Giovanni Vitali, dopo averlo visitato a Bologna, nel maggio del 1906, comunica al collega Brugia: «Si tratta di una forma psichica a base di esaltazione, per cui si rende necessario il riposo intellettuale, l'isolamento affettivo e morale, e l'uso di preparati bromici»: insomma il ricorso ai medicamenti, l'abbandono dello studio e, *last but not least*, l'allontanamento da una famiglia molto preoccupata e altrettanto ansiosa («insisti», raccomanda Vitali, «perché i suoi lo lascino tranquillo il più possibile»). Anche se nulla oramai potrà fugare dubbi più che concreti: «Con tali mezzi si otterranno vantaggi; ma quali? E fino a qual punto?», si chiede il medico; e poi commenta perplesso: «Che peccato! Egli è un ragazzo tanto simpatico!»[43]. Ma il padre, poveraccio, non sa più come trattarlo e la madre, lei, ha oramai una paura boia delle scenate pubbliche e private del figlio «matto» (una donna di Marradi dirà di averlo visto «tirar dalla finestra la tovaglia con tutti i piatti» e di avere udito «urli e strilli che correvano per tutto il paese»)[44].

Cominciano qui i viaggi di Campana. Quelli veri e quelli immaginari. In Svizzera e in Francia, nel 1906. In Argentina, ancorché i dubbi non siano stati fugati del tutto, fra il 1907 e il 1909. In Belgio, nel 1909-1910. Sulla Verna, nel 1910. A Genova, nel 1911, nel 1912 e nel 1913. Di nuovo in Svizzera, forse, nel 1914 (o alla fine dell'anno prima). A Torino e in Svizzera, nel 1915. In Piemonte, nel 1917. La prima fuga in Svizzera avviene dunque, già il paziente lettore di queste pagine lo sa, e chissà che non lo senta ripetere in altre occasioni?, nell'estate del 1906[45]. Ricorderà Campana: «Ho passate varie volte le Alpi, ho fatto il Gottardo, il Sempione e altri valichi. Viaggiavo a piedi»[46]. Si tratta, in mancanza dei «preparati bromici» prescritti dal professor Vitali, rimasti nel cassetto del comò di casa, di cercare «il riposo intellettuale» e «l'isolamento affettivo e morale» dalla famiglia: in particolare dalla madre. È da questa esperienza che prende spunto, altri momenti saranno occasione per altri versi, uno dei passi più belli della *Notte*[47]. Scrive il poeta, «povero, ignudo, felice di essere povero ignudo», memore certo di accenti francescani (forse che il «Poverello» non si era ribellato, con grave scandalo di tutti, alla famiglia e alle autorità del suo paese?): «Poi fuggii. Mi persi [...] vidi le Alpi levarsi ancora come più grandi cattedrali»[48].

Ai primi di agosto (viene intanto alla mente un invito nitzscheano: «Amico mio, fuggi nella tua solitudine, là dove aspra, vigorosa soffia l'aria»)[49], la polizia francese consegna lo «scrivano»[50] – chissà che in tasca non gli abbiano trovato un taccuinetto con dei versi che a prima vista paiono degli scarabocchi incomprensibili – a quella italiana. Affetto da *dementia praecox* (cioè da schizofrenia), il giovanotto viene internato a Imola. «Non sente affetti», lamenta costernato il padre, «e prende presto a noia luoghi e persone»[51]. Se qualche anno prima la diagnosi poteva essere ancora benigna (in un appunto Campana parla, come già sappiamo, di «confusione di spirito», suo padre di «fenomeni di eccitamento e di depressione», il medico Pariani di «impulsività brutale, morbosa»), ora la «modula» di ammissione – benché riconosca che, fin lì, Dino non è stato «mai affetto da pazzia o da altra malattia» – annota, seppur ancora dubitativamente: «demenza precoce». Pur di sottrarlo al manicomio, dopo due mesi di degenza, certo non senza lunghe discussioni con la moglie Fanny, poco propensa a ritrovarsi il «matto» in casa, Giovanni Campana accetta comunque di riprendersi il figlio, come ordina il medico, la cui diagnosi è impietosa: «psicopatico grave» acconsentendo che venga tenuto in «condizioni speciali di vita isolata»[52]. Riemerge insomma la vecchia questione di un rapporto con la famiglia tutt'altro che problematico e indolore. Forse anche per questo il padre, dopo averlo mandato a vivere in campagna, l'aria aperta si sa è più sana del chiuso di casa, non si oppone all'idea che il primogenito emigri in Argentina. Con un solo biglietto di andata. Chissà che l'oceano, e soprattutto la salutare distanza tra i continenti, uno spazio immenso, fra gli angusti orizzonti di Marradi e le praterie sterminate d'oltremare, non sia una panacea... E che la Pampa non possa fare, Dio lo voglia, un miracolo...

Le cose, però, vanno altrimenti. Nell'aprile del 1909, tornato dunque presumibilmente in condizioni precarie dall'America (chissà quante esperienze ha vissuto! E quante ne avrà combinate!...), e, dice una «modula» informativa dell'ospedale psichiatrico, «pericoloso per le persone di famiglia e per gli altri»[53], Campana viene ricoverato nuovamente. Stavolta al San Salvi di Firenze. Seduto per terra, nel cortile assolato, mentre qualcuno cerca di parlargli, infastidendolo, e lui pare sordo, il poeta riassapora il gusto del mate, rivede i falò dei bivacchi, sente lo sferragliare dei treni che corrono veloci come torme di cavalieri, ha l'impressione che la sua vita, ha solo ventiquattro anni, sia stata fin lì una «corsa cieca fantastica infrenabile». Steso sul letto, all'imbrunire, ode «un torrente di voci» scorrere sopra la sua testa. Sono le parole, serene e concitate, di tutti quelli che sono passati sulla terra e ora sono morti. Nel buio della notte, fra il silenzio e i lamenti, Dino immagina che il soffitto bianco di calce sia un «cielo infinito non deturpato dall'ombra di nessun Dio»[54]. Allora, mentre qualcuno dorme e altri mugulano lamenti, si alza per respirare un po' di aria fresca. Dalle sbarre dello stanzone vede, chissà?, la Chimera che gli sorride con le sue labbra enigmatiche. E lo invita a seguirla.

In maggio Dino chiede un passaporto per la Svizzera che però, vista la situazione e considerati tutti i precedenti, c'è materia oramai per un romanzo, gli viene rifiutato[55]. È difficile tuttavia trattenere il figlio del maestro di Marradi. Se chiudi a chiave la porta, scappa dalla finestra. Se chiudi le finestre... Seguono perciò altre fughe, altri periodi di internamento, in prigione e in manicomio. «Rideva all'improvviso [...]. Si ricomponeva subito, nelle linee dolenti del volto. Solo le iridi inquiete serbavano l'oscillazione di quell'anima estranea». Così lo ricorda Luigi Fallacara[56]. «Disperato e sperso per il mondo» il poeta è forse di nuovo in Svizzera tra la fine del 1913 e l'inizio del 1914[57]. Da Berna manda a un amico «il manoscritto» (cioè i *Notturni*, in una stesura precedente a quella affidata al libretto marradese). «Tutti mi hanno sputato addosso dall'età di 14 anni», confessa sconsolato[58]. Poi finalmente, in estate, escono a Marradi i *Canti Orfici*. «Ho bisogno di essere stampato: per provarmi che esisto», scriveva qualche mese prima[59]. E mentre in settembre, sollevato dall'uscita dei versi campaniani, e sentendosi un po' meno in colpa, Soffici confessa finalmente lo smarrimento de *Il più lungo giorno*[60], Campana, dopo essere stato in Sardegna, «paese arido e scoraggiante», da Torino, ai primi di febbraio del 1915, dove, come ha già fatto il poeta inglese Francis Thompson, che leggerà di lì a poco a Ginevra, fa lo strillone, sentendosi già «all'estero», chiede a Papini «un piccolo acconto» sulla traduzione che sta cercando di portare avanti di *The Problems of Philosophy* di Betrand Russell. Poi torna in Svizzera, fra aprile e maggio («ho girato la metà della Svizzera a piedi», dirà), cercando faticosamente di sbarcare il lunario fra Ginevra e Losanna[61]. Rientrerà in Italia passando per Domodossola. Nel novembre dell'anno prima era uscita sul «Cannone» di Bologna una poesia, *A M[ario] N[ovaro]*, che allude al lavoro degli operai italiani emigrati in territorio elvetico, fatto «con poco canto con molto vino». Nell'ottobre del 1915 «La Tempra» pubblica *Arabesco-Olimpia* con un ricordo della «Berna guerriera»[62]. È l'ultima fuga all'estero di Campana che due anni e tre mesi più tardi finirà, stavolta per sempre, in manicomio. Là nessuna porta e nessuna finestra consentono oramai una nuova fuga.

GLI «ESPRITS LIBRES MÉDITERRANÉENS»

Forte e irrisolto è nel poeta vagabondo il rancore nei confronti dell'atteggiamento «monotono, egoista e immorale» di chi, la «canaglia italiana», i letterati fiorentini in prima fila, che «non *lo* squadrano», lo esclude: dalla vita, dalla comunità letteraria (in Italia, osserva con amarezza, la letteratura viene dopo la «giustizia sommaria»), dal riconoscimento dei suoi meriti. Scrivendo da Losanna a Emilio Cecchi, «superstite dei galantuomini d'Italia» (pur preferendo la poesia campaniana «luminosa e mediterranea», quella apollinea insomma, ai versi «notturni» e inquieti), alla fine di marzo del 1915, lui che sente, dice, di «rappresentare una forza morale attiva», lamenta l'«intolleranza morale» sofferta a Firenze. E rivolgendosi da Ginevra, un mese dopo, a Francesco Chiesa chiama l'Italia «il paese di tutte le vigliaccherie» (risponde ecumenicamente, senza però conoscere le sue vicissitudini, lo scrittore ticinese: «credo fermamente che chi è ricco di vita interiore non debba arrendersi al primo assalto»)[63]. In una lettera del 1913, certo non priva di farneticazioni, scrivendo da Genova a Papini, e riferendosi a «Lacerba», Campana elogiava la «purità di coscienza» («sono un uomo d'onore e di coscienza», ribadirà a Mario Novaro nell'estate del 1915), ironizzando intorno all'«immortale pedanteria italiana» e prendendosela duramente con l'«arte falsa e bastarda» di «una massa di lecchini, finocchi, camerieri, cantastorie, saltimbanchi, giornalisti e filosofi». E, allegando «un bozzetto meraviglioso di un'arte veramente nuova», di cui purtroppo non si hanno altre notizie, diceva di sognare un'«alta coltura italiana»[64].

Vivo è così, nell'uomo come nel poeta, il risentimento e il dolore per il rifiuto e l'abbandono da parte di una «porca Italia» che ama «lapidare» chi non si allinea, andando per strade proprie, o non fa parte dell'*establishment*. Così come solida è la coscienza del proprio valore. Nel 1914 Campana lamenta di «essere stato sbattuto per il mondo», di essersi «fatto lacerare dalla vita» e di vivere «al piede di innumerevoli calvari». Pur avendo saputo, aggiunge, «conservare la *sua* personalità spirituale attraverso le miserie e tutte le brutalità». Vero è che non manca il supporto di qualche amico o conoscente. Aldo Orlandi, gli scrive da Torino alla fine di marzo del 1915: «Lavora Dino: non hai ancor detta l'ultima parola». Renato Serra si dice impressionato dalle condizioni esistenziali di Campana. E Francesco Chiesa, da Lugano, loda «la generosità del suo animo», rammaricandosi insieme per «la tristezza della sua vita». Scrive il poeta da Torino a Cecchi, nel marzo del 1915, ripensando alla propria «Tragödie»: «Da quindici anni a questa parte tutti mi hanno sempre contestato il diritto di esistere». E, definendosi, allo stesso modo di Verlaine, «une épave» (cioè un relitto), qualche mese più tardi si dice, in Italia almeno, «décharné par des chacals». È un sentimento, quello secondo cui la sua vita non è stata altro che un «long assas[s]inat», che già ha trovato la sua espressione più icastica nel colophon whitmaniano dei *Canti Orfici* («They were all torn | and cover'd with | the boy's | blood»), forse non immemore del sacrificio di un «divine child» ricordato da Pater[65], e che tornerà nel marzo del 1916 in una lettera a Cecchi, dove i «nemici» fiorentini, cioè i suoi aguzzini, vengono rappresentati come «covered with the boy's blood» (aggiunge risentito Campana: «per riconoscerli il giorno della giustizia»). Non a caso, dicendo di appartenere al «partito dei murdered», in ottobre Dino confessa a Prezzolini: «Ho verificato che per fare qualche cosa di leggibile bisogna essere bastonati a sangue»[66].

Fra chi ha continuato a colpirlo nel vivo delle ferite, facendosi complice di un «long assas[s]inat», ci sono, oltre alla «belve clericali» del suo paese, come sappiamo, i corifei «cafoni» della cultura letteraria toscana, discendenti di coloro che avevano fatto gridare a Leonardo, come ricorda Edmondo Solmi in una celebre conferenza fiorentina: «voi mi metteste in prigione»[67]. Già qualche anno prima, tra la fine del 1909 e il 1910, in una lettera scritta alla rivista «La difesa dell'arte», certo assai velleitaria ma tutt'altro che ingenua, stigmatizzando «l'incompetenza con cui si trattano nei giornali fiorentini le questioni dell'arte, quando si trattano», Campana – che coltiva l'idea della «transitabilità dell'arte» (fra arte, poesia, musica)[68] – sottolineava «l'amore vivace e costante che sent*e* per tutte le manifestazioni dell'arte». E, rivendicando ambiziosamente il diritto «di ricorrere alle sorgenti del pensiero moderno», si offriva «per far passare un po' di giovine sangue nelle vene», precisava, «di questa vecchia Italia». Poi concludeva: «Un po' di coltura di pensiero veramente e vivamente moderno la posseggo anch'io. E i miei lunghi viaggi e le diverse manifestazioni del genio umano che ho studiato nelle diverse letterature moderne mi hanno conferito qualche larghezza, serenità e indipendenza di giudizio»[69].

Pubblicati i *Canti Orfici*, definiti ironicamente (comprese forse anche le sue passioni culturali e le sue letture e il suo voler essere «poeta germanicus», cioè seguace di quello che Nietzsche chiama in due libri letti da Campana «esprit allemand» e «goût allemand»)[70] «bizzarrie esotiche», per il poeta viene un'altra volta «il tempo di cambiar aria». Che è anche l'epoca dei bilanci, in un momento che coincide con l'ultimo viaggio fuori dall'Italia: quello in Svizzera. Il poeta è pieno oramai di risentimento nei confronti dei «superartisti di Firenze», Papini e Soffici *in primis*, dei rappresentanti osannati della «civiltà italiana contemporanea», e dei «giovanissimi parvenus», che «credono che l'arte non esista» («io faccio l'orso, lo strambo, solo con quelli che non hanno gli elementi di sensibilità per cui ci si possa intendere», racconta a Novaro). È proteso alla ricerca di nutrimenti e di stimoli che consentano di dare vita, finalmente, a un'«alta coltura italiana», e di trovare argomenti che lo distinguano da un mondo a lui inviso, quello, per dirla con Montale, degli «intonarumori del momento (futuristi, lacerbiani, ecc.)»[71]. Per questo il poeta si mette alla ricerca di «fratelli» – i primi forse sono gli «scolari d'Alemagna»[72], studenti tedeschi che frequenta con «calmi conversari» a Bologna – da opporre all'«enfasi meridionale» dei «sacchi di pus coperti di futurismo»[73]. Certo, è spesso necessario misurare con cura toni e contenuti delle missive campaniane. Resta che l'«ultimo dei Germani in Italia», come dice il sottotitolo dei *Canti Orfici*, l'«ultimo avanzo dei barbari in Italia», come scrive il giorno di Natale del 1915, insomma – di contro all'«urticaire nationaliste», così la chiama Nietzsche («Nous sommes trop libres de préjugés pour cela [...]; nous préférons de beaucoup vivre dans les montagnes»)[74] – il «superstite dei galantuomini d'Italia», il «solitario ombroso», perseguitato dai fantasmi dei «gretti intriganti», si sente nordico («Noi dell'alta Italia apparteniamo ancora all'Europa per costituzione etnica») e alla «cultura» antepone la *Kultur*. E aggiunge, dopo avere letto a Ginevra, in primavera, opere e passi per lui illuminanti, come appunto un *aphorisme* de *La gaia scienza*: «chi, modestia a parte, comprende queste cose da noi?»[75]. Anche per questo, forse proprio grazie innanzitutto alla mediazione degli «scolari d'Alemagna», ma non è certo il solo a farlo fra gli scrittori e i poeti della sua generazione (già Verlaine aveva invitato a fondere la «verve gauloise» con l'«aplomb romain» e il «bon limon germain»)[76], accosta fra l'altro Goethe, Heine, Nietzsche, Weininger.

Non sappiamo se è in Svizzera che Campana legge *Modern Painters* di John Ruskin, il grande storico dell'arte frequentatore assiduo del mondo alpino[77]. Non lo fa, parrebbe, a Ginevra nel 1915. Lo studioso inglese è peraltro molto caro ad Angelo Conti che, dopo avere parlato dell'incompiutezza dell'opera d'arte, osserva che ogni disegno di Leonardo, che ha «lo sguardo meravigliato del fanciullo» e che cerca di «stringere d'assedio la natura [...] per costringerla a rivelare il suo segreto», è «un lembo del mistero dell'universo sollevato dal genio umano»[78]. A Ginevra Dino ha l'occasione di trovare due straordinari saggi di interpretazione psicanalitica dell'arte e del simbolo artistico. Ai primi di maggio del 1915, di notte dorme su una branda dell'Esercito della Salute, Campana scrive a Soffici («lei conosce le mie condizioni di alternativa tra l'asilo notturno, l'ospedale ecc.»)[79]. È la più interessante fra le lettere elvetiche di questo periodo. Il poeta evoca dapprima, non senza infarcirla di rimandi culturali, la bravata di un incontro erotico: «Dopo aver provato il mio amore a una Svizzera segantiniana durante due ore (questo è successo in un caffè con fanciulle, la conquista mi è costata 10 minuti di discorsi e una lira di affitto della stanza) ancora commosso dell'ambiente, organetti, specchi, buone ragazze, conterie, cioccolato e cattivo gusto così dolce proprio della Svizzera, commosso dalla semplicità della vita e dell'amore mi vado convertendo alla democrazia»[80].

Poi aggiunge, in apparenza, ma solo in apparenza, un poco confusamente, citando invece Nietzsche, che ama definirsi «demi-barbare», e il suo invito a evitare il rifiuto sciocco «de tout ce qui est étranger»[81]. Quel Nietzsche che – cercando una mediazione fra l'eredità culturale delle antiche «races barbares», di cui Wagner è il maggiore rappresentante, e il meridione, e definendosi «Méridional non par naissance mais par *foi*» – esalta prima gli «esprits libres méditerranéens» e poi «le Midi comme la grande école da santé spirituelle et physique»[82]. Nella sua lettera Campana ricorda il mondo contadino raffigurato da Jean-François Millet, visto in Francia, e quello alpestre di Giovanni Segantini, morto in Svizzera, nei Grigioni, nel 1899 (un «rappresentante del tipo morale superiore»)[83]: «Credo che si potrebbe fare una fusione tra la Svizzera sassone dello spirito in cui Nietsche [*sic*] scrisse che si era rifugiato Schumann e la religione della maternità del lavoro e dell'amore, così divinamente espressa dal nostro dolce e severo Segantini, e che già si trova in Millet. Questa mi sembra la via da seguire perché è la più larga, quella che richiede maggiore umanità e realtà»[84].

Se il poeta-vagabondo non ha lavoro, o lavora saltuariamente, almeno frequenta con assiduità la Bibliothèque publique et universitaire di Ginevra. Il lunedì 26 aprile del 1915 – qualche giorno prima ha appreso, sempre da Nietzsche, e dalle sue «*méchantes* pensées», che la psicologia «est la reine des sciences», oltre che «la voie qui mène aux problèmes fondamentaux»[85] – legge nella *salle de lecture* un saggio del medico psichiatra berlinese Karl Abraham su Giovanni Segantini («colui che cercava una patria nelle altezze più nude | sempre più solitaria», dice D'Annunzio aggiungendo che l'«anacoreta estatico» «era destinato a salire, a salire sempre più in alto, a esser rapito dalla sua estasi verso il sole e verso la morte»; anche il poeta degli *Orfici* scrive, come sappiamo: «salivo: salivo sulle Alpi, sullo sfondo bianco delicato mistero»)[86]. Un testo importante che si occupa di arte e di nevrosi. È uscito quattro anni prima, nel 1911. Il giorno successivo Dino chiede uno studio dell'amico e maestro di Abraham,

Sigmund Freud. Dedicato a Leonardo da Vinci («Laghi, lassù tra gli scogli chiare gore vegliate dal sorriso del sogno, le chiare gore i laghi estatici dell'oblio che tu Leonardo fingevi»), è stato pubblicato nel 1910, sempre nella collana degli «Schriften zur angewandten Seelenkunde»[87]. Certamente Dino allude a questi due lavori appassionanti e illuminanti quando, da Losanna, nel 1915, dice di conoscere «la coltura scientifica».

Entrambe le opere, che hanno un taglio narrativo, verranno tradotte in italiano solo più tardi. Campana le legge dunque per forza di cose in tedesco. (Certo non senza un po' di fatica e molto impegno). Vanno pertanto accostate anche a posteriori, per poter essere storicizzate nel modo più appropriato, come poteva intenderle il poeta: senza conoscenze specifiche della psicanalisi, con lo spirito però di chi si imbatte in argomenti di assoluto interesse e con le difficoltà oggettive di accostare saggi scientifici scritti in una lingua forestiera. Ci si può peraltro chiedere quanto, e soprattutto come, Campana conoscesse le lingue. Nel 1910 si dice enfaticamente «diplomando in lingue straniere». L'anno seguente tuttavia non supererà una prova per accedere all'insegnamento del francese nei ginnasi di Firenze[88]. A Cecchi, a Serra e a Novaro ripete: «conosco le lingue, meno il russo» e «conosco abbastanza bene quasi cinque lingue»[89]. «Abbastanza bene»: di più, a parte lo spagnolo, e forse il francese, non è lecito attendersi. Il poeta non legge insomma da specialista, ma da persona molto incuriosita – e *pour cause*! – che intende il tedesco senza possederlo appieno. Con due limiti oggettivi che tuttavia non gli impediscono, magari aiutato da qualcuno, o almeno da un vocabolario, di trarre beneficio e stimoli dalle letture, specie nei loro punti nodali. Parecchi rilievi, tanto di Freud che di Abraham, se intesi correttamente nella loro straordinaria novità, possono interessare molto da vicino, non solo l'Italia, dove certe cose sono ancora «inaudite» (almeno nella cultura umanistica), ma Campana stesso. Vi si trovano spunti molto interessanti di conoscenza e di riflessione, elementi di identificazione, analogie sconvolgenti[90].

Lo studio di Freud, che si propone di interpretare un sogno infantile fatto da Leonardo («nella mia prima ricordatione della mia infanzia e' mi parea che essendo io in culla, che un nibio venissi a me e mi aprissi la bocca colla sua coda e molte volte mi percuotesse con tal coda dentro alle labbra»), di cui sembra correre un'eco misteriosamente premonitrice nella *Notte* campaniana[91], è dedicato a «un genio universale i cui contorni si possono soltanto immaginare e non mai sviscerare» e il cui rapporto con l'arte «è rimasto un enigma».

Esso tocca aspetti, peraltro ben noti a Campana. Come il desiderio cocciuto di andare per vie extravaganti (l'artista toscano, ricorda Edmondo Solmi, più volte citato nel saggio psicanalitico freudiano, «sente di errare per sentieri non battuti dagli altri e pensa: "La natura è piena di infinite ragioni che non furono mai in esperienzia"» e che vanno pertanto esplorate). Come le esitazioni e l'incompiutezza delle opere artistiche, fatte di «un insieme di frammenti miracolosi» (qui Freud, forse pensando a Vasari, che insiste spesso sulla non-finitezza e l'imperfezione delle opere leonardesche, cita nuovamente Solmi: «egli scorgeva errori in quelle cose, che ad altri parevano miracoli»)[92]. Come l'amore per l'arte e il disinteresse per i fruitori: Leonardo, rileva ancora Solmi, facile immaginare quanto Campana possa ammirare il grande artista e identificarsi, forse anche un poco ingenuamente, con aspetti cruciali della sua idea dell'arte, «non aveva mai pensato al pubblico, alla utilità, al monopolio. Provava una gioia sufficiente ad aver partecipato ad un segreto, ad aver divinata una cosa profonda, toccata una realtà sacra». L'attività febbrile e a volte apparentemente inconsulta («fece infinite di queste pazzie», dice ancora Vasari)[93] si mescola all'inattività e all'indifferenza di fronte al Bene e al Male, al bello e a ciò che è odioso. Forte in Leonardo, osserva ancora Freud, è l'impulso faustiano a «ricercare» (impulso che lo porta a trasformare la passione in «spinta a sapere»). Forte, continua Solmi, è la sua «insaziabilità di conoscere», il suo «istinto permanente» (cioè «l'inquietudine, la mobilità, la mutabilità stessa») che lo induce a trasfigurare la natura in emozione. Leonardo usa la pittura, aggiunge Joséphin Peladan nella medesima occasione delle conferenze fiorentine, come «un moyen de rendre visible l'invisible», cioè quello che è indefinito. E aggiunge: «Or, comprendre Léonard demande un esprit beaucoup plus subtil que le culte de ses rivaux, Michel-Ange et Raphaël»[94]. Su un punto invece non concorda Freud con ciò che confessa Leonardo («Nessuna cosa si può amare nè odiare, se prima non si ha cognition di quella»): perché si ama e si odia solo per impulso[95].

Fondato sulla «psicanalisi della nevrosi» e sull'analisi delle pulsioni e dei desideri repressi, l'altro saggio letto da Campana si occupa dell'opera «mistico-fantastica» di Segantini. Amante dell'alpinismo e ammiratore dell'artista andato a vivere sulle montagne grigionesi, vi muore nel 1899, Abraham analizza il lavoro segantiniano dal punto di vista dell'individualità artistica, delle pulsioni inconsce, delle nevrosi (dovute all'assenza della figura materna) e delle loro sublimazioni. Distinguendo fra contenuti «manifesti» e contenuti «latenti» che, scrive lo studioso tedesco attivo a Zurigo fra il 1904 e il 1907, solo la psicanalisi può svelare. L'artista e il nevrotico sono strettamente imparentati, per le abnormi pulsioni che li muovono. Entrambi vivono con un piede fuori dalla realtà, «in un mondo di fantasia». Nei nevrotici queste «fantasie» represse diventano sintomo della malattia. Nell'artista si fanno insieme espressione dell'opera e nevrosi[96].

La *Kindheitserinnerung* di Freud e la *Kindheitsgeschichte* di Abraham si occupano insomma delle forze consce e inconsce e dei punti di incontro delle nevrosi con l'arte. Inutile insistere – anche se, occorre ribadirlo, permane il dubbio concreto che le conoscenze linguistiche campaniane non consentano di cogliere tutti i dettagli – sull'importanza di queste letture: avvicinate, è necessario ripeterlo per evitare fuorvianti malintesi, come un lettore non specialista può accostarle. Pur con la coscienza immediata, su questo non possono correre dubbi, della loro straordinaria e illuminante valenza. È Campana a testimoniarlo. Scrivendo a Soffici, dalla Svizzera, nel maggio del 1915, e dichiarando di sentirsi «intensamente latino», il poeta osserva: «Ho trovato alcuni studi, purtroppo tedeschi, di psicanalisi sessuale di Segantini, Leonardo ed altri, che contengono cose in Italia inaudite e potrei fargliene un riassunto per Lacerba». E poi precisa, usando una parola, «sintesi», cara anche a Nietzsche, uno degli «initiés», che in un libro letto a Ginevra, auspicando la nascita di una cultura musicale «supra-européenne», si definisce «un passionné du Midi»: «Si tratta di utilizzare la capacità di osservazione di quella gente in favore della nostra sintesi latina. Se una nuova civiltà latina dovrà esistere, essa dovrà assimilare la Kultur»[97]. Insomma, non si può prescindere, su questo Dino non ha dubbi, dalla migliore cultura tedesca, cioè (ma non solo) mittel- e nordeuropea, e dai suoi straordinari progressi. (Gli «altri» studi sono forse quelli che escono nella medesima collana degli «Schriften zur angewandten Seelenkunde» diretta proprio da Freud e che il poeta legge elencati tanto nel saggio freudiano che nello studio di Abraham: quello sull'isteria, scritto insieme a Joseph Breuer, e quelli, sempre dello studioso viennese, sull'interpretazione dei sogni, sulla sessualità, su sogno e follia, sul motto di spirito, sulla psicanalisi).

Parecchi i motivi di interesse che possono venire da questi testi: anche perché Campana menziona raramente le proprie letture. Nel suo saggio di biografia psicanalitica Freud parla dei ricordi infantili (le *Kindheitserinnerungen*) e della sessualità leonardesca, in particolare delle fantasie omosessuali latenti o «passive», di quelle sull'infanzia maturate a posteriori (le *Kindheitsphantasien*), e della relazione fra sessualità e ricerca, della sublimazione della libido, dell'inscindibilità fra pazzia e normalità, oltre che dell'arte come alchimia (il poeta degli *Orfici* si definisce, come ben sappiamo, «l'alchimista supremo che del dolore ha fatto sangue»)[98], dei rapporti fra arte e mistero, delle opere non concluse, dell'incontentabilità dell'artista, dei suoi dubbi, delle contraddizioni e delle incertezze del suo lavoro, dato che l'arte, come ricordava Solmi, è «intangibile, sacra, infinita»[99]. Allievo di quell'Eugen Bleuer che per la prima volta chiama «schizofrenia», nel 1911, ciò che prima era detta «demenza precoce», Abraham si occupa delle forze inconsce che sottostanno all'arte e dei punti di incontro fra nevrosi e arte. Campana, che cita esplicitamente un suo passaggio nella lettera a Soffici (quando accenna alla «religione della maternità del lavoro e dell'amore» del pittore divisionista), facendo proprio anche il riferimento a Millet[100], artista caro a Segantini, il «re delle alpi», insieme ad Anton Mauve[101], può individuare nello studio dello psicanalista tedesco attivo a Zurigo elementi di interesse (è in montagna, vicino alle «grandi cattedrali», che Segantini sublima le pulsioni aggressive nell'opera creativa) e analogie tra la vita e l'arte del pittore, e la propria: dall'assenza della madre ai conflitti con il padre, dall'isolamento alle fughe, dagli arresti alla chiusura in istituti di sorveglianza, dalle violenze alle ribellioni, dalla grandezza all'emarginazione da parte dell'*establishment* culturale, dal simbolismo alla visionarietà. In parte il poeta dei *Canti Orfici* incontra cose «inaudite», non solo in Italia (che peraltro, afferma Nietzsche, in un testo letto a Ginevra, «est trop jeune pour savoir encore ce qu'elle veut, et qui devra d'ailleurs montrer d'abord ce qu'elle peut vouloir»)[102], ma anche da lui; in parte – e questo non è meno rilevante – trova risposte ai propri dubbi e soprattutto delle conferme alle proprie intuizioni. Che sono figlie di lunghi ripensamenti e di molte dolorose riflessioni.

«LA DISCIPLINE DE LA SOUFFRANCE»

Sono saggi, quelli di Freud e di Abraham, sorprendenti e rivelatori. Perché offrono a Campana, insieme alla novità di interessi studiosi che stanno rivoluzionando il mondo scientifico, l'occasione di trovare delle risposte intriganti alle proprie arcane inquietudini. «Cose in Italia inaudite», si affretta a sottolineare, scrivendo ai «superartisti di Firenze». Opere e teorie ben diverse da quelle prodotte dall'ambiente letterario fiorentino: che quando guarda alla cultura del «nord» sembra ancora essere fermo a Weininger (e chissà che al poeta non vengano in mente le parole che legge in un libro: «L'honnête médiocrité devient toujours plus médiocre»)[103]. Cose che «non fanno la Primavera ma l'inverno», come ironicamente diceva il poeta a Papini nel 1913[104]. Per questo lui, Emilio Cecchi lo dice «intelligentissimo, pieno di viste fini sull'arte»[105], magari anche un po' per rivalsa, vorrebbe farli conoscere in Italia, dove, osserva, «non esiste finora altro che una Kultur universitaria». Perché l'Italia – quanto provocatoria, dati i tempi e le contingenze storico-politiche, possa riuscire la proposta non è da dire – «assimili» simbioticamente, insieme alle acquisizioni del simbolismo psicanalitico, la *Kultur* filosofico-scientifica germanica.

A metà aprile del 1915 – negli stessi mesi, o qualche mese più in là, pensa all'utilità di un «foglio di coltura europea», insieme «diario della nuova Italia» e strumento di diffusione di un «umanesimo integrale»[106] – Campana scrive nuovamente a Papini, da Ginevra, e il tono si fa quasi di sfida: «Sono completamente all'oscuro dei rinnovamenti ultimi che hanno portato in Italia», afferma forte della qualità e della novità delle proprie scoperte, «e gradirei un numero della Voce, per conformarmi, in caso, a lo stile in uso ora». E aggiunge, mandando ironicamente un saluto a «tutti gli innovatori fiorentini» che godono senza sosta di nuovi nutrimenti intellettuali: «Beati loro che vivono nel paese dei terremoti. Qua tutto continua a andare per il peggio». Replica secco e sprezzante Papini: «Non ho tempo da tener dietro alle sue ironie». Da parte sua Soffici (che pubblicando poi la lettera campaniana casserà pudicamente la parola «[psicanalisi] sessuale») rimprovera Campana che, dice, pur essendo stato sempre trattato con riguardo, si è dimostrato «piuttosto ingrato». Qualche mese dopo, scrivendo a Soffici, per ricordargli che «tutto è sforzo individuale», il poeta dei *Canti Orfici* ribadirà: finita la guerra, l'Italia sarà in mano di «tutti i mangiapane ultimi venuti che daranno fiato agli organi magni della cultura per scoprire quello che noi sappiamo benissimo per averlo imparato a nostre spese senza tanto chiasso». «Noi», cioè i «jeunes frères» europei, aperti alle novità scientifiche e culturali e avversi ai nazionalismi. «A nostre spese» significa almeno due cose: con fatica, dovendo uscire dall'Italia in «condizioni disperate»[107], ma con l'opportunità almeno di incontrare delle visioni tanto diverse; e sulla propria pelle, recando essa le stigmate di un'esistenza ancora breve sì, nel 1915 Campana ha trent'anni, ma ricca oltre misura di dolorose esperienze e di ferite profonde.

Inevitabile che, dopo queste letture, tanto nuove nell'impostazione quanto folgoranti nelle intuizioni e intriganti nelle spiegazioni, Campana pensi più a fondo alla propria vita. Trovando fra l'altro non poche analogie con gli amatissimi Leonardo e Segantini: una serie di opere di quest'ultimo era stata esposta, nel 1906, alla Mostra Internazionale di Milano, insieme ad alcune opere di Gaetano Previati (fra cui quella più celebre e controversa, la *Maternità*)[108]: proprio quando Campana transita per la città mentre è diretto in Svizzera. Nato al di fuori del matrimonio, Leonardo viene tolto alla madre naturale dopo che lei lo ha allevato per alcuni mesi. Anche Dino, il primogenito, viene accudito per due anni, almeno in parte, dalla madre: la nascita di un fratello gli sottrarrà presto, tuttavia, un amore materno forse soltanto tiepido. Con Segantini il poeta condivide esperienze biografiche e caratteriali: l'assenza della madre, i conflitti con il padre, le fughe da casa, le violenze, gli arresti, i ricoveri coatti. Molto dotati e protesi verso il lavoro artistico, inquieti e ribelli, indisciplinati e caparbi, vagabondi – «con la sua fantasia andava in mondi lontani, e in un paio di occasioni ci è anche andato per davvero, con la solida certezza che la fortuna gli sarebbe andata incontro, come nelle favole», scrive Abraham del pittore – e in lotta perenne con i bisogni materiali, entrambi sono «nevrotici» e solitari (anche Campana, testimonia la Aleramo, vive come un «vagabondo, staccato da tutto»). Entrambi sono impregnati di una «dolce malinconia» che diventa, come rileva ancora Abraham, «ricca fonte di ispirazione artistica». Nella sua «fantasia», costruendo un «mito individuale», Segantini afferma di assomigliare, da ragazzo, al figlio del re di Francia; nel dedicare i *Canti Orfici* all'imperatore tedesco, Campana si dice l'«ultimo dei Germani in Italia». Entrambi operano «senza preoccuparsi se quello che creano potrebbe essere capito oppure no»[109].

Leggendo a Ginevra, alla fine di aprile del 1915, le pagine fulminanti di Freud e di Abraham Campana viene a prendere conoscenza innanzitutto dell'importanza fondamentale dei primi anni di vita. Rispondendo a Sibilla Aleramo, nel 1916, dopo che la scrittrice gli ha mandato «un brano d'autobiografia, ricordi d'infanzia», qualche giorno più tardi lei parlerà ancora del «travagliato nodo della *sua* anima», il poeta scrive nel suo francese un poco traballante: «Je vous renverrai vos belles articles! Ce qui m'a le plus touchez a éte le souvenir de votre enfance»[110]. E se pure dirà poi a Carlo Pariani, rimuovendo i ricordi o disinteressandosi del proprio passato: «da bambino ebbi un'infanzia felice» (ma Sibilla gli chiede nel 1916: «Sei mai stato amato, Dino? Nulla, non so nulla di te, se non che hai sofferto»)[111], è invece inevitabile, specie dopo avere letto i due saggi di Freud e di Abraham, che il poeta pensi alla propria malattia. E che cerchi anche di spiegarla. Prima che agli altri, a se stesso. In una nota autografa, forse destinata ad accompagnare l'edizione marradese dei *Canti Orfici*, si legge: «All'età di quindici anni colpito da confusione di spirito, commise in seguito ogni sorta d'errori ciascuno dei quali egli dovette scontare con grandi sofferenze». E in una delle prime lettere scritte alla Aleramo, rivelando come la sua poesia rifletta nel profondo dolori e traumi infantili, dice di Marradi: «C'est un pays où j'ai trop souffert et quelque peu de mon sang est resté collé aux rochers de là haut. Mais ça ne se vois péut-être pas que par moi et vous pouvez voir ça mieux dans les couchants étranges de mes poesies»[112].

Sono le «grandi sofferenze» vissute e mai risolte («se sapeste il grado della sua sofferenza!», confessa Sibilla Aleramo a Emilio Cecchi nel 1916)[113] a spingere Campana a «ricercare», come ha fatto Leonardo («il Faust italiano») e come fa l'eroe della *Notte* («Faust era giovane e bello» [14])[114], a sforzarsi di trasformare il dolore – «Solo il dolore è vero», si legge nel *Più lungo giorno*[115] – e la passione in impulso a sapere e a creare. Ha potuto leggere in un libro di Nietzsche trovato a Ginevra nel 1915: «L'homme [...] ne rejette pas la souffrance en soi: il l'accepte, il la cherche même, pourvu qu'on lui montre la raison d'être, le *pourquoi* de cette souffrance». E ancora, in un altro saggio del filosofo tedesco, dove si parla della «tension de l'âme dans le malheur»: «La discipline de la souffrance, de la *grande* souffrance – ne savez-vous pas que c'est *cette* discipline seule qui jusqu'ici a porté l'homme aux grandes hauteurs?». Forse ha anche letto nello *Zarathustra*: «Creare – questa è la grande liberazione dalla sofferenza, e il farsi lieve della vita». E ancora: «Ma affinché vi sia il creatore, è necessaria la sofferenza, e molta trasformazione»[116]. E allora, andando con il pensiero a un nodo per lui irrisolto, il poeta si mette a riflettere sulle «radici», così le chiama Segantini[117], di una situazione che lui solo conosce («ça ne se vois péut-être pas que par moi») e che lascia arcane impronte, come fossero strani e oscuri tramonti («les couchants étranges»), nelle sue poesie. È la figura della madre quella che sta al centro degli studi di psicanalisi dell'arte trovati in Svizzera. Non ci sono purtroppo tracce di lettere scritte da Dino ai genitori. Ma nel novembre del 1917, a pochi mesi dal ricovero definitivo, «ora è finita», confessa a uno dei pochi amici che ha, Campana si dice «povero bimbo profugo sperduto» e annota (chissà che non si consoli pensando all'«enfant vêtu de lin» di Verlaine, letto a Ginevra, e ancora al tema dell'«innocence», nei *Poems on Children* e in quelli di *Sister Songs* di Francis Thompson accostati nella medesima occasione): «mi sento il più tristo fanciullo della terra, che tutte le sue mamme hanno abbandonato»[118].

Leonardo cresce senza la madre naturale. Segantini (il saggio di Abraham reca sul contro-frontespizio l'immagine segantiniana delle *Due madri*: quelle «buone») nel culto di una madre che muore quando lui ha cinque anni, in un ambiente privo di impulsi spirituali ed etici («la sua giovinezza, povera di sprazzi di luce, è stata una lotta incessante contro forze nemiche. Ha dovuto creare i suoi ideali artistici, il proprio carattere, la sua *Weltanschauung* quasi unicamente da solo»)[119]. Certo anche Dino ha qualche ricordo «forte» dei primi anni della sua vita. Sua madre, come già sappiamo, parla di infanzia «meravigliosa», anche se il «cocco», forse per le assenze, forse per le «bizzarrie» di Fanny, è costretto ad affezionarsi a due sorelle vicine di casa, Marianna e Barberina Bianchi, che lo «allevano». Quando poi nasce il fratello, a questo vengono riservate le «moine», mentre al primogenito, che ha appena compiuto i due anni e che passa subito «in terza linea», toccano gli «improperi». Tanto che il bambino – «cercava invano nella mamma l'affetto del nome di mamma», una presenza femminile pronta a donargli un «bacio taciturno» – reagisce con «impeti d'ira», con un sentimento di «antipatia», con un «odio speciale».

A distanza di tempo Campana non sa rammentare tutto, anche perché molto ha dovuto rimuovere e, come Leonardo, ha dei ricordi d'infanzia incomprensibili («die unverständlichen Kindheitserinnerungen» di cui parla Freud) che pure riemergono di tanto in tanto «in flutti amari e veementi»[120]. Non può tuttavia mancare di chiedersi: perché lei lo ha «abbandonato»? E perché lui la odia? Leonardo e Segantini, che certamente rivestono un ruolo importante nei processi mitopoietici campaniani, hanno perduto la madre da infanti, e sono stati allevati da sostitute-madri; la loro vita è stata «assai povera di amore». Anche Campana ha «perduto» la madre quando era fanciullo. Non per il fatto che è morta, o che è stata allontanata, ma perché lo ha abbandonato, prima per sparire all'improvviso, più di una volta, per tornarsene dai suoi, o per andare chissà dove, poi scegliendo il fratello e lasciando Dino da solo. Per questo, per lui, è come se la madre fosse morta. Ne consegue il desiderio di vendetta (anche se l'ideale materno resta vivo), tanto più forte quando il giovanotto non riuscirà più a contenere l'orda delle proprie pulsioni. È lo stesso sentimento che induce Segantini – artista, scrive Abraham, nevrotico e visionario (risalendo in superficie il desiderio inconscio di vendicarsi, di punire con la morte la madre, e provando sentimenti aggressivi nei confronti di lei e dei «rivali»), si pensi al simbolismo delle *Cattive madri*, che Abraham riproduce a pagina 41 del suo saggio, e soprattutto al *Castigo delle lussuriose* – a costringere le «madri» a fluttuare per aria in un paesaggio deserto, nevoso, arido e gelido. Quasi spettrale. Come il loro cuore di «femmine snaturate», ha osservato una scrittrice, Neera, parlando di Segantini[121].

All'odio, come forma compensatoria del sentimento di avversione provato al tempo dell'infanzia, si alterna il sogno: quello delle buone madri (*Le due madri*, *Il frutto dell'amore*, *L'angelo della vita*) che in Segantini, il «pittore della maternità», si trasforma in un culto che nasce dalla repressione della *libido* infantile e del desiderio incestuoso. L'arte porta insomma a sublimare l'immagine della madre[122]. Anche Campana pensa al sogno: «tutto è vano vano è il sogno: tutto è vano tutto è sogno»[123]. Anche il poeta, che a Ginevra saprà che Nietzsche ha cercato, «auprès de ses intimes, l'affection, en particulier aussi la tendresse féminine qui était un de ses besoins profonds»[124], vuole la sua «buona» madre. Forse la trova nella Barberina, la levatrice che si occupa di lui, prendendo il posto di una madre assente e «cattiva» (sostituendolo a un figlio che lei non ha); e, idealmente, incontrando un'altra volta il «divino» Leonardo, la evoca nella visione fugace di «Catrina», la «bizzarra figlia della montagna barbarica» della *Verna*[125]. Caterina è il nome della madre naturale di Leonardo, che tuttavia, pur cercandola, e crescendo accanto alla matrigna, conoscerà soltanto al momento della sua morte. È lo scrittore simbolista russo Dmitrij S. Merežkowskij, l'autore di un romanzo biografico leonardesco, Campana lo menziona nei *Canti Orfici*, a parlare di lei e a inseguire le sue tracce. Eroticamente legato alla madre, almeno nell'inconscio, il grande artista provvederà a pagare le spese del suo funerale, dopo che lei è andata finalmente a ritrovarlo e a conoscerlo, a Milano, nel 1493[126]. Di Catrina – «come è dolce il tuo pianto», scrive Campana, che la vede commuoversi, nella «conca rocciosa dei venti», davanti alle lacrime disperate di una *mater dolorosa*, forse mediata da Pater[127], che guarda il figlioletto morto[128] (è troppo identificarlo con il poeta stesso?) – non rimane che un volto. Un volto pallido e materno che riconduce all'infanzia di Leonardo e che va visto come elemento medianico della maternità. È lo stesso sguardo impenetrabile delle donne di alcuni dipinti: *Sant'Anna, la Vergine e il Bambino con l'agnellino* e la *Monna Lisa*, dove il sorriso «leonardesco» è «strano, affascinante, enigmatico», come osserva Freud, con le labbra «lunghe e arcuate», che turba con il suo incanto demoniaco, ora tentatore ora freddo e inanimato, un *mix* esoterico di allegria e di malinconia, che mai nessuno è riuscito a decifrare[129] (anche il paesaggio retrostante è «pieno di mistero, favoloso»). Ricorda molto da vicino, nella versione della *Chimera* uscita sul «Papiro» nel 1912, intitolata: *Montagna - La Chimera*, il «pallido | Viso traente al sorriso | Da lontananze ignote» e il «cerchio delle labbra sinuose» della *Chimera* (la donna, ma poi «la rivale, la grande rivale», cioè la Poesia) campaniana, «Suora della Gioconda», piena di «dolce mistero» mentre guarda, si legge nella lezione uscita nei *Canti Orfici*, fra «le bianche rocce le mute fonti dei venti»; e «la dolcezza della linea delle labbra» nel sorriso di Cerere nella *Verna* (immediatamente dopo il poeta aggiunge: «Tu già avevi compreso o Leonardo, o divino primitivo!»)[130].

È il bisogno di amore materno, necessario a vincere il *cafard* e soprattutto a reprimere antiche ansie – leggendo una scritta, datata come il giorno della sua nascita, durante un pellegrinaggio-vagabondaggio più mistico che onirico: «O divino santo Francesco pregate per me peccatrice», proprio «dove si svolge la Via Crucis della vita di S. Francesco», il poeta non manca di ricordare «la prima ansia»[131] –, nevrosi, pulsioni arcane, dolori profondi e insondabili: quell'amore tanto cercato dal Segantini «pittore della maternità», come lo definisce Abraham, e anche da Jean-François Millet, il ritrattista delle scene agresti care a Van Gogh. Scrivendo a Soffici, da Ginevra, nel maggio del 1915, e dicendosi «commosso dalla semplicità della vita e dell'amore», Campana parla come già sappiamo, della «religione della maternità del lavoro e dell'amore, così divinamente espressa dal nostro dolce e severo Segantini, e che già si trova in Millet». Il passo reca memoria esplicita della lettura di Abraham che afferma che la «fantasia» artistica segantiniana esalta, insieme alla morte, «die Arbeit, die Liebe, die Mütterlichkeit», cioè il lavoro, l'amore, la maternità, e che – parlando della *Raccolta del fieno*, una delle opere più tarde di Segantini (se ne trova un'eco in un verso della *Chimera* campaniana: «l'ombre del lavoro umano curve là sui poggi algenti») – rileva: «Vediamo donne sui prati in un lavoro pesante; ci ricordano *Le spigolatrici* di Millet»[132].

«QUELQUE CHOSE DU CŒUR ENFANTIN...»

Non parla direttamente, il «dolce e severo» Segantini, dei momenti tristi della morte della madre. La idealizza però, guardandola da giovane, regredendo nell'infanzia dolorosa, tornando al rapporto «erotico» che, secondo la psicanalisi, si instaura fra madre e figlio nei primissimi anni di vita. Scrive Abraham: «nelle parole dell'adulto risuona l'erotismo del fanciullo». E ancora: «l'erotismo primitivo del fanciullo è puramente egoista». Così che esso può assumere toni aggressivi di forza abnorme, può passare, creando più tardi conflitti profondi, dall'amore all'odio e viceversa. Queste tensioni vengono poi arginate attraverso fenomeni di repressione o di sublimazione e possono portare all'attività creativa, tanto più intensa quanto forti sono state le pulsioni durante l'infanzia. Rappresentare la bellezza della giovane donna, apprende ancora Campana nelle sue letture elvetiche di «psicanalisi sessuale», è rappresentare la madre[133]. Segantini, pur con il suo fondo nordico, e nelle sue dimensioni simbolico-naturalistiche («il simbolismo accenna e al contempo vela») e visionario-fantastiche[134], è il pittore della montagna. Cioè, in antitesi agli antri «infernali» della città, del luogo dell'infanzia, dato che in altura riemergono le «fantasie» infantili (insieme alla memoria della madre), della natura, della creazione solitaria.

La montagna («ero sempre nelle montagne», ricorderà Campana che, nel 1916, vorrebbe ritirarsi «in alta montagna»; e sua madre l'anno dopo: «anche per i suoi nervi gli fa meglio l'aria di montagna che quella di mare») è simbolicamente, come osserva ancora Abraham, «aspirazione a salire verso l'alto, verso la completezza», è il posto dove vengono sublimate le pulsioni aggressive nell'opera creativa. «Si ha la grande consolazione poi di sentire che la natura nelle sue bufere è infinitamente più dolce della vita», osserva Campana, come già sappiamo, «ed è questo forse che ci aiuta a credere che, come diceva Verlaine, quelque chose de pur demeure sur la montagne, quelque chose du cœur enfantin et subtile»[135]. Al contrario, in un momento di grave crisi, di assenza di appigli, gli resta poco più di un anno prima del ricovero definitivo, osserva scrivendo a Emilio Cecchi e cercando di capire più compiutamente «le *pourquoi* de cette souffrance»: «mi sembra come se una montagna un'enorme montagna che enorme spettrale macabra *perché non esiste* si sia drizzata accanto e voglia esistere – *voglia esistere voglia esistere* questo è atroce che quello non esiste voglia esistere – quest'incubo, voglia esistere a qualunque costo minacci di scomparire per esistere». E conclude (non si tratta semplicemente di «dementi orgasmi», come invece vorrebbe una sua conoscente): «è atroce darei il mio sangue per dire che esiste ma non esiste è un incubo»[136].

Ricorda Segantini che in montagna, in mezzo alla natura, «il sangue *gli* pulsa nelle vene come al tempo dei primi amori giovanili davanti alla fanciulla amata». Si legge nella *Notte* (e forse non va sottovalutato il giudizio di un pittore, Antonio Salvetti, che, accostando i *Canti Orfici*, osserva: «mi vengono innanzi agli occhi visioni di strani ambienti pittoreschi»)[137]: «Una fanciulla nel torrente lavava, lavava e cantava nelle nevi delle bianche Alpi. Si volse, mi accolse, nella notte mi amò. E ancora sullo sfondo le Alpi il bianco delicato mistero, nel mio ricordo s'accese la purità della lampada stellare, brillò la luce della sera d'amore»[138]. La visione fa pensare, oltre a un passo di Angelo Conti, che afferma fra l'altro parlando della *Gioconda*: «Sono abituato a contemplare un quadro, come se fosse una costellazione» (e aggiunge: «Nella notte il cielo è pieno di silenzio e le stelle splendono armonizzando ciascuna il suo ritmo alla musica del cielo»)[139], a opere già all'epoca molto note di Segantini come *Vanità*, *La sorgente* e *L'amore alla fonte della vita*. La fanciulla altro non è, dirà il poeta, che «immaginazione» e, ricordando forse un concetto caro ad Abraham, «fantasia»[140]. Rievoca la «Baba», la giovane modella dei dipinti engadinesi «della maternità e del lavoro» (non è forse un caso che in una lettera da Ginevra Campana racconti, sublimando la realtà, di avere fatto l'amore con una «svizzera segantiniana»).

Ma, per restare ai *Canti Orfici*, si può pensare ancora, oltre a Manuelita Etchegarray – «figlia generosa della prateria nutrita di aria vergine» («Solo per lei il Sogno mi era dolce»), che a sua volta, con «il piccolo viso armato dell'ala battagliera del [...] cappello», è vicina a figure come quella segantiniana di *Mezzogiorno sulle Alpi* –, alle «fanciulle», alle «ancelle», alla «pastorella» alpina di *A M[ario] N[ovaro]* che fanno da controcanto virgineo alle iniziatiche «matrone»-prostitute, alle «Sfingi» e alle «Ofelie»[141]. O ancora a Olimpia, «che aveva i denti di perla», scrive il poeta, «la prima volta che la vidi nella prima gioventù»: non tanto quindi la prostituta dipinta da Manet, e rimembrata forse da Verlaine («Brune encore non eue, | Je te veux presque nue | Sur un canapé noir | Dans un jaune boudoir»)[142] quanto il ricordo, come Campana racconterà al medico Pariani, e come noi già sappiamo, di «una ragazza di dodici o tredici anni. Un ricordo d'infanzia, la figlia di un droghiere svizzero che stava a Marradi». Anche Sibilla Aleramo – che nel 1913 evoca sulla «Voce» lo «stato di letizia eterea», oltre alle «impressioni indicibili» dell'infanzia – dice che il poeta la aspetta «come una bambina di dieci anni»[143]. Spiega ancora Abraham che i sentimenti dell'oggetto sessuale originario, la madre, possono essere trasportati su altre persone che nella fantasia vengono identificate con la figura di partenza; e che la ricerca della bellezza e della purezza delle giovane ragazza è tentativo di ritrovare la madre «buona». Prima che diventi per sempre «cattiva»[144].

Sono intuizioni, quelle portate dalla «psicanalisi sessuale» applicata all'arte, violentemente rigettate da una parte del mondo della psichiatria (si legge in una severa recensione allo studio «ridicolo» di Abraham: «Per chi cerca nell'arte motivi erotici, l'arte cessa di essere arte»)[145] ma che lasciano un segno profondo, come una folgorazione, in chi, trascinandosi addietro come un cilicio il trauma di una madre «perduta», le incontra per la prima volta. Oltre che per la loro novità, anche per la luce che gettano su ferite dolorose e mai rimarginate. Certo qualcosa deve chiarirsi all'improvviso in Campana. È un fulmine caduto sulla via per Damasco. È un coltello affilato che affonda nella carne. («Non mai come ora soffro della mia condizione», confessava il poeta, da Losanna, alla fine di marzo del 1915: pochi giorni prima di leggere Freud e Abraham)[146]. Inevitabile allora tornare a porsi delle domande: intorno alla propria malattia (dirà poi il medico Pariani: «Campana sapeva di essere ammalato»)[147] e intorno alla famiglia. Tante volte, e *pour cause*, il poeta si è posto delle domande. Quali sono i motivi delle «distrazioni», dei «fenomeni di eccitamento e di depressione», dell'«impulsività brutale, morbosa», dei «mutamenti forti e non giustificati dell'umore», dello «squilibrio di mente» (così, come già sappiamo, qualcuno ha scritto su un foglio di via messogli in tasca a Firenze nel marzo del 1906)? Perché medici e questori vedono in lui, lo ha letto nei loro reperti, «una forma psichica a base di esaltazione», «nevrastenia», «frenosi dissociativa», «demenza precoce», cioè schizofrenia, e via di seguito?

Può darsi che tutto derivi, questa dev'essere la convinzione ferma dei suoi di casa, specie della madre, che ha certo più interesse a rimuovere che a cercare, da origini ereditarie o da abitudini perverse. Una «modula» informativa riempita al momento di un ricovero a Firenze, nel 1909, mette fra le «cause fisiche e morali» della malattia, «Eredità-Alcolismo»[148]. Anche il medico Pariani, nella sua eziologia, parla di «disposizione per le psicopatie» dovuta a «tendenze congenite», pur aggiungendovi gli «incentivi perturbatori», cioè l'abuso di alcol e di tabacco: per cui l'antipatia riservata alla madre sarebbe dovuta a una «nativa irregolarità» enfatizzata dai vizi[149]. Tutti sanno, anche se nessuno ne parla, che lo zio Mario Campana è stato ricoverato più volte, perché ammalato di «monomania religiosa e dubbiosa», ed è morto nel manicomio di San Salvi nel 1902, poco più che trentenne[150]. Tale lo zio, i calcoli sono semplici, tale il nipote. I primi sintomi importanti si sono manifestati, come era del tutto prevedibile, nell'età dell'adolescenza. Quella in cui, ricorda Abraham, si sprigiona il tumulto delle rimozioni e delle sublimazioni represse durante l'infanzia. Quella in cui si chiarisce il rapporto con le persone di riferimento, in particolare con la madre e il padre.

In Freud e Abraham Campana trova degli indizi che lo portano a riflettere intorno ai propri dubbi, delle riposte alle sue domande, sempre più pressanti, sempre più drammatiche, e delle autorevoli conferme a ciò che in parte forse ha già probabilmente intuito. Nei ricordi dell'infanzia (le *Kindheitserinnerungen*) si innestano profondamente delle «fantasie» (le *Kindheistphantasien*), parola cara al poeta: cioè per Freud i «sogni», le «visioni», i «deliri», che hanno tutti un loro significato. Esse si manifestano a posteriori, ancorché vengano introiettate nel tempo dell'infanzia e tendono a reiterarsi[151]. Già da Torino, un mese prima di andare in Svizzera, nel 1915, Campana diceva: «io credo nel riprodursi simbolico degli avvenimenti»[152]. Gli è facile trovare analogie con Leonardo (recensendo i *Canti Orfici* nel 1916 Emilio Cecchi osserva: «Campana, segnatamente nel paesaggio, s'orienta in una natura italiana profondamente, specificamente toscana, d'autorità antica e veneranda»)[153] e con Segantini. Anche in lui, come nel grande genio toscano, peraltro avversato dall'ambiente culturale fiorentino[154], la spaccatura nei confronti dei contemporanei («die Kluft zwischen seiner Person und seinen Zeitgenossen») è sempre più profonda. Freud dice fra l'altro che Leonardo, allontanandosi dai commentatori di Aristotele, è giunto nelle vicinanze dei disprezzati alchimisti («kam in die Nähe der verachteten Alchymisten»)[155]; e anche il poeta dei *Canti Orfici* si definisce nel 1914, come già sappiamo, «l'alchimista supremo che del dolore ha fatto sangue»[156].

Può inquietare Campana la coscienza dell'incapacità di amare che, ha letto, nascendo da processi di repressione da poco identificati e descritti («Moral and psychological repression was no doubt even stronger in earlier ages; but it was not identified in that way before the turn of the twentieth century»)[157], è nuovamente da ricondurre al periodo dell'infanzia e ai rapporti con la madre. Non si hanno notizie (se si eccettua il *coup de foudre* per Sibilla Aleramo, cui però scrive: «ti prego a non chiedermi più di quello che posso darti») di amori campaniani: non fosse – nella sua misoginia Weininger (dice di lui «La Voce» nel 1910: «scrisse col sangue delle sue vene; arse del desiderio del divino, e per quello morì»)[158] osserva che gli uomini di valore non possono amare che le prostitute – quello per la Chimera e per tutte le figure femminili che portano simbolicamente alla Poesia. Il suo, verrebbe da dire, è sentimento monogamico e ambiguo, nevroticamente legato alla madre[159], ed è fatto più di odio che di affetto. Oppure è riversato, privato però di ogni forma di sentimento, sulle donne-oggetto. Facendo riferimento alle dinamiche sessuali, soffermandosi sul legame erotico con una figura femminile, la madre (o la balia: già Weininger metteva in stretta relazione la sessualità con la maternità)[160], più tardi represso, e sull'assenza del padre, Freud insiste sulla misoginia e sulla frigidità di Leonardo («c'è da dubitare che Leonardo abbia mai abbracciato una donna per amore»), sulla sua omosessualità latente o «passiva». Anche Orfeo, nel mito, non privo com'è di caratteri misogini, è dedito alle pratiche omosessuali e omoerotiche; e il poeta dei *Canti Orfici* ha la visione di una fanciulla, figlia della *Notte* michelangiolesca, dalle «ginocchia ambrate, piegate piegate con grazia di cinedo». Pure Abraham tematizza la repressione della sessualità in Segantini, timido ed esitante davanti alle donne[161] e particolarmente critico nei confronti delle «donne nevrotiche» che, scrive in una lettera il pittore, «più che buone madri [...] sono buone civette»[162].

«NEPPURE IL SILENZIO SA PIÙ DIRMI NULLA»

Non manifesta dubbi, il maestro Giovanni Campana, già lo sappiamo, quando descrive la moglie. È «donna sana, energica, intelligente, risentita» e va «altera della robustezza del suo bell'allievo»[163]. Ma due testimonianze familiari, quelle di una zia e di una cugina, corrono in un'altra direzione: Giovanna, la cognata, dice la mamma di Dino inesperta, incapace di badare al neonato, volentieri incline a lasciare il figlio alle cure di due «zitelle» marradesi («così si può ben dire che fu allevato da loro»). Ciò che provoca sentimento di odio per la madre – «la mia famiglia non c'è», lamenterà il poeta in manicomio[164] – e di affetto per le due donne che lo allevano («Dino si affezionò a loro e loro a Dino»). Aggiunge, come già sappiamo, una nipote di Fanny: «lui non sentiva che la mamma lo comprendesse». La nascita del secondogenito peggiora ulteriormente le cose: «il cocco Dino passò in seconda, o per meglio dire in terza linea», testimoniano ancora i parenti: gli abiti di lusso sono per il fratellino, le giacche rivoltate per il maggiore dei figli. E chissà che il desiderio di conoscere, naturale nei fanciulli («da dove vengono i bambini?», «qual è il ruolo del padre?»), non sia neutralizzato, come spesso avveniva (e forse avviene ancora oggi), da risposte evasive, da menzogne o da inibizioni religiose che non vengono più perdonate e che anzi sono causa di nevrosi[165]? Di qui, presto, e senza soluzione di continuità, le incomprensioni, i moti di gelosia, per la mancanza di amore («certo è che egli cercava invano nella mamma l'affetto del nome di mamma»), le liti, il rancore per le moine tributate a Manlio e per gli «improperi a lui diretti». Già da fanciullo Campana ha «impeti d'ira contro la madre» oltre che un «un odio speciale» contro di lei. Leggerà in un appunto misogino trovato a Ginevra che la donna «cache tant de choses pédantes, superficielles, scholastiques, tant de présomption mesquine, de petitesse immodeste et effrénée, – qu'on examine seulement ses rapports avec les enfants!»[166]. Verranno poi, come già sappiamo, gli scatti «d'impulsività brutale, morbosa in famiglia e *specialmente colla mamma*» (scrive Abraham che «la libido infantile del fanciullo è caratterizzata da forti impulsi di odio»)[167].

Non sembra rendersi conto di nulla Fanny Luti Campana che anzi si sottrae a ogni forma di responsabilità («noi non gli scriviamo perché non ci da ascolto»). Peccato che il medico Pariani – che a sua volta vede nel «troppo bere», cioè nella dipendenza «dall'alcole etilico o da altre sostanze eccitanti che nei deboli agiscono con maggiore efficacia», una delle cause principali della «frenosi dissociativa» – rinunci a interrogare parenti e conoscenti. Dopo un ritorno a casa di Dino, gli hanno passato «le 30 lire quindicinali», e dopo un'altra fuga, nel 1917, la madre del poeta scrive rassicurando prima di tutto se stessa: «noi siamo in regola»[168]. Negli stessi mesi, a meno di un anno dal ricovero definitivo del poeta, aggiungerà: «L'infanzia e l'adolescenza di quel figliolo è stata meravigliosa». Nessuno, né gli specialisti né i familiari, ha potuto fare qualcosa per guarirlo: «Noi a nulla siamo riesciti». E il 5 marzo 1917, lamentando il fatto che il maestro Giovanni Campana, vecchio oramai e stanco, «si sacrifica per lui giovane e robusto», lasciandosi andare a un lungo «sfogo materno» con Sibilla Aleramo: «È un benedetto figliolo che bene non può stare, hai [*sic*] nostri occhi, fa il possibile per star male e fare star male i suoi». Se qualcuno non vuole guarire, quello è Dino, che fa di tutto per soffrire e per far penare, ricattandoli con le sue scenate e le sue fughe, i suoi di casa. Forse anche per questo la moglie del maestro di Marradi insiste con la scrittrice femminista perché voglia «legalizzare l'unione» (cioè prendersi la responsabilità di occuparsi, da moglie, del malato). E aggiunge con ansia: «Un che mi dice che lei se vuole può salvarlo». Dovrà tuttavia ammettere, scrivendo sempre alla Aleramo, e intuendo, chissà?, che il nocciolo della questione va ricercato al tempo dell'infanzia del figlio «matto» (che non manca di andare con il pensiero alla «sua ansia del supremo amore», all'«ansia della *sua* fanciullezza tormentosa assetata»): «Ora sono stata costretta dirle: *per compatirti grande, bisogna mi richiami alla mente i tuoi primi anni*, e non basta»[169].

Fanny non è insomma, agli occhi di Dino, ammiratore dei quadri di Segantini, la «buona», ma la «cattiva madre» (o, verrebbe da aggiungere, per rifarsi a una distinzione weiningeriana: più vicina alla «prostituta» che guarda con orrore al bambino che alla «madre assoluta»): come la «baccante rossa» che a Berna gli chiede un fiore, come la «signora» che nello stesso luogo si innamora «dei *suoi* occhi di fauno» e che, cercando lui di abbracciarla, lo manda in prigione. Come le tante matrone, senza però il loro potere orfico, che il poeta incontra nei *Canti Orfici*, ma forse con lo sguardo sospettoso di chi biasima il peccato[170]. Come Sibilla Aleramo che pure forse, all'inizio, lo attrae anche perché prima di incontrarlo gli manda un suo articolo in cui parla, «con intensità trasfiguratrice», e con il suo solito piglio da *femme fatale*, dell'infanzia, «ora di felicità, di contentezza perfetta, sospesa in solitudine». Scriveva la «pitonessa»: «nell'infanzia era consueto, quasi costante, questo stato di letizia eterea? Forse sì. Inconsapevole, certo, ma forse perciò anche più attivo e costruttivo. Io lo sento qui stesso, ritrovando dove vissi bambina impressioni indicibili in fondo alla mia sostanza»; e ancora: «Tutto era apparizione, tutto era visione»[171]. Non è certo di «letizia eterea» che può parlare il poeta che sprezzantemente, verso la fine del 1917, dice Sibilla «scaldata al fuoco dell'incesto, della lussuria sfrenata e dell'assassinio sadico dei fanciulli»[172].

Oramai il «matt Campèna» – nell'ottobre del 1916, prima di lamentare il suo «delirio d'odio», la Aleramo scrive: «è malato profondamente, neurastenia con mania continua di fuga, di annientamento», lui parla di «un male di quindici anni»[173] – ha capito molte cose e ne soffre. (Il dolore, si sa, non la pazzia, genera arte e il fluire del tempo viene scandito dagli stati d'animo). Sa «le *pourquoi* de cette souffrance». Forse ricorda un icastico aforisma nitzscheano letto a Ginevra: «C'est pour ses vertus qu'on est le mieux puni». Oppure, magari, prima ancora, un altro pensiero non meno inquietante: «Quand ton regard pénètre longtemps au fond d'un abîme, l'abîme, lui aussi, pénètre en toi»[174]. Sa però da dove scaturisce «il morso del lontano dolore» (chissà che non gli venga in mente un'altra volta Nietzsche: «il dolore dell'uomo [...] è il più profondo di tutti i dolori»)[175]. Sa dove sta la «piaga rossa languente», che lo punge nel profondo[176]. Già al suo ritorno dalla Verna, in una visione, il poeta osserva, «immagine proiettata dalla sua fantasia», un fanciullo che pare dormire stesso sull'erba: immobile, scrive, «come il *mio* cadavere»[177]. Anche il medico Pariani dovrà riconoscere: «avvertiva i tristi effetti del suo male»[178]. I medici parlano di fantasmagorie dovute a un'«antica personalità». Le sue letture ginevrine gli hanno offerto però altre risposte alle questioni che lo arrovellano, facendogli rivivere «i fantasmi dolorosamente conflittuali del suo dramma familiare, reinterrogandosi sul maleficio e le malefatte della solitudine, sulla propria capacità di amare»[179]. Leggendo i saggi di Freud e di Abraham Dino ha appreso che ciò che succede nei primissimi anni di vita fissa impressioni e traccia reazioni nei confronti del mondo circostante che non possono più essere cancellate.

Scrive allora nel 1917 a Sibilla (che chiama, non si capisce se ironicamente o no, la «*sua* mammina», accusandola di cercare nei suoi giovani amanti «un figlio che non aveva voluto conoscere [...]. Chi può tollerare questo?»): «La vita è un circolo *vizioso*». Sa che le cose più minute e casuali, come dice Abraham, contengono «il significato più profondo». «Ci fu un tempo, prima di prendere conoscenza diretta della civiltà italiana contemporanea», confessa a Papini nel marzo del 1915, «che io potevo scherzare. Ora questa civiltà mi ha messo addosso una serietà terribile»[180].

Quanto al suo stato di salute, il poeta avrebbe pure modo di consolarsi. Volendo spiegare le sue esitazioni nella vita sessuale e nell'attività artistica, Freud dice che Leonardo, malgrado tutto, non è malato né crede che si debbano separare nettamente i «normali» dai «nervosi», o la «salute» dalla «malattia», né che i tratti nevrotici siano segno di una «minorità». Perché tutto risale a «eventi accidentali» legati alla famiglia, dove un padre affettuoso ma debole è stato incapace di difendere il figlio da una madre dal carattere forte e nevrotico che ha fatto fatica ad amarlo e che alla nascita del fratello lo ha messo subito in disparte. Poi nella pubertà si sono manifestati i primi sintomi, gli impulsi aggressivi, la sublimazione sessuale (straordinaria è stata la capacità di Leonardo nel sublimare le pulsioni primitive)[181].

Ma altre cose, non meno illuminanti, legge ancora Dino. Abraham parla dell'arte come espressione delle nevrosi: sono cioè le forze inconsce a presiedere l'atto artistico. Tanto più forte è la repressione sessuale (leggendo le parole «psicanalisi sessuale» la *pruderie* di Soffici, come già sappiamo, ridurrà il tutto a «psicanalisi»), tanto più alta è la spinta verso l'arte, dato che l'attività artistica si basa su processi di sublimazione[182]. L'unica via di salvezza è la Poesia. Una poesia che vuole essere lontana da quella dei «bastardi» e dei «gretti intriganti» che vivono in Italia. «Io sono un povero diavolo che scrive come sente», confessa Campana ai primi del 1914. E a proposito delle sue «novelle poetiche» e «poesie»: «sento che quel poco di poesia che so fare ha una purità di accento che è oggi poco comune da noi». Nell'inviare a Prezzolini una versione della *Chimera*, aggiunge che in essa c'è «l'anima che si libera». Conscio com'è del potere taumaturgico della scrittura. E forte della conoscenza di cose fin lì, e per altro tempo ancora, «inaudite» in Italia, dove si dice oramai «spettatore annoiato» – mentre Soffici ridurrà tutto semplicisticamente al «tedeschismo» di Campana[183] –, desideroso com'è di «scavalcare le Alpi svizzere» («là», osserverà polemicamente l'anno dopo, «l'edelweis non è d'Annunziano»). Mandando una lettera a Renato Serra, da Ginevra, nell'aprile del 1915, il poeta confessa: «Avevo perso completamente la voglia di scrivere ma come era da aspettarsi la vado riacquistando»[184]. Segno che le letture «elvetiche» hanno lasciato il segno. Anche se, oramai, per poco tempo ancora. Dovrà ammettere Dino nell'autunno del 1916: «neppure le acque e neppure il silenzio sanno più dirmi nulla». Perché la vita, ora che conosce il «perché» della sofferenza, è una «contraddizione orribile»[185]. Il tempo della Poesia, per lui, sta per finire per sempre.

[1] Sigmund Freud, *Eine Kindheitserinnerung des Leonardo da Vinci*, Leipzig-Wien, Deuticke, 1910, p. 22 («Pertanto regaliamo volentieri e per altro tempo ancora un giusto ascolto al lavoro analitico, che non ha detto ancora la sua ultima parola», la traduzione è nostra).

[2] Eugenio Montale, *Sulla poesia di Campana*, in Id., *Il secondo mestiere. Prose 1920-1979*, a cura di Giorgio Zampa, 2 voll., Milano, Mondadori, 2006, I, pp. 569-581, a p. 580. Sul Montale lettore di Campana, cfr. Marcello Verdenelli, *Montale su Campana: una «onorevole eccezione»*, in Id., Giampaolo Vincenzi, *«Le vostre parole sono come luce di stella dolce e lontana». Transiti nella scrittura di Dino Campana*, Roma, Aracne, 2014, pp. 163-176.

[3] *DCf*, p. 67.

[4] Gino Gerola, *Dino Campana*, Firenze, Sansoni, 1955, pp. 8-9; *DCf*, pp. 13, 46.

[5] *Lpd*, p. 66.

[6] Cfr. *Vca*, p. 81.

[7] Gerola, *Dino Campana*, cit., p. 9.

[8] *Lpd*, p. 308.

[9] Giovanna Diletti Campana, *Ricordi su Dino Campana*, in *Sp*, pp. 247-249, a p. 247.

[10] *Vca*, p. 105.

[11] *Vca*, p. 92.

[12] Sergio Zavoli, *Dino Campana*, in Id., *Campana, Oriani, Panzini, Serra*, Bologna, Cappelli, 1959, pp. 85-116, a p. 90.

[13] *Sp*, p. 247.

[14] *Sp*, p. 248. Scrive Gerola che il poeta «non nutrì mai molto affetto per nessuno dei componenti la famiglia, nemmeno per il fratello Manlio col quale non sentiva forse alcuna affinità», Gerola, *Dino Campana*, cit., p. 9. Al momento del suo matrimonio, nell'aprile del 1911, Dino è lontano da casa. E quando verrà internato definitivamente in manicomio, «l'affezionato e insigne fratello», come lo chiama il medico curante, andrà del resto a visitarlo «di rado perché impiegato in una città lontana», Pariani, *Vita*, p. 66.

[15] Cfr. Zavoli, *Dino Campana*, cit., p. 114.

[16] *Sp*, pp. 247-248.

[17] *Vca*, p. 112, a Sibilla Aleramo, il 22 marzo 1917.

[18] *Lml*, p. 218.

[19] Gerola, *Dino Campana*, cit., p. 9. Ricorderà a sua volta Nella Rivola di Marradi: «Era un uomo piccolo, grasso, e quando gli ricordavano il figlio piangeva come un bambino. Perché il figlio era in manicomio», Zavoli, *Dino Campana*, cit., p. 91.

[20] Dirà ancora Giovanna Diletti Campana: «Dimenticavo scrivere che finché vissero le due vecchiette non passò giorno che non andasse a trovarle», Diletti Campana, *Ricordi su Dino Campana*, cit., p. 249.

[21] Caroline Mezey, *Dino Campana's return from Belgium: four unpublished documents*, in «The Modern Language Review», 78, n. 4, October 1983, pp. 830-837, a p. 834; *DCf*, pp. 59-62. Anche Gerola dice: «Nei confronti di lei Dino provò sempre una specie di avversione che si direbbe quasi innaturale», Gerola, *Dino Campana*, cit., p. 9.

[22] *DCsm*, p. 217.

[23] Cfr. Stefano Drei, *Dino Campana. Ritrovamenti biografici e appunti testuali*, Faenza, Carta Bianca Editore, 2014, pp. 26-27, 113-114.

[24] Così si legge in due memorie, una di Giovanna Diletti Campana (cfr. le note 9 e 20), l'altra di Antonio Corbara, *Dino Campana a Faenza*, pubblicate in *Sp*, pp. 247 e 251-263, a p. 254.

[25] Cfr. Pariani, *Vita*, pp. 23, 70.

[26] Paul Verlaine, *Bonheur*, XVI, vv. 14-17, in Id., *Œuvres complètes*, 5 voll., Paris, Léon Vanier, 1899-1900, II, pp. 166-167.

[27] *Lpd*, p. 308.

[28] Spiegherà Campana: «Dalla età di quindici anni, mi prese una forte nevrastenia, non potevo vivere in nessun posto», Pariani, *Vita*, pp. 44, 70; *DCf*, p. 44.

[29] *Vca*, p. 105, in data 5 marzo 1917.

[30] Pariani, *Vita*, p. 42.

[31] Pariani, *Vita*, p. 70.

[32] Pariani, *Vita*, p. 42.

[33] Bino Binazzi, *Gli ultimi bohémiens d'Italia: Dino Campana*, in Id., *Antichi, moderni e altri*, Firenze, Vallecchi, 1941, pp. 255-264, a p. 258; Pariani, *Vita*, p. 44.

[34] Federico Ravagli, *Dino Campana e i goliardi del suo tempo (1911-1914). Autografi e documenti, confessioni e memorie*, Firenze, Marzocco, 1942, pp. 66, 72-75.

[35] Zavoli, *Dino Campana*, cit., pp. 103-106. La testimonianza è di Federico Ravagli.

[36] Ravagli, *Dino Campana e i goliardi del suo tempo*, cit., p. 73.

[37] Cfr. *DCf*, pp. 91-100.

[38] *Vca*, p. 68.

[39] *Lpd*, p. 306.

[40] *Vca*, p. 101.

[41] Gianni Turchetta, *Dino Campana. Biografia di un poeta*, Milano, Marcos y Marcos, 1990 (poi Milano, Feltrinelli, 2003[2]), pp. 28-32.

[42] *DCf*, pp. 35-37.

[43] *Lpd*, p. 305.

[44] Zavoli, *Dino Campana*, cit., pp. 91-92.

[45] Cfr. *«Le Alpi il bianco delicato mistero». Campana e la Svizzera*, qui alle pp. 27-36.

[46] Pariani, *Vita*, p. 50.

[47] Cfr. *«Le Alpi il bianco delicato mistero». Campana e la Svizzera*, qui a p. 33.

[48] *CO*, p. 17. Il brano è il [14] della *Notte*; per la possibile memoria francescana, cfr. Marcello Verdenelli, *Per una musicalità di segno avanguardistico*, in Id., Vincenzi, *«Le vostre parole sono come luce di stella dolce e lontana»*, cit., pp. 11-25, a p. 23.

[49] Friedrich Nietzsche, *Così parlò Zarathustra*, traduzione di Maria Francesca Occhipinti, prefazione di Carlo Sini, Milano, Mondadori, 2001, p. 47 («Fliehe, mein Freund, in deine Einsamkeit und dorthin, wo eine rauhe, starke Luft weht», Id., *Also sprach Zarathustra. Ein Buch für Alle und Keinen*, I-III, Chemnitz, Schmeitzner, 1883-1884; IV, Leipzig, Naumann, 1891, I, p. 73).

[50] *Lpd*, p. 14 n. 4.

[51] *DCf*, p. 46.

[52] *Lpd*, p. 309.

[53] Mezey, *Dino Campana's return*, cit., p. 834.

[54] *CO*, pp. 93-96 (*Pampa*).

[55] Cfr. *Lpd*, p. 6.

[56] Cfr. Luigi Fallacara, *Ricordo di Dino Campana*, in «Il Frontespizio», 10, ottobre 1937, pp. 761-766, a p. 761.

[57] *Lpd*, p. 27.
[58] *Lpd*, p. 24.
[59] *Lpd*, p. 21.
[60] Cfr. *Lpd*, p. 28.
[61] Cfr. *Lpd*, p. 57.
[62] *CO*, pp. 148, 152, 185.
[63] *Lpd*, pp. 35, 39, 44, 49, 51, 142.
[64] *Lpd*, pp. 17-18, 69.
[65] Cfr. Walter Pater, *A Study of Dionysus. The Spiritual Form of Fire and Dew*, in Id., *Greek Studies*, London, MacMillan and Co., 1895, pp. 1-48, alle pp. 45-47.
[66] *Lpd*, pp. 21, 24, 29, 35, 39, 44, 45, 49, 52, 60, 77, 108, 139. «Lamentable | Épave» in Paul Verlaine, *Dédicace*, vv. 25-26 (*Parallèlement*), in Id., *Œuvres complètes*, cit., II, p. 218. Sul tema del sangue cfr. Marco A. Bazzocchi, *Campana, Nietzsche e la puttana sacra*, Lecce, Manni, 2003, pp. 44-51.
[67] *Lpd*, p. 159; Edmondo Solmi, *La resurrezione dell'opera di Leonardo*, in *Leonardo da Vinci. Conferenze fiorentine*, Milano, Treves, 1910, p. 7.
[68] Cfr. Verdenelli, *Per una musicalità di segno avanguardistico*, cit., p. 13. Scrive Nietzsche di Wagner (che poi criticherà aspramente dicendo: «Wagner est une névrose»): «tout ce qui est sonore dans l'univers aspire à s'élancer, à remonter vers la lumière, à devenir vision pour l'œil», Friedrich Nietzsche, *Aphorismes et fragments choisis*, a cura di Henri Lichtenberger, Paris, Félix Alcan, 1899, pp. 18-19, 147.
[69] *Lpd*, pp. 7-8.
[70] Nietzsche, *Aphorismes*, cit., pp. 9-10; Id., *Par delà le Bien et le Mal*, traduzione di L. Weiscopf e G.[eorges] Art, Paris, Mercure de France, 1898, § 39, p. 50 (sui caratteri tedeschi e sull'«âme allemande» il filosofo riflette in particolare nella sezione intitolata *Peuples et Patries*). Cfr. *«Cose in Italia inaudite...». Letture ginevrine di Campana*, qui alle pp. 67, 76-81.
[71] Montale, *Sulla poesia di Campana*, cit., p. 571.
[72] *Plg*, p. 68. Nel passo corrispondente dei *CO*, p. 16 (*La Notte* [14]): «scolari».
[73] *Lpd*, pp. 24, 39, 67, 78.
[74] Nietzsche, *Aphorismes*, cit., p. 38.
[75] *Lpd*, pp. 40, 41, 78, 106, 155, 167, 202. Recensendo i *Canti Orfici* nel 1915 Bino Binazzi dice Campana «un vero romagnolo nel carattere e nella vita avventurosa», *Cv*, p. 22. Per i libri letti a Ginevra, cfr. *«Cose in Italia inaudite...». Letture ginevrine di Campana*, qui alle pp. 89-100.
[76] Paul Verlaine, *Bonheur*, XVI, vv. 41-42, in Id., *Œuvres complètes*, cit., II, p. 173.
[77] Cfr. *«Le Alpi il bianco delicato mistero». Campana e la Svizzera*, qui a p. 35.
[78] Angelo Conti, *La beata riva. Trattato sull'oblio*, Milano, Treves, 1900 (ora a cura di Pietro Gibellini, Marsilio, Venezia, 2000), pp. 92, 96, 98. Anche il Russo ha uno sguardo «quasi infantile, inconscio, come di meraviglia», *CO*, p. 100 (*Il Russo* [2]).
[79] *Lpd*, p. 57.
[80] *Lpd*, p. 56.
[81] Occupandosi della musica tedesca, da Beethoven al Post-Romanticismo, Nietzsche, in *Al di là del bene e del male* (*Jenseits von Gut und Böse*, Leipzig, Naumann, 1886), parla di «Schumann rifuggente nella "Svizzera sassone" della sua anima» (§ 245: «gilt es heute unter uns nicht als ein Glück, als ein Aufathmen, als eine Befreiung, dass gerade diese Schumann'sche Romantik überwunden ist? Schumann, in die "sächsische Schweiz" seiner Seele flüchtend, halb Wertherisch, halb Jean-Paulisch geartet, gewiss nicht Beethovenisch! gewiss nicht Byronisch!»). Campana cita dalla traduzione francese letta a Ginevra nel 1915: «n'est-ce pas aujourd'hui un bonheur pour nous, un soulagement, presqu'une délivrance que justement ce romantisme de Schumann ait été surmonté? Schumann, fuyant dans la "Suisse saxonne" de son âme, tenant à la fois de Werther et de Jean-Paul, nullement de Beethoven, certainement pas de Byron», Id., *Par delà le Bien et le Mal*, cit., § 245, p. 195. Nella stessa sede il filosofo tedesco dice Shakespeare «étonnante synthèse du goût hispano-mauresque et saxon», *ibid.*, § 224, p. 161; § 224, p. 163 (per il «demi-barbare»).
[82] L'argomento viene affrontato da Nietzsche in particolare nella sezione intitolata *Peuples et Patries*, in Id., *Par delà le Bien et le Mal*, cit., § 46, p. 60; § 48, pp. 63-64; § 240, p. 186; Id., *Aphorismes*, cit., p. 124.

[83] *Sp*, p. 142. La lettera del marzo 1916 è indirizzata a Emilio Cecchi.

[84] Cfr. *Lpd*, p. 56.

[85] Nietzsche, *Par delà le Bien et le Mal*, cit., § 23, p. 29; § 296, p. 252.

[86] Gabriele D'Annunzio, *Per la morte di Giovanni Segantini*, in Id., *Elettra*, Milano, Treves, 1903, vv. 29-30; poi in Id., *Pagine sull'arte*, a cura di Stefano Fugazza, introduzione di Pietro Gibellini, Milano, Electa, 1986, pp. 82-83. Alcuni versi della poesia dannunziana vengono riportati in chiusura del saggio segantiniano di Karl Abraham (cfr. p. 95); cfr. anche Conti, *La beata riva*, cit., p. 9. Qualche possibile eco («dolor selvaggio dei vènti combattuti, profondo pianto | delle sorgenti pure», vv. 2-3) nel passo della *Notte* [14] già altre volte citato («melodia selvaggia e pure triste»).

[87] I saggi menzionati sono quelli di Karl Abraham, *Giovanni Segantini. Ein psychoanalytischer Versuch*, Leipzig-Wien, Deuticke, 1911, e di Freud, *Eine Kindheitserinnerung*, cit., e vengono letti da Campana nell'aprile del 1915. Le singole pubblicazioni degli «Schriften zur angewandten Seelenkunde» costano da 1 a 7 marchi tedeschi. Per la «coltura scientifica», cfr. *Lpd*, p. 44.

[88] Cfr. Paolo Maccari, *Il poeta sotto esame*, Firenze, Passigli, 2012.

[89] Scrive di sé Campana nel 1916: «Traduce dall'inglese, tedesco, spagnolo, francese», *Lpd*, pp. 8, 44, 51, 69, 148. Anche al Pariani dice: «Varie lingue le conoscevo bene»; e il medico psichiatra: «rammentava meglio il tedesco dell'inglese», Pariani, *Vita*, pp. 46, 66.

[90] Sulla tematica cfr. Michel David, *Dino Campana*, in Id., *La psicoanalisi nella cultura italiana*, Torino, Bollati Boringhieri, 1966, pp. 345-348; Franco Contorbia, *Campana, Ginevra, l'intervento*, in «Studi Novecenteschi», v, n. 13-14, marzo-luglio 1976, pp. 137-152; Paolo Berruti, *«Il tuo divenir taciturno»*, in *«O poesia tu più non tornerai». Campana moderno*, a cura di Marcello Verdenelli, Macerata, Quodlibet, 2003, pp. 301-306.

[91] Cfr. «La sua [della ruffiana] vita era un lungo peccato: la lussuria. La lussuria ma tutta piena ancora per lei di curiosità irraggiungibili. "La femmina lo picchiettava tanto di baci da destra: da destra perché? Poi il piccione maschio restava sopra, immobile?, dieci minuti, perché?" Le domande restavano ancora senza risposta», *CO*, p. 15 (*La Notte* [13]).

[92] Anche Angelo Conti, nelle medesime «conferenze fiorentine» dedicate a Leonardo, dice l'incompiutezza dell'opera d'arte «un mezzo meraviglioso di espressione per il genio umano», a aggiunge: «è, a rovescio, il mezzo stesso che la natura adopera per purificare e per consacrare nei secoli i capolavori degli uomini. In questi la natura procede per eliminazione, nell'opera rimasta incompiuta il genio lavora in uno stato di concentrazione suprema», Angelo Conti, *Leonardo pittore*, a cura di Ricciarda Ricorda, Padova, Editoriale Programma, 1990, p. 92. È Giorgio Vasari a dare avvio all'immagine: «egli si mise a imparare molte cose e, cominciate, poi l'abbandonava», «Lionardo per l'intelligenza de l'arte cominciò molte cose e nessuna mai ne finì, parendogli che la mano aggiugnere non potesse alla perfezzione dell'arte ne le cose, che egli si imaginava», Giorgio Vasari, *Vita di Lionardo da Vinci pittore e scultore fiorentino*, in Id., *Le vite de' più eccellenti pittori, scultori e architetti*, Roma, Newton Compton, 1991, pp. 557-567, alle pp. 557, 559. Anche ne *Il Russo* si cela un aneddoto dell'infanzia di Leonardo narrato dallo storico dell'arte: cfr. Giorgio Zanetti, *Campana e il mondo delle immagini*, in *Dino Campana alla fine del secolo*, a cura di Anna Rosa Gentilini, Bologna, il Mulino, 1999, pp. 135-168, a p. 151.

[93] Vasari, *Vita di Lionardo da Vinci*, cit., p. 565.

[94] Joséphin Peladan, *Epilogue*, in *Leonardo da Vinci. Conferenze fiorentine*, cit., pp. 295-312, alle pp. 295, 307.

[95] Cfr. Solmi, *La resurrezione dell'opera di Leonardo*, cit., pp. 9, 11, 18, 29; Freud, *Eine Kindheitserinnerung*, cit., pp. 1, 4, 5, 7, 10-12. Le traduzioni dal tedesco, qui e dal saggio di Abraham, sono nostre.

[96] Cfr. Abraham, *Giovanni Segantini*, cit., pp. 9, 41.

[97] *Lpd*, pp. 56, 57; Nietzsche, *Aphorismes*, cit., p. 124; Id, *Par delà le Bien et le Mal*, cit., § 24, p. 33. Osserva Nietzsche, che auspica una «nouvelle *synthèse*» che porti alla nascita di un'Europa lontana dai nazionalismi: «l'âme des Français présente une demi-synthèse du nord et du midi qui leur fait comprendre et faire bien des choses qu'un Anglais ne saisirait jamais», *ibid.*, § 254, p. 207; § 255, p. 208; § 256, p. 209.

[98] *Sp*, p. 58. Freud riprende fra l'altro e analizza, lodando lo studioso, un rilievo leonardesco di Solmi con cui Campana può avere identificato, almeno nei rapporti conflittuali con la

madre, la propria infanzia: «l'artista non aveva conosciute le gioie della famiglia, ed era stato privo dell'amore vigilante e sollecito di una madre, che si estende alla vita intera, come un profumo», Solmi, *La resurrezione dell'opera di Leonardo*, cit., p. 6. Anche Laforgue, in un libro letto da Campana a Ginevra, definisce Baudelaire «alchimiste» (Jules Laforgue, *Littérature. Notes sur Baudelaire*, in Id., *Œuvres complètes*, I-III, Paris, Mercure de France, 1902-1903, III, pp. 111-119, a p. 118).

[99] Citando (in italiano) dal testo della conferenza fiorentina su Leonardo, Freud scrive: «non diede mai fine ad alcuna cosa cominciata, considerando la grandezza dell'arte, tal che egli scorgeva errori in quelle cose, che ad altri parevano miracoli», Freud, *Eine Kindheitserinnerung*, cit., p. 132. Osserva ancora Solmi, nel passo ripreso da Freud, che Leonardo, «anima moderna perpetuamente in lotta con sé stessa», «dominato dal sentimento dell'indefinita molteplicità dei possibili e dal sentimento dell'insufficienza d'ogni realtà possibile», «conosceva, *più di ogni altro*, l'arte vera, ma tremava ad affrontarla, perché sentiva che è intangibile, sacra, infinita», Solmi, *La resurrezione dell'opera di Leonardo*, cit., p. 12.

[100] Cfr. la nota 132 e il relativo testo di riferimento.

[101] Cfr. Lorenzo Benapiani, *Giovanni Segantini. In memoriam*, in «Emporium», XI, n. 61, gennaio 1900, pp. 2-24, alle pp. 4, 11.

[102] Nietzsche, *Par delà le Bien et le Mal*, cit., § 208, p. 140.

[103] Cfr. Alberto Cavaglion, *La filosofia del pressappoco. Weininger, sesso e carattere e la cultura del Novecento*, Napoli, L'ancora del Mediterraneo, 2001. La citazione nitzscheana è tratta da un'opera letta da Campana a Ginevra: Nietzsche, *Aphorismes*, cit., p. 13.

[104] *Lpd*, p. 18.

[105] *Sp*, p. 28. Nella medesima lettera, scritta a Boine il 2 gennaio del 1916, Cecchi dice che Campana ha «una testa che pare un ritratto di Van Gogh: o meglio, l'interpretazione di una testa classica di Giuliano l'apostata, con i capelli e la "barbiche" rossa, per mano di un Van Gogh». Per i rapporti di Campana con la pittura, cfr. Zanetti, *Campana e il mondo delle immagini*, cit.

[106] *Lpd*, p. 76; *TM*, pp. 133, 201.

[107] *Lpd*, pp. 18, 50, 53, 55, 56, 63.

[108] Cfr. *Esposizione di Milano 1906. Catalogo delle mostre collettive Segantini-Previati. Monumento a Segantini di Giovanni Bistolfi*, Milano, Galleria Grubicy, 1906; Sergio Rebora, Maternità. *Vicende di un capolavoro*, in Maternità *di Gaetano Previati*, Bergamo, Fondazione Credito Bergamasco, 2015, pp. 27-36, a p. 32.

[109] Cfr. Abraham, *Giovanni Segantini*, cit., pp. 23-25, 30, 46; *Vca*, p. 101.

[110] *Vca*, pp. 44, 47, 51. Secondo Bruna Conti il testo è probabilmente quello intitolato *Senza motivo*, uscito in «La Voce», a. V, n. 45, 6 novembre 1913, pp. 1191-1192. Ecco alcuni brani: «Nulla aveva nome. O se qualcuna cosa l'aveva non importava, andava anch'essa confusa con gli altri aspetti innumerevoli, così come le poche stelle che mio padre mi additava la sera amavo si smarrissero nel remoto folto, forse tumultuoso, di cui sapevo non mi sarebbe mai giunta l'eco». E: «Perenne nelle vene lo stupore. Luci e ombre, suoni, forme metamorfosi»; e «E sui piccoli vecchi ponti [...] e davanti all'immagine dell'acqua torbida [...], tutta la mia anima di nomade che già fremeva». Scrive Sibilla a Campana il 28 luglio del 1916: «Sono contenta che vi sian piaciute quelle righe di ricordo sulla mia infanzia»; e il 31 luglio-1° agosto: «Vi ringrazio d'avermi scritto quelle parole sul dolore patito a Marradi», *Vca*, pp. 49-50. Cfr. *«Chiudo il tuo libro, snodo le mie treccie...». Un amore contrastato: Dino e Sibilla*, qui a p. 153.

[111] Pariani, *Vita*, p. 41; *Vca*, p. 60.

[112] Enrico Falqui, *Per una cronistoria dei «Canti Orfici»*, in Dino Campana, *Opere e contributi*, a cura di Enrico Falqui, 2 voll., Firenze, Vallecchi, 1973, I, pp. 127-260, a p. 142; *Vca*, p. 49, in data 30 luglio 1916.

[113] *Vca*, p. 77.

[114] Per il «mito di Faust» e le sue interpretazioni date in Italia, specie in «La Voce», negli anni della composizione dei *Canti Orfici*, cfr. Bazzocchi, *Campana, Nietzsche e la puttana sacra*, cit., pp. 40-42.

[115] *Plg*, p. 57, in epigrafe a *La notte mistica* (*La Notte* in *CO*).

[116] Nietzsche, *Aphorismes*, cit., p. 143; Id., *Par delà le Bien et le Mal*, cit., § 225, pp. 163-164; il rapporto fra sofferenza e «*savoir plus*, grâce à sa souffrance» dell'«initié, de la victime presque

sacrifiée», torna in § 270, p. 237; Id., *Così parlò Zarathustra*, cit., p. 77 («Schaffen – das ist die grosse Erlösung vom Leiden, und des Leidens Leichtwerden. Aber dass der Schaffende sei, dazu selber thut Leid noth und viel Verwandelung», Id., *Also sprach Zarathustra*, cit., II, p. 7).

[117] Cfr. Abraham, *Giovanni Segantini*, cit., p. 5.

[118] *Lpd*, 272; Paul Verlaine, *Un conte*, v. 10, in Id., *Œuvres complètes*, cit., II, p. 12.

[119] Abraham, *Giovanni Segantini*, cit., p. 5.

[120] *CO*, p. 95 (*Pampa*).

[121] Cfr. Freud, *Eine Kindheitserinnerung*, cit., p. 12; Abraham, *Giovanni Segantini*, cit., pp. 6, 42-43; Neera [Anna Zuccari Radius], *Artisti contemporanei: Giovanni Segantini*, in «Emporium», vol. III, n. 15, marzo 1896, pp. 162-178, a p. 175.

[122] Cfr. Abraham, *Giovanni Segantini*, cit., pp. 6, 9, 12. In una lettera al critico e poeta Alberto Sormani, Segantini parla del «desiderio d'un arte che raccogliesse in sé quel senso di mistico amore che è il nutrimento dell'anima e che noi abbiamo ereditato dalle religioni che stanno per spegnersi», *Al caro illustre amico dell'egregia signora. Carteggio Neera-Giovanni Segantini (1891-1899)*, a cura di Susanna Sala Massari, Oggiono-Lecco, Cattaneo, 2014, p. 98. *L'angelo della vita* è pubblicato nel saggio di Neera, *Artisti contemporanei: Giovanni Segantini*, cit., p. 162; *Le cattive madri*, a p. 177.

[123] *CO*, p. 21 (*La Notte* [19]). Per un'analisi dell'iterazione cfr. Vittorio Coletti, *Dalla lingua al testo: note linguistiche sui «Canti Orfici»*, in *Dino Campana alla fine del secolo*, cit., pp. 63-79, a p. 70.

[124] Henri Lichtenberger, *Introduction*, in Nietzsche, *Aphorismes*, cit., p. IV. Campana legge questo libro a Ginevra nel 1915.

[125] Cfr. *CO*, pp. 45-46 (*La Verna* [8]). Il nome compare anche in quella che pare una filastrocca nel *Tf*: «Adriana dormì bene nella massa del grano | Chiede polenta Catrina non l'ha» (pp. 257, 311).

[126] Cfr. Freud, *Eine Kindheitserinnerung*, cit., pp. 18, 40-42, 80. Parlando di Leonardo, Freud cita a più riprese Merežkowskij, autore di *Leonardo da Vinci. Ein biographischer Roman aus der Wende des XV. Jahrhunderts*, traduzione in tedesco di C. von Gülschow, Leipzig, Schulze, 1903 (*La Resurrezione degli Dei. Il romanzo di Leonardo da Vinci*, traduzione di Nina Romanowsky, Milano. Fratelli Treves, 1906). Campana lo menziona in un testo «orfico»: «un odor di lacche e di vernici di pitture antiche, percettibile appena (Mereskowski)», *CO*, p. 66 (*Firenze* [3]).

[127] Cfr. Walter Pater, *The Myth of Demeter and Persephone*, in Id., *Greek Studies*, cit., pp. 79-155, alle pp. 115, 148-149.

[128] «Catrina, bizzarra figlia della montagna barbarica, della conca rocciosa dei venti, come è dolce il tuo pianto: come è dolce quando tu assistevi alla scena di dolore della madre, della madre che aveva morto l'ultimo figlio. Una delle pie donne a lei dintorno, inginocchiata cercava di consolarla», *CO*, pp. 45-46 (*La Verna* [8]). Il passo rammenta la scena raccontata da Abraham, della donna disperata a cui è morta la figlia di un anno; invitato dalla madre piangente Segantini ragazzo disegna con la matita un ritratto: come se la bambina morta fosse viva. Per la giovane madre il ritratto è frutto di consolazione, per il futuro artista il germe («der Keim») dell'attività artistica: Abraham, *Giovanni Segantini*, cit., pp. 12-13. L'episodio è ricordato dal pittore, che commenta: «fù forse questo il germe che mi fece nasciere l'idea che con questo mezzo [il disegno] avrei potuto esprimere dei sentimenti», in una lettera a Neera: cfr. *Al caro illustre amico dell'egregia signora*, cit., p. 64. Va inoltre ricordato un dipinto segantiniano, *Il dolore confortato dalla fede*, che rappresenta un padre e una madre che piangono, davanti alla fossa, il figlioletto morto.

[129] Narra il Vasari: «essendo Monna Lisa bellissima, teneva [Leonardo] mentre che la ritraeva, chi sonasse o cantassse, e di continuo buffoni che la facessino stare allegra, per levar via quel malinconico, che suol dar spesso la pittura a' ritratti che si fanno», Vasari, *Vita di Lionardo da Vinci*, cit., p. 564.

[130] Freud, *Eine Kindheitserinnerung*, cit., pp. 43, 44, 47, 48-50; *CO*, pp. 25, 39, 137 (*Montagna-La Chimera*, vv. 1-3, 6, 14, 20; *La Chimera*, v. 27; *La Verna* [3]). Scriveva Solmi: «Sorridi tu sola, o Gioconda, il tuo magico sorriso, come assorta in una gioia dolente o in un dolore intensamente gaudioso, simbolo del duello eterno fra la morte, che assorbe ogni cosa finita, e la vita che si afferma, si dilata e si diffonde», Solmi, *La resurrezione dell'opera di Leonardo*, cit., p. 15.

131 *CO*, p. 42 (*La Verna* [7]).

132 *Lpd*, p. 56; Abraham, *Giovanni Segantini*, cit., pp. 4, 34, 54; *CO*, p. 26 (*La Chimera*, v. 30). Un'immagine della *Raccolta del fieno* è pubblicata per esempio in Benapiani, *Giovanni Segantini*, cit., p. 16, che parla anche del rapporto fra Segantini e Millet (pp. 20-22). Quanto alla musica Campana dirà al medico Pariani: «Dei musicisti ammiravo molto Beethoven, Mozart, Schumann», Pariani, *Vita*, p. 48. Dei tre musicisti parla Nietzsche in un capitolo di un libro letto da Campana a Ginevra (*Par delà le Bien et le Mal*, cit., § 245, pp. 193-195: lo stesso dove il filosofo tedesco allude anche alla «Suisse saxonne» in cui si sarebbe rifugiato idealmente Schumann): cfr. la nota 81. Di Beethoven, a Ginevra, nel 1915, Campana legge anche una biografia scritta da Romain Rolland: cfr. *«Cose in Italia inaudite...». Letture ginevrine di Campana*, qui a p. 90.

133 Cfr. Abraham, *Giovanni Segantini*, cit., pp. 7, 8, 14. Inoltre: Greta Bilancioni, *Dino Campana e il femminile: il mito della maternità e dell'amore nei* Canti Orfici, in «Poetiche», 3, 2001, pp. 375-416. Per le donne «notturne» campaniane cfr. *La Chimera di Orfeo. Il mito nella poesia campaniana*, qui alle pp. 178-180.

134 Cfr. Abraham, *Giovanni Segantini*, cit., pp. 45-46. Scrive Edward Sansot-Orland: «le symbolisme de Segantini est [...] une conséquence naturelle de ses longues méditations sur les sommets solitaires», Benapiani, *Giovanni Segantini*, cit., p. 22.

135 Pariani, *Vita*, p. 56; *Lpd*, pp. 170, 231; Abraham, *Giovanni Segantini*, cit., pp. 31-32; *Vca*, pp. 84 (a Astrid Ahnfelt, il 23 novembre 1916), 101; cfr. anche *«Le Alpi il bianco delicato mistero». Campana e la Svizzera*, alla nota 134 e il relativo testo di riferimento.

136 *Lpd*, p. 233; risp. Leonetta Cecchi Pieraccini, *Apparizioni di Dino Campana*, in Id., *Visti da vicino*, Firenze, Vallecchi, 1952, pp. 201-217, a p. 212.

137 *Lpd*, p. 162.

138 Abraham, *Giovanni Segantini*, cit., p. 32; *CO*, pp. 17-18. Il brano [14] della *Notte* è preceduto da questo passo già ricordato in precedenza (i corsivi sono nostri): «Poi fuggii. Mi persi per il tumulto delle città colossali, vidi le bianche cattedrali levarsi congerie enorme di fede e di sogno colle mille punte nel cielo, vidi le Alpi levarsi ancora come più grandi *cattedrali*, e piene delle grandi ombre verdi degli abeti, e piene della *melodia dei torrenti* di cui udivo il canto nascente dall'infinito del sogno. Lassù tra gli abeti fumosi nella nebbia, tra i mille e mille ticchiettìi le mille voci del silenzio svelata una giovine luce tra i tronchi, per sentieri di chiarìe salivo: salivo alle Alpi, sullo sfondo bianco delicato mistero. Laghi, lassù tra gli scogli chiare gore vegliate dal sorriso del sogno, le chiare gore i laghi *estatici* dell'oblio che tu Leonardo fingevi». Al saggio su Segantini, in particolare a un verso dannunziano scritto per la morte del grande pittore ivi citato (ma potrebbe però anche derivare da una lettura diretta da parte di Campana) sembra invece rinviare la «melodia dei torrenti» («la melodia del ruscello» nei versi di D'Annunzio, *Pagine sull'arte*, cit., p. 83); e si vedano ancora i laghi «estatici» di Segantini («ogni scena della sua autobiografia pare un dipinto») in montagna: «La natura si offriva alla sua voglia sublimata di guardare; luce e colori erano per lui fonte di gioia estatica». Occorrerebbe però allora ipotizzare che Campana abbia letto il saggio già nel 1914, quando verosimilmente fugge in Svizzera, prima della pubblicazione dei *Canti Orfici*: cfr. *«Le Alpi il bianco delicato mistero». Campana e la Svizzera*, qui a p. 39; Abraham, *Giovanni Segantini*, cit., pp. 36, 65.

139 Conti, *Leonardo pittore*, cit., p. 93. Il testo di Conti rivela altre affinità con la poesia campaniana che meriterebbero di essere approfondite, anche sulla scorta delle osservazioni di Cesare Galimberti, *Dino Campana*, Milano, Mursia, 1967, pp. 20-31. Insistendo per esempio sull'«ardore di conoscenza» nel lavoro artistico leonardesco, lo studioso parla di «una alternativa di tentativi d'espressione e di istanti di tregua contemplativa, di rapimenti e di lotte con la sorda materia» che ricorda l'avvio di una poesia campaniana: «... poi che nella sorda lotta notturna | La più potente anima seconda ebbe frante le nostre catene», *CO*, p. 53 (*Immagini del viaggio e della montagna*, vv. 1-2).

140 Pariani, *Vita*, pp. 49-50.

141 Cfr. *CO*, pp. 73, 75, 140, 142, 151; *Lpd*, pp. 12-15. Nella sua prima versione il testo esce sul foglio goliardico bolognese «Il Papiro» alla fine del 1912. Sulla prostituta nella poesia campaniana cfr. Bazzocchi, *Campana, Nietzsche e la puttana sacra*, cit., pp. 5-7.

142 Paul Verlaine, *Séguidille*, vv. 1-4 (*Parallèlement*), in Id., *Œuvres complètes*, cit., II, p. 228).

[143] Cfr. *CO*, pp. 148 (*Arabesco-Olimpia* [1]), 184-185 (il testo esce nell'ottobre del 1915); Pariani, *Vita*, p. 63; Aleramo, *Senza motivo*, cit.; *Vca*, pp. 52-53.
[144] Cfr. Abraham, *Giovanni Segantini*, cit., p. 14, 41.
[145] Cfr. Franco De Masi, *Karl Abraham. Alle radici della teoria analitica*, Roma, Armando, 2002, p. 19.
[146] *Lpd*, p. 44.
[147] *Vita*, p. 72.
[148] Cfr. Mezey, *Dino Campana's return*, cit., p. 835.
[149] Cfr. Pariani, *Vita*, pp. 69-70.
[150] Cfr. *DCf*, p. 26. Dice una «modula» di ammissione al manicomio: (intorno al «Carattere morale prima dello sviluppo della pazzia») «Il carattere è sempre stato melanconico, i costumi sobrii, nessuna abitudine viziosa, sempre occupato nello studio e nelle pratiche di devozione»; (circa le «Cause fisiche e morali» della malattia) «Prolungate pratiche ascetiche»; quanto allo sviluppo della pazzia, il documento (che alla domanda: «Se fra i parenti del malato vi sono o vi furono alienati, e quali» risponde: «L'avo paterno [Raffaele Campana], si dice, sia stato eccessivamente stravagante») parla di «un esagerazione [*sic*] nelle pratiche e nelle idee religiose», aggiungendo che il malato «volle essere ammesso in un convento» da cui esce con la «mente disordinata» e che da allora rifugge la gente «per darsi alla meditazione»; «Non di rado avvicinandosi all'altare per comunicarsi fuggiva poi non ritenendosi degno del sacramento. Altre volte di notte andava dal Parroco, dubitando di essere in peccato. La pazzia ha avuto un andamento continuo». Quanto alle manifestazioni sintomatiche: «L'idea predominante però è quella di fuggire di casa affidandosi alla Provvidenza», *DCf*, pp. 25-26. Correggo su una fotocopia dell'originale alcuni refusi di lettura (cfr. p. 57 nota 56).
[151] Cfr. Freud, *Eine Kindheitserinnerung*, cit., pp. 19-22; Abraham, *Giovanni Segantini*, cit., pp. 15, 32; Pariani, *Vita*, pp. 49-51.
[152] *Lpd*, p. 40.
[153] *Cv*, p. 54.
[154] Cfr. Solmi, *La resurrezione dell'opera di Leonardo*, cit., p. 7.
[155] Freud, *Eine Kindheitserinnerung*, cit., pp. 3, 4.
[156] *Lpd*, p. 24. La lettera non datata è attribuita da Cacho Millet agli inizi del 1914, ma potrebbe anche essere posteriore al viaggio in Svizzera dell'anno successivo.
[157] Cfr. Thomas Harrison, *1910: The Emancipation of Dissonance*, Berkeley, University of California Press, 1996, p. 22.
[158] Cfr. Bazzocchi, *Campana, Nietzsche e la puttana sacra*, cit., p. 54. Probabile memoria nietzscheana: «Di tutto ciò che è scritto, io amo solo ciò che uno scrive col sangue. Scrivi col sangue e sentirai che il sangue è spirito», Nietzsche, *Così parlò Zarathustra*, cit., p. 33 («Von allem Geschriebenen liebe ich nur Das, was Einer mit seinem Blute schreibt. Schreibe mit Blut: und du wirst erfahren, dass Blut Geist ist», Id., *Also sprach Zarathustra*, cit., I, p. 52). Il passo («Écris avec ton sang, et tu apprendras que le sang est esprit») figura anche negli *Aphorismes* che Campana legge a Ginevra nel 1915 (p. 57).
[159] Cfr. Abraham, *Giovanni Segantini*, cit., p. 16; *Vca*, p. 109.
[160] Cfr. Otto Weininger, *Geschlecht und Charakter*, Wien-Leipzig, Wilhelm Braumüller-K. U. K. Hof- und Universitäts-Buchhändler, 1903, in particolare, nella seconda parte, i capp. IX (*Weibliche und männliche Psychologie*) e X (*Mutterschaft und Prostitution*). *Sesso e carattere* è pubblicato in traduzione italiana, nel 1912, dai Fratelli Bocca a Torino (ora, con introduzione di Franco Rella, Milano, Mimesis, 2012); Bilancioni, *Dino Campana e il femminile*, cit., pp. 391-404.
[161] Cfr. Freud, *Eine Kindheitserinnerung*, cit., pp. 8, 9, 19 n. 2, 23, 29, 32, 35, 36, 64-66; Abraham, *Giovanni Segantini*, cit., p. 15; *CO*, p. 16 *La Notte* [13]); *La Chimera di Orfeo. Il mito nella poesia campaniana*, qui a p. 170.
[162] *Al caro illustre amico dell'egregia signora*, cit., p. 38.
[163] *Lpd*, p. 308.
[164] Pariani, *Vita*, p. 34.
[165] Cfr. Freud, *Eine Kindheitserinnerung*, cit., pp. 14-17, 28.
[166] Nietzsche, *Par delà le Bien et le Mal*, cit., § 232, p. 174.
[167] Abraham, *Giovanni Segantini*, cit., p. 12.

[168] Pariani, *Vita*, pp. 66, 70-71; *Vca*, pp. 101, 105.

[169] *CO*, p. 17 (*La Notte* [14]); *Vca*, pp. 100, in data 4 gennaio 1917, 105-106, 112, in data 22 marzo 1917.

[170] Cfr. Bazzocchi, *Campana, Nietzsche e la puttana sacra*, cit., pp. 35-36; Id., *Mitobiografia?*, in *Dino Campana alla fine del secolo*, cit., pp. 81-107.

[171] *Lpd*, p. 236; Aleramo, *Senza motivo*, cit., pp. 1191-1192.

[172] *Lpd*, p. 270.

[173] *Vca*, pp. 69, 82, 91.

[174] Nietzsche, *Par delà le Bien et le Mal*, cit., § 132, p. 90; § 146, p. 92.

[175] Id., *Così parlò Zarathustra*, cit., p. 146 («Menschen-Schmerz aber ist der tiefste Schmerz», Id., *Also sprach Zarathustra*, cit., III, p. 7).

[176] *CO*, pp. 29, 48 (*L'invetriata*, v. 7, 11; *La Verna* [10]).

[177] *CO*, p. 49 (*La Verna* [10]). Anche Zarathustra, alla fine della seconda parte, dopo essere stato invitato, e senza doversene vergognare, a «diventare bambino» («Du musst noch Kind werden und ohne Scham »), «giac*e* a terra» («lag an Boden»); poco avanti, nello stesso passo della *Verna*, si legge: «Tra le rocce crepuscolari una forma nera cornuta immobile mi guarda immobile con occhi d'oro»; scrive Nietzsche qualche riga prima: «prevedo che il mio superuomo voi lo chiamerete diavolo» («ich rathe, ihr würdet meinen Übermenschen – Teufel heissen!»): Nietzsche, *Così parlò Zarathustra*, cit., pp. 134, 136, 137; Id., *Also sprach Zarathustra*, cit., pp. 95, 100.

[178] Pariani, *Vita*, p. 76.

[179] Cfr. Zanetti, *Campana e il mondo delle immagini*, cit., pp. 135-168.

[180] Cfr. Freud, *Eine Kindheitserinnerung*, cit., p. 28; Abraham, *Giovanni Segantini*, cit., p. 61; *Vca*, p. 112; *Lpd*, pp. 39, 247-249.

[181] Cfr. Freud, *Eine Kindheitserinnerung*, cit., p. 69.

[182] Cfr. Abraham, *Giovanni Segantini*, cit., pp. 9, 48; *Lpd*, p. 56 e n. 3.

[183] Cfr. Ardengo Soffici, *Dino Campana a Firenze*, in Id., *Ricordi di vita artistica e letteraria*, Firenze, Vallecchi, 1931, p. 127.

[184] *Lpd*, pp. 18, 21, 41, 51, 102, 106; *Vca*, p. 99.

[185] *Vca*, pp. 80, 81, 85.

«CHIUDO IL TUO LIBRO, SNODO LE MIE TRECCIE...». UN AMORE CONTRASTATO: DINO E SIBILLA

Es ist immer etwas Wahnsinn in der Liebe.
Es ist aber immer etwas Vernunft im Wahnsinn
NIETZSCHE, *Also sprach Zarathustra*[1]

L'appassionata, breve e violenta storia d'amore fra Sibilla Aleramo e Dino Campana è stata raccontata molte volte, da punti di vista diversi e con varie sfumature[2]. Basterebbe questo per domandarsi se può servire narrarla nuovamente. Nel corso del tempo, però, sono emersi documenti e riscontri che hanno permesso di capire meglio i fatti, allontanandoli dalla leggenda, o peggio dalle ragnatele romantiche, e consentendo di inquadrarli entro una cornice più vicina, se tanto è lecito dire, alla realtà. Va poi aggiunto che, da un lato, è necessario togliere le incrostazioni fantasiose che via via hanno dato nuove forme e colori al «viaggio chiamato amore», tanto da renderlo più vicino a una truce leggenda che alla realtà; dall'altro, che occorre forse ricorrere a elementi che possano servire a leggere la vicenda sotto una specola, se non più serena, certo meno picaresca.

Conosciamo le lettere – anche se purtroppo non tutte, e a volte di incerta datazione, alcune forse non sono state neanche spedite – che i due amanti si sono scambiati. Inoltre la scrittrice rievoca con un *mix* di lirismo e di ferocia la figura del poeta in alcuni brani di un romanzo autobiografico, *Il passaggio*, terminato nel settembre del 1918 (giudicato inguaribile Campana è stato nel frattempo internato nel cronicario fiorentino di Castel Pulci e non ha più il diritto di difendersi) e dato alle stampe nella primavera del 1919[3]. La natura dei personaggi, lei femminista *ante litteram*, lui poeta oramai irrimediabilmente «pazzo», continuano del resto a intrigare: basterebbe curiosare sul *web* per vedere quanto l'incontro fra i due non cessi di incuriosire e di generare fantasie. Perché allora tornare un'altra volta su una storia di cui oramai conosciamo quasi tutto, dalle parole d'amore agli atti di violenza ai dettagli più scabrosi e dolorosi (per non dire, come occorrerebbe a volte, pettegoli e morbosi)? Perché sull'incontro fra Sibilla e Campana non è stato detto ancora tutto. Né mai, va da sé, si potrà veramente dire tutto. E anche perché questa vicenda, tanto delicata e tragica, è stata in genere raccontata più con la voce di lei che con le parole di lui.

L'amore scoppia, come un colpo di fulmine, ai primi di agosto del 1916. All'epoca la Aleramo, che ha quarant'anni (Campana ne ha trentuno, e la sua malattia sembra avanzare oramai inesorabilmente), è già conosciuta al grande pubblico: come donna e come scrittrice. Ancorché non sempre, anche questo fa parte di un *gossip* velenoso e diffuso, nel segno dell'immacolatezza. È impegnata, come paladina della causa femminile, e, almeno ai tempi della sua convivenza con lo scrittore Giovanni Cena, come persona sensibile alle questioni sociali. Ma è anche tenacemente anticonformista. E a volte cerca lo scandalo: basti pensare all'amore lesbico per una «fanciulla maschia», o, più in là, quando Campana è già in manicomio, a un romanzo uscito da Mondadori nel 1927 e intitolato: *Amo dunque sono* («s'è distrutto e stava per distruggermi», scriverà ricordando brevemente l'incontro con l'«Orfeo folle»: «Ma, nessuno, nessuno m'ha amata mai con pari impeto»). Come se l'amore, o la sua assenza, debba essere l'unica panacea che nutre il suo pensiero, la sua visione delle cose, gli antri profondi dell'esistenza, l'idea medesima della vita. Non è pertanto un caso del destino che sul conto della scrittrice siano circolate tante leggende che certo non hanno contribuito a dare un'immagine positiva di lei. Non solo, va aggiunto, per colpa sua. Assai più complessa è la figura di Campana. Sono ben note, anche ai lettori di questo libro, le vicissitudini della sua esistenza, le storie dei vagabondaggi pressoché ininterrotti, le traversie legate a una follia che mostra i primi preoccupanti segnali quando il ragazzo entra nell'adolescenza e che si trasforma in un ricovero, il primo di una serie, quando il futuro poeta ha compiuto da poco i ventun anni. Il giovanotto scappa spesso da casa per mettersi a vagabondare, in Svizzera, in Francia, in Belgio, in Argentina, nelle città dell'Italia del nord, sulle montagne di quella centrale, in Sardegna. Sempre in fuga dagli altri. Sempre in fuga da se stesso.

Dino e Sibilla sono figure oltremodo inquiete. Non si conoscono di persona. Così almeno pare. Ma hanno amici comuni: come Leonetta ed Emilio Cecchi. Amano la poesia. Condividono delle passioni, sul piano delle letture. Hanno gli stessi interessi, mentre la Grande Guerra incombe minacciosa sui cieli dell'Europa, di molti altri giovani letterati: leggono per esempio il filosofo tedesco Nietzsche e il poeta americano Whitman. Entrambi, anche se da punti di vista assai diversi, credono nell'arte come a qualcosa di assoluto. Ma poi, guardando meglio, oltre la superficie, i due sono anche molto diversi fra di loro. Sibilla, che assume molto spesso e volentieri pose da *femme fatale*, è al centro di mormorii e di scandali: per quello che scrive, per quello che pensa a voce alta, per quello che fa, per il rosario sorprendente dei suoi amori. Campana, che di amori sembra non averne, almeno prima di incontrare la Aleramo, è conosciuto negli ambienti letterari fiorentini e bolognesi per le innumerevoli stravaganze commesse. Sibilla è stata a Parigi, accolta con affetto e simpatia, e forse con l'appendice di qualche avventura, l'ennesima, e di qualche pettegolezzo, nei saloni letterari, nell'*atelier* di Rodin e negli studi di Apollinaire, Valéry, Verhaeren. Anche Campana a dire il vero è stato nella capitale francese: ma solo nei luna park, forse nei bordelli, probabilmente in biblioteca, certamente nei musei, dove ammira le opere di Leonardo, di Millet, di Van Gogh, di Manet e di altri.

Sibilla, il suo vero nome è Rina Faccio, è famosa da dieci anni. Da quando cioè ha pubblicato un romanzo scabroso e delicato, *Una donna*, nel 1906. Una storia, ha fatto arricciare il naso a molti benpensanti, che è anche un *j'accuse* che inquieta profondamente una società spesso chiusa e puritana. Un libro che ha fatto discutere molto e sul quale non tutti concordano. Giusto lasciare il marito, e il letto coniugale, anche se il matrimonio è stato stipulato per convenienza, non certo per amore, contro la propria volontà e con un uomo violento? Giusto soprattutto abbandonare un figlio, perdendo – così prescrivono le leggi che puniscono le madri «snaturate» – il diritto di averlo con sé? Si possono sacrificare i valori della maternità nel nome di un moto, suvvia!, ammettiamolo, pur comprensibile di rivolta? Tante oramai, anche in Italia, sono le discussioni intorno alla posizione sociale della donna. Sui suoi diritti e sui suoi doveri. Poche donne tuttavia, solo le più leggere o le più coraggiose, rinunciano all'idea del ruolo centrale della madre. Perché la famiglia resta il fulcro della vita. Tutto il resto viene in secondo piano. Sibilla ha scritto il romanzo nel 1902. Un anno dopo ha mandato il manoscritto a Ersilia Bronzini Majno, la prima presidente dell'Unione Femminile Nazionale. Chi meglio di lei può essere sensibile a questioni tanto delicate? La Bronzini Majno, però, le ha risposto seccamente. Quel «denudarsi in pubblico» di Sibilla, ambiziosa soltanto di «farsi un posto tra le scrittrici», ha replicato senza mezzi termini, è più vergognoso che giusto. Perché una madre emancipata non scrive soltanto per vendicare i torti subiti. Una vera donna, ecco il pensiero delle femministe, si occupa dell'educazione dei figli. Ha il compito di formare la loro coscienza, deve «agire per purificare l'ambiente in cui vivranno». «Chi vuole la verità non vuole la vita»[4], ha ribattuto risentita Sibilla. Abbandonare un figlio, ha replicato secca Ersilia Bronzini Majno, troncando sul nascere il discorso, non serve certo alla nobile causa delle donne. D'accordo i diritti, ma prima occorre badare ai doveri e alle decenza. Discorso chiuso.

Nel 1916, l'anno dell'incontro, Campana ha sulle spalle un rosario di stramberie, di liti, di fughe e di malattie. Alla fine del 1915 è stato colpito da una paresi facciale. Tutti oramai, e come potrebbe essere altrimenti?, lo prendono per un pazzo. A cominciare dal suo paese. Il «matt Campèna» si difende come può e chiama «sciacalli» i marradesi. Ma è una lotta impari. Dino è solo contro tutti. Certo anche per questo continua a sognare, pur avendolo già fatto altre volte, di poter lasciare l'Italia. Per andare a cercarsi un lavoro e una rivalsa. In Svizzera. In Francia. O dove Dio vorrà. Alla fine di maggio è a Livorno. Viene arrestato perché lo scambiano, con quei capelli biondo-ramato e quella faccia da fauno, per una spia tedesca. Prima di andarsene riesce anche a sfidare a duello, almeno a parole, il direttore del «Telegrafo», il giornale locale. Uno dal sangue caldo. Figlio del proprio tempo. E delle sue convulsioni. Vive, il poeta, con i pochi soldi che la famiglia, settimana dopo settimana, mese dopo mese (quando lo sanno trovare), gli passa. Ha vagabondato ancora a lungo. Poi, rientrato un'altra volta, ha vissuto a Lastra a Signa, dove il padre è stato trasferito («qualcosa ho già fatto...», scrive intanto al fratello: che vorrà mai dire quel «qualcosa ho già fatto...»?)[5]. Ora che si avvicina in fretta il tempo dell'incontro con Sibilla, per vivere al solito lontano dalla madre, sta in casa di contadini, a Rifredo, vicino a Firenzuola. Per riabilitarsi dalla malattia. Impossibile, per lui, trattenere il livore che gli scorre nelle vene. A scrivere, in Italia, rimugina tra sé, sono soltanto dei «falsi giovani» e «l'atmosfera è ormai irrespirabile». Un'idea, anzi un sogno, Dino ce l'avrebbe. Ripubblicare i *Canti Orfici* presso un editore degno di questo nome. Non ha scritto del resto Emilio Cecchi, recensendoli positivamente, il 21 maggio, sulla «Tribuna»: «Certo è che una riedizione del libro, con facili tocchi, lo farebbe rinascere a vita sicura»[6]? Ma chi crede veramente in lui? Chi, al di là delle belle parole, potrebbe dargli un briciolo di fiducia? E soprattutto vorrebbe metterci il gruzzolo necessario? Per passatempo, mentre prende il fresco, Campana sfoglia gli ultimi numeri della «Voce» e della «Riviera Ligure». Ma il suo commento è sprezzante: «Che noiosi mio Dio! Tristezza macabra delle cose a cui manca lo spirito»[7].

La Aleramo è sulla bocca di molti. È una «mantide», sussurra qualcuno. È una «mangiauomini», ammicca qualcun altro. È un don Giovanni all'incontrario, aggiungono i più colti. Quanti sono finiti nella sua tana, mormorano i più volgari. Ha avuto una relazione con Giovanni Cena (ricorderà lo scrittore svizzero Francesco Chiesa, che conosce Cena, a Roma, ai primi del Novecento: ebbe «la ventura e la sventura d'una bella donna che un giorno entrò nella sua vita grigia; gliela illuminò un giorno o due, poi...»)[8]. Poi è stato il turno di Vincenzo Cardarelli. Poi di Giovanni Papini. Poi di Giovanni Boine. Poi di Umberto Boccioni. Poi ... «Ho fatto piangere tanti dacché vivo», si vanterà lei. Campana conosce Sibilla solo di nome. Non ha letto *Una donna*. Né gli interessa farlo. Del resto non ha tempo né voglia di sentire il «sapore dolciastro della letteratura femminile». Ma di lei, su questo non ci piove, ha sentito parlare. E conosce l'eco delle sue storie. E ne è anche incuriosito. Tutte fandonie, lo ha ammonito Cecchi. Perché Sibilla è una «buonissima donna». Pure Dino la pensa così: anche se qualche giorno dopo averla incontrata per la prima volta la dirà, allineandosi all'opinione sprezzante di molti, una donna «sitibonda»[9].

Forse «il viaggio chiamato amore» nasce da quel «tragico istinto» che ne *Il passaggio* la scrittrice dice di avere[10]. Forse lei è attratta da un verso («una signora si innamorò dei miei occhi di fauno») che ha letto in una poesia campaniana, *Arabesco-Olimpia*, uscita sulla «Riviera Ligure» nella primavera di quello stesso 1916. L'immagine, che ha vari precedenti: da Hawthorne a Rimbaud a Verlaine, è forse ripresa da Weininger, che dice che la donna non cerca l'apollineo, nell'uomo, e neanche il dionisiaco, ma ciò che rassomiglia al faunesco[11]. È comunque la scrittrice, così sembra, a rompere il ghiaccio. Quel poeta tanto selvatico e stravagante, che ama rifugiarsi sulle montagne, come Zarathustra, deve incuriosirla non poco. E forse, un poco, la intriga. Prima del loro incontro Campana le ha mandato «due cartoline squisite»[12]. Chissà che cosa le ha detto. «Abbacinata e incantata insieme», lei scrive a Campana il 10 giugno del 1916, dopo avere letto i *Canti Orfici*[13].

Il 22 luglio il poeta, da Barco, una frazione di Rifredo, nel Mugello, dalla casa dei contadini si è trasferito in una locanda, manda alla scrittrice, che è ospite in campagna del direttore dell'Istituto francese di Firenze, una cartolina postale un po' scoordinata, Sibilla la definirà poi «bizzarra»[14]. Il poeta si dice «orribilmente annoiato». Cita Francesco, il santo eremita della Verna. Allude a un poeta americano. Profetizza per se stesso un futuro incerto («finita la guerra *non esisterò più* ammesso che esista ancora»). Poi scioglie qualche goccia di veleno nell'inchiostro quando viene a parlare dei letterati fiorentini. «Egregia Sibilla», confessa, raddrizzando il tiro: «Vorrei scrivervi ma non posso. Sono orribilmente annoiato. Conoscete Walt Whitman? Non capisco come facciate a vivere a Firenze e a conoscere certa gente». E quindi aggiunge un poco enigmaticamente (parla di figli, Dino, o di poesia?): «Non avrò eredi. Anderò col mio famoso fardello dove anderò»[15]. Risponde non meno sibillina la Aleramo, insistendo a sua volta sul vuoto di una solitudine che neanche tanto implicitamente lei vorrebbe riempire, e aggiungendo di vivere «in una casa di campagna, grande, deserta» (è la «Villa La Topaia» a Borgo San Lorenzo): «adesso siamo più vicini». Tornando su san Francesco cita quindi un passo della *Notte* di Campana: «nata signora, mi son spogliata via via di molte cose, "felice d'esser povera ignuda" – vi parafraso», dice. E, chiedendo una copia dei *Canti Orfici*, non senza dipanare il suo filo aracneo («se ci mettete il vostro nome e il mio»), manda a Dino alcune cose sue, «giornalismo, non altro», da leggere, su Parigi, la Provenza, Assisi, sul poeta di *Leaves of Grass* e su «ricordi d'infanzia»[16]. Chissà che a Dino, più tardi, quando tutto sarà finito, non venga in mente un passo della *Notte*: «sul tesoro fiorente di una fanciulla in sogno la vecchia stava ora aggrappata come un ragno mentre pareva sussurrare all'orecchio parole che non udivo, dolci come il vento senza parole della Pampa che sommerge. La matrona selvaggia mi aveva preso: il mio sangue tiepido era certo bevuto dalla terra»[17].

«LA VRAIE MONTAGNE DES SOLITAIRES»

Non possono non intrigare il poeta passi come questi, che legge nei «ricordi d'infanzia» di Sibilla usciti sulla «Voce» nel novembre del 1913: «Ogni interpretazione del mistero universale data dal genio non ha che uno strettissimo cerchio di intenditori, e qualche volta non l'ha neppure, e il genio si trova a creare unicamente per sé, con la stoica certezza che la propria visione trascende le possibilità dei circostanti». Non può non attirare la sua attenzione l'incontro della scrittrice, sull'isola di Ischia, nel 1915 Campana pensa di andare a Capri a trovare Italo Tavolato, con «le fanciulle scalze, dal chiaro sorriso e dagli occhi lunghi rilucenti», tanto vicine alle «antichissime fanciulle» e all'ancella «languida nella sua grazia selvaggia, gli occhi dolci e acuti come un gorgo» della *Notte* campaniana[18], insieme – per chi ha visto «I colli di Spagna | Svanire, nel verde | Dentro il crepuscolo d'oro la bruna terra celando | Come una melodia: | [...] | Blu»[19] – alle «grandi azzurrità sopra e intorno le piccole terre d'oro e di verde, sopra e intorno alle pietre alle selve ai nidi luminosi degli umani». Ma soprattutto è proprio nei «ricordi d'infanzia» che forse Dino trova quello che più gli interessa. Scrive la Aleramo: «nell'infanzia era consueto, quasi costante, questo stato di letizia eterea? Forse sì. Inconsapevole, certo». Poi aggiunge, parlando di «intensità trasfiguratrice»: «Tutto era apparizione, tutto era visione. Nulla aveva nome. O se qualcuna cosa l'aveva non importava, andava anch'essa confusa con gli altri aspetti innumerevoli, così come le poche stelle che mio padre mi additava la sera amavo si smarrissero nel remoto folto, forse tumultuoso, di cui sapevo non mi sarebbe mai giunta l'eco». E ancora: «Perenne nelle vene lo stupore. Luci e ombre, suoni, forme metamorfosi»[20]. «Letizia eterea», ripete forse Dino guardando giù lungo la valle: «intensità trasfiguratrice».

Il giorno dopo Sibilla scrive una lirica – è datata «Mugello, 25-7-1916» – che comincia con questi versi che associano poesia e sensualità. Anzi, che trasformano un rituale orfico in un invito erotico: «Chiudo il tuo libro | Snodo le mie treccie, | o cuor selvaggio, | musico cuore» (il «cuor selvaggio, | musico cuore» è naturalmente quello di Campana). Si legge ancora: «Smarrivamo gli occhi negli stessi cieli, | meravigliati e violenti con stesso ritmo andavamo, || liberi singhiozzando, senza mai vederci, | né mai saperci, con notturni occhi»[21]. È facile immaginare quale impressione possano fare questi messaggi tutt'altro che innocui o criptati, anzi piuttosto espliciti, in una mente, in questo campo, tanto *naïve* qual è quella di Campana. E forse, chissà, ricorda le «long, wavy tresses» della fata italiana cantata dal poeta americano George Campbell Ogden in un libro letto a Ginevra l'anno prima[22]. Il 27 luglio il poeta risponde, stavolta in francese, baciando le mani della corrispondente e firmandosi «Votre Cloche». «Je vois que nous pourrons être des amis si vous le voulez», scrive impacciato ribadendo di vivere nella solitudine («Ici [...] c'est la vraie montagne, la vraie campagne des solitaires»). E aggiunge, proponendo di condividere l'ammirazione «pour cette ligne sevère e musicale des appenins»: «Comment vous ennuyez vous en votre solitude? Aimeriez vous de vivre un peu sous la tente?»[23]. Sibilla risconta il giorno dopo. I giochi, oramai, sono fatti: «La solitudine ed io siamo buone compagne», confessa, dicendo di stare a sua volta in un eremo. Poi aggiunge: «ho sentito molto il vostro spirito qui attorno, in questi giorni». E conclude: «cotesta occhiata agli Appennini la darei volentieri, con voi». Tanto da acconsentire all'invito di Campana: «Vivere un poco sotto la tenda – perché no?»[24].

Così, avvicinando i propri «eremi», anzi cercando di sovrapporli, i due decidono di vedersi. Campana, un poco intimidito, confessa che la storia della tenda non è da prendere alla lettera. Definendosi «un gentil garçon», dice comunque di aspettare Sibilla («È una donna che capisce», scrive a Cecchi, ricordando, insieme ai «ricordi d'infanzia», il suo interesse per Whitman e san Francesco)[25]. Lei risponde, non senza alludere al «travagliato nodo della *propria* anima», dando altra corda e soprattutto – sognando di guardare «le poche stelle» smarrirsi «nel remoto folto, forse tumultuoso», di cui non giunge mai l'eco – gettando altra e più potente esca sul fuoco. «Forse resterò anche la sera», butta là («l'ora di grazia della giornata, di riposo e di oblio», la dice Dino: «siamo poeti notturni, le stelle ci propizieranno l'avvenire»)[26]. Il primo incontro avviene così il 3 agosto del 1916 al Barco, tra Firenzuola e Scarperia. Sibilla e Dino rimangono insieme fino alla domenica 6. Parlano a lungo delle loro vite, e delle loro ambasce, leggono poesie, citano versi a memoria, fanno l'amore, tornano a parlare delle loro vite, delle loro traversie, rileggono poesie, citano a memoria i poeti che più amano, tornano a fare l'amore... Per la donna Campana mette una dedica su una copia dei *Canti Orfici* («Con cuore fraterno a Sibilla Aleramo»), dove poi aggiunge di propria mano quattro nuove liriche[27]. Anche Sibilla scrive qualcosa per lui: «Tutta io mi sento fiore immersa nella lussureggiante natura. Per un'ora, per mille, in un inumerato tempo...»[28]. Il 6 agosto, lasciandogli in pegno la sua sciarpa azzurra, lei, che non è ancora del tutto libera, riparte per tornare da Raffaello Franchi. Era stato il suo giovane compagno a farle conoscere le poesie di Campana.

Dino è tranquillo, inusualmente dolce, innamorato come un fanciullo. La scrittrice non deve essere del tutto informata delle stramberie di Campana, ben note invece ai fiorentini, che forse non le dicono tutto. Sa però che cos'è la follia, dato che sua madre, dal 1893, è in manicomio. Da quel momento lei non l'ha più cercata. L'amore comunque, se di vero amore e non di infatuazione si tratta (esiste solo l'amore platonico, afferma Weininger, che lei conosce bene e che Campana ha letto forse a Bologna verso il 1912)[29], scoppia a prima vista come una bomba. Ed è tanto violento che Mario Luzi parlerà poi di «deflagrazione»[30]. Sibilla dirà, molti anni dopo, nel 1950, per fuggire da ogni responsabilità: «l'amore divampò, in un delirio selvaggio». E subito aggiungerà, per togliersi di dosso ogni sospetto di complicità o peggio di colpa: «Campana era già pazzo, già stato rinchiuso due volte per qualche settimana in manicomio, ma io non volevo crederlo tale, e nei primi tempi, per tutto il mese anzi che passai con lui lassù, in una località detta Casetta di Tiara, egli fu, pur in mezzo a mille stravaganze, molto tranquillo, dolcissimo, innamorato come un bimbo»[31]. In realtà i suoi sentimenti, subito dopo il primo incontro, sono ben altri. Rina manda al poeta pagine appassionate. Fra il 6 e il 7 agosto, si sono appena lasciati, scrive a Campana: «Perché non ho baciato le tue ginocchia? Avrei voluto fermare quell'automobile giù per la costa, tornare al Barco a piedi, nella notte, che c'è il tuo petto per questa bambina stanca». Pensando ai loro discorsi, a ciò che lei gli ha raccontato di sé e delle sue «memorie affannose», ricorda con enfasi dannunziana: «I nostri corpi su le zolle dure, le spighe che frusciano sopra la fronte, mentre le stelle incupiscono il cielo». E poi aggiunge, dopo avere mormorato: «Oh, tu non hai bisogno di me!»:

> È vero che vuoi ch'io ritorni? Come una bambina di dieci anni. È vero che mi aspetti? Rivedere la luce d'oro che ti ride sul volto. Tacere insieme, tanto, stesi al sole d'autunno. Ho paura di morire prima. Dino, Dino! Ti amo. Ho visto i miei occhi stamane, c'è tutto il cupo bagliore del miracolo. Non so, ho paura. È vero che m'hai detto *amore*? Non hai bisogno di me. Eppure la gioia è così forte. Non posso scriverti. Verrò il 19, dovunque. [...]. Son tua. Sono felice. Tremo per te, ma di me son sicura. E poi non è vero, son sicura anche di te, vivremo, siamo belli. Dimmi. Io non posso più dormire, ma tu hai la mia sciarpa azzurra, ti aiuta a portare i tuoi sogni? Scrivimi![32]

Campana risponde alla «bella dubitosa» il 7 agosto: «vi vedo quà in fondo ai pensieri e in fondo al paesaggio», osserva con meno enfasi[33]. Sibilla riscontra, è lei a scrivere quasi sempre nei giorni seguenti, mentre Dino tace all'improvviso. Quel «vivremo, siamo belli», chissà, deve ronzare nella sua mente come un sinistro presagio. O come la bellezza della Medusa. Così come tante altre parole di Sibilla hanno il potere di attrarlo e di mettergli indosso un profondo senso di paura. Ecco qualche spezzone di lettera della Aleramo: «Tremo aspettando che tu mi scriva. M'hai amato, quei giorni. T'ho avuto tutto nel primo sguardo, così interamente. Perché tremo?»; «quando t'ero accanto [...] non sapevo che piangere o baciarti. E ho fatto piangere tanti dacché vivo»; «ardo [...] nel pensiero di te e non trovo più il sonno». Chiamando il poeta «mia bella belva bionda», la scrittrice aggiunge: «Ci siamo meritati il miracolo. Lo vivremo tutto». E quindi, pensando al suo «fauno»: «Saremo soli sulla terra. Bruceremo». Oppure: «Dimmi che mi manca così il respiro perché mi chiami, perché mi vuoi...». E ancora: «Ti farò gridare di gioia quando ci riprenderemo. Poi piangeremo di felicità, tanto...»[34].

I due nuovi amanti si ritrovano qualche giorno più tardi, e poi ancora altre volte. A Marina di Pisa, vicino alla villa di D'Annunzio, leggono insieme *Forse che sì forse che no*. Sibilla convince anzi Dino, che in realtà lo detesta (più tardi lo chiamerà «vate buffone» e «vate grammofono»)[35], a spedire a D'Annunzio una copia dei *Canti Orfici* con questa dedica: «Dalla casa vostra di Marina con grande amore e grande ammirazione»[36]. La storia andrà avanti, fra alti e bassi, sino alla fine del 1916. Cioè per alcuni pochi mesi. Insieme Dino e Sibilla, la terra sembra fuggire sotto i loro piedi, passano alcuni giorni ai Bagni di Casciana, a Casetta di Tiara, a Settignano, a Marradi (per Natale: nel paese, dirà una testimone a Sergio Zavoli, mentre lei lo segue dimessa, la gente dice: «povera ragazza, non le capiterà niente di buono con *quello lì*»)[37], a Firenze.

Nel frattempo però la «bambina stanca» ha già provato sulla propria pelle gli effetti della malattia della sua «bella belva bionda», che in settembre deve confessarle: «Mi accorgo di sragionare». Il 3 ottobre Sibilla scrive a Cecchi da Marina di Pisa: «C[ampana] è malato profondamente, neurastenia con mania continua di fuga, di annientamento. È atroce quel che la vita può su un uomo. [...] Bisogna che senta altri *cuori* oltre al mio, che lo voglion *vivo*»; e il 22 ottobre dai Bagni di Casciana: «C[ampana] mi ama: con la passione di un fanciullo, d'un selvaggio e, ahimè, d'un pazzo. Ed è una cosa divina e sacra»[38]. Ecco forse perché ha voluto parlare di «miracolo». Un po' il «fauno» pare pentirsi, un po' divertirsi, un po' camminare smarrito nel buio della propria strada. Su un foglietto annota: «Mia cara Sibilla, | Vivi gioconda e tranquilla»[39]. Le furibonde liti però si ripetono. Il 25 ottobre, a letto con la febbre, la Aleramo scrive ancora a Cecchi che Campana se ne è andato: «dopo una serie di giorni e notti», confessa con amarezza, «in cui ho ascoltato le cose più atroci, subito le cose più atroci». Dopo avere avuto «come un risveglio», il poeta è fuggito di nuovo sulle montagne, «lassù in Mugello», aggiunge lei, «lontano dal mondo»: dove «le poche stelle», come già sappiamo, vanno a smarrirsi «nel remoto folto, forse tumultuoso». Ancora non si dà per vinta, la donna. Troppo intenso e forse ineguagliato è stato l'incontro con il poeta «orfico»: «Eppure, è amore, è dolore, una cosa orrida e meravigliosa. Vedere nel suo cuore, ho meritato questo dono spaventoso. [...] se sapeste il grado della sua sofferenza!»[40]. Da parte sua, scrivendo a Boine, e dicendo di avere molto patito (chissà che non ricordi un passo misogino letto a Ginevra: «il n'y a guère de grande âme qui n'ait souffert positivement par la femme»)[41], il poeta dà della «troia» all'amante[42]. Sibilla continua a scrivergli e a sperare che guarisca dalla sua malattia. «Forse vinceremo», conclude, perché, aggiunge fiduciosa, il loro è un amore «consacrat*o*». Il 27 ottobre si firma: «La tua amica, la tua bambina, il tuo amore»[43]. Allora Dino si pente, cede, risponde. Dice di adorarla, di stare male, di non sentirsi più poeta: «neppure le acque e neppure il silenzio sanno più dirmi nulla»[44]. Le ha confessato un giorno di soffrire da quando è entrato al liceo di Faenza. Cinque anni dopo, nel 1906, verrà ricoverato al manicomio di Imola e la diagnosi è spietata: «demenza precoce», cioè schizofrenia. Anche l'amante patisce molto. Da quando ha lasciato (o le hanno tolto) il figlio Walter, che rivedrà soltanto nel 1933.

Lei torna a supplicare la sua «belva bionda». Vuole che si ritrovino a Firenze. E Dino, finalmente, cede. Così i due «poeti notturni» si rimettono insieme, a Settignano, lasciando cadere una pietra su tutto. Ma poi subito litigano. Forse è la gelosia, forse l'insofferenza, forse... Ai primi di novembre, però, si separano di nuovo. Campana, che vive a Casetta di Tiara («Fuyez dans d'obscures retraites», ammonisce Nietzsche)[45] da dove scrive il 23, dopo avere riflettuto a lungo, dice la propria esistenza «una contraddizione orribile»: «la natura nelle sue bufere è infinitamente più dolce della vita»[46]. Intanto qualsiasi nuovo tentativo di rappacificazione fallisce. Ogni incontro si trasforma in motivo di liti, improvvise e violente. «Sono tre mesi che ci strappiamo di mano i resti del nostro amore», scrive irato Campana mentre Sibilla, dicendosi «sola come mai», decide di andarsene lontano e fugge a Sorrento[47]. Pieno di livore, il «fauno» la invita a tornare da un antico amante, Giovanni Cena, a sua volta abbandonato. Intanto, per punzecchiare la donna, racconta di avere ritrovato, nel frattempo, «una russa incredibile, venuta dall'Africa». Si chiama Enca: l'ha conosciuta in luglio[48]. Sarà un'«avventura di triste ripicco», commenta ironica Sibilla. Del resto, ne è certa, è stata lei l'unica donna («povero mio, mio, ch'io sola ho amato»)[49] di Campana.

Intanto però, in un gioco perverso di reciproche provocazioni, di ammiccamenti e di gelosie, il poeta manda «biglietti cinici» alla «vergine violata», e aggiunge: «Non voglio che tu mi ricordi. Non mi scrivere. Ti amo»[50]. Giocando al gatto e al topo Sibilla ribatte con una poesia. Comincia con: «Rose calpestava nel suo delirio» e parla di un «feroce male» (quello di Dino), di un «corpo bianco» (il proprio) e, sempre alludendo alla propria esperienza, di «lividur*e*», «pugn*i*», «sput*i*» e «martirio»[51]. Ecco cosa vuol dire mettersi con un forsennato. Prima di Natale, in occasione di un nuovo incontro a

Settignano, Campana si dice pentito. Ma la lettera di una testimone, del 22 dicembre, lascia pochi dubbi: «Tutta la notte si sono battuti e graffiati», scrive la giornalista svedese Astrid Ahnfelt che ha affittato la camera ai due: «Si ammazzano senz'altro, se qualcuno non interviene. Egli [cioè Campana] ha detto che non tornerà più, ma chi mi assicura, ch'ella non gli vada in cerca. [...] Tutta la notte a temere qualche grave fatto. Tutto quanto è così disgustevole»[52]. Rimasto un'altra volta solo, Dino ricorda con astio le «furie della pitonessa», cioè del serpente che ammalia e poi stritola, e dice di essere certo che tutto oramai è finito[53]. Senza rinunciare a una teatralità cui non riesce mai a sottrarsi, Sibilla scrive, insistendo sulla passione messa nel rapporto con il poeta «matto»: «Non avevo mai impegnata così totalmente la mia esistenza: era adorazione, sommissione, negazione mia totale... Ora non saprò mai più amare»[54].

Forse per il Natale del 1916 la «pitonessa» è a Marradi. Più probabilmente però immagina solo di stare con Campana. E se ci è andata per davvero, non ha trovato il poeta. Nella visione della vigilia Sibilla, oramai terribilmente «sola nel mondo», vede un «letto profondo», nel paese di Dino, accanto al fiume, e sogna, scrive, «rosa per la *sua* fronte», «di addormentar*si* – e svegliar*si* il mattino di Natale, bimba. C'è un bimbo, un fratellino vicino a Rina – oh Dino, Dino, che cosa si scioglie nel cuore di Rina?». E aggiunge: «Silenzio, tienmi le mani. Nessuno m'ha detto mai, da bimba, una favola bella. Guardavo le stelle, come te. Stanotte non ci saranno. Ci saremo noi, favole, stelle, cose lontane, irraggiungibili. Nessuno mai più ci coglierà, anche se crederà vederci, sentirci. Stelle»[55]. Campana però non ha più tempo per le favole, né guarda le stelle, né sogna cose lontane e irraggiungibili. Un ultimo incontro ha luogo tra la fine di dicembre e i primi del 1917. Da Livorno Dino scrive, ricordando con astio la comune lettura di D'Annunzio («Nessuno come lui sa invecchiare una donna o un paesaggio»). E conclude perentorio, con un po' di ironia e un po' di scombussolamento, rivangando un vecchio sogno: «potrei dimenticarti solo per andare molto lontano e non tornare più»[56].

«SFERZO LA CHIMERA PERPETUA»

In questo modo, e con queste parole ferme e disperate di commiato, finisce l'appassionata, breve e violenta storia d'amore tra Sibilla e Dino. (Racconterà Fanny Campana scrivendo a Sibilla: «Egli mi disse che lei era molto buona, ma che il carattere suo violento non poteva frenarlo»)[57]. E se la cronaca chiude i suoi conti, gli strascichi, pesanti e dolorosi, andranno avanti ancora per un anno. La Aleramo, che lo fa visitare da uno psichiatra fiorentino, e che confessa di avere pensato al suicidio, scrive di non avere mai sofferto tanto come nei «sei mesi di martirio» passati con Campana. Ma quella, almeno, deve poi aggiungere pensando all'intensità dei momenti trascorsi con il poeta dei *Canti Orfici*, «era vita»[58]. Anche Campana, passate le furie, cerca Sibilla. Dice di amarla ancora. Senza però riuscire a non pensare all'«assurdità» del loro amore[59]. Quindi, memore forse del proposito di «andare molto lontano e non tornare più», e magari anche di un appunto misogino letto a Ginevra («buona femmina e mala femmina vuol bastone»)[60], parte per il Piemonte. Non c'è miglior medico e neanche medicina più efficace, si sa, della lontananza. Intanto la donna continua a scrivergli e soprattutto a tormentarlo. Prima con dolore. Poi con rabbia. Quindi con astio velenoso («cane arrabbiato che m'hai morso, muoio, ma ti taglieranno la testa»). Infine con ironia sciolta nel disprezzo («Ingrassi? O fai versi?»). Da ultimo, tornando a essere se stessa, in modo sempre più teatrale, quasi evangelico, certo un poco irritante («Non so [...] se debbo [...] salvarti con la mia rinuncia, col farmi amare da lontano»).

L'8 marzo Campana risponde spazientito: «Già vi dissi che preferivo uccidermi piuttosto che vivere con voi. Questa mia decisione si è consolidata. Lasciatemi dunque perdere». E ripensando a quello che è successo: «Sento che non potrò mai più perdonarvi»[61]. Ma sono propositi di carta straccia e già il giorno dopo chiede perdono. Allora è Rina, come la chiama lui, a fare la sostenuta e a lamentare i mesi «d'orribile oscurità» che sta vivendo. Rimproverandosi «d'aver durato il martirio più infame», replica risentita: «Perdonarmi? D'esserti venuta incontro, d'averti creduto un uomo libero e grande, d'averti parlato come parlo soltanto all'anima mia»? La generosità è stata ripagata con l'ingratitudine e la violenza, frutto di una mente sconvolta. Annota Sibilla: «Dino, povero, povero, povero»[62]. Stavolta Campana non para il colpo e addebita tutto quanto è successo alla «miseria» o al «destino». Anche Fanny, la madre del poeta, si mette di mezzo per invitare Sibilla a «legalizzare l'unione». Chissà che finalmente il figlio «matto» non tenga la testa a posto... Intanto però i due «poeti notturni» tornano a dirsi addio. Forse, prima, si sono incontrati per davvero. «Abbiamo fatto il giro del lago», scrive Dino. «Sento che sorrido, | intenerita», ribatte lei[63].

In una tormentata alternanza di sentimenti, di riavvicinamenti e di liti furibonde, ai primi di maggio Campana, che è tornato a Firenze, scrive pateticamente: «sono passato e passo a guardare la tua finestra chiusa e a baciare il vetro della cassetta delle lettere che una volta lasciava vedere *Sibilla Aleramo*». Poi, riavendosi all'improvviso, e ricordando un'avventura avuta in Piemonte («avevo trovato una pupattola e ci recitavo la commedia dell'amore disperato»), aggiunge provocando: «Non so perché ti scrivo lettere assurde»[64]. Sono missive spesso disperate, a volte ironiche, spazientite, irriverenti. Guardate in controluce, appaiono come sono: intrise di amore e di sconforto, di speranza e di rabbia, di fiducia momentanea e di spaesamento. Sibilla, da Milano, definendosi «una bambina battuta e sperduta», scrive di avere sognato l'amante di un tempo mentre le dice: «Perdonami». Poi però torna a rimproverarlo aspramente: «Lo sai che cosa orribile è stata la tua cecità?»[65]. Nel maggio del 1917, tornato Dino a Firenze, l'incisore futurista Filippo Marfori Savini, parlando di «un assurdo groviglio di sofferenze volute», rimprovera la scrittrice: «Apprendo da Campana ch'Ella continua a mandarle [*sic*] delle lettere di straziante passione [...]. Posso parlarle franco? In nome della nostra amicizia, non posso nasconderle la mia impressione sfavorevole su quello che lei fa in questo momento»[66].

Giurando a Campana di avere vissuto, dopo la loro separazione, «in stato di santità»[67], la Aleramo si sposta nei mesi successivi fra Urio, sul lago di Como, il Piemonte, la Toscana e Sanremo. Ma i due non cessano di stuzzicarsi. Ai primi di agosto, dalle «vergini foreste» di Marradi, Campana scrive: «Compiango il tempo che ho trascorso in foreste meno vergini». Tuttavia il 13 agosto 1917 manda due cartoline con la stessa unica frase: «Your for ever»[68]. È ancora lui, vergognandosi di ciò che ha fatto, a rivolgersi a lei. Ma lei stavolta non risponde. L'11 settembre, da Novara, dove è stato nuovamente imprigionato con l'accusa di essere una spia tedesca, Campana scrive: «Arrestato a Novara vieni a vedermi»[69]. Il 13 Sibilla, che è a Milano, decide di andarlo a trovare. È in carcere e non ci sono pericoli di violenze. È l'ultima volta che i due si incontrano. Scrive con enfasi la Aleramo a Emilio Cecchi: «L'ho riveduto così, dopo nove mesi, attraverso una doppia grata a maglia. Non ero mai entrata in una prigione. È stato un colloquio di mezz'ora, i carcerieri avevan quasi l'aria di patire sentendo lui singhiozzare e vedendo me irrigidita». Poi aggiunge, spargendo la pagina di freddo cinismo: «Quando sono uscita, c'era tanto vento [...] e in fondo si vedevano le montagne bianche. Ebbene, la libertà m'è parsa la cosa più tremenda della terra. Ho invidiato – forse, forse sì – lui ch'era rimasto dentro con qualcuno almeno che lo ascoltava piangere»[70].

Non manderà altre lettere, Sibilla, a Campana (l'ultima, in cui lei ricorda «un anno di fedeltà *sua*», è della fine di luglio del 1917 e termina con un «Addio, Addio...»). Dino invece, ha perso anche questa battaglia, un'altra volta si è incamminato per una strada sbagliata, continua a scriverle: «sarò la tua ombra nella vita se vuoi, [...] sarò il tuo amico silenzioso». Chissà che non gli tornino alla mente, ne circolano molti nella sua memoria di poeta, i versi di Verlaine letti a Ginevra: «Incorrigible, toi. Mais c'est la destinée. | [...]. | Incorrigible, toi, c'est la faute au passé, | A ton passé brutal, misérable, insensé, | Comme le mien d'hier, car jadis je fus brave»; o, chissà, un aforisma nietzscheano, incontrato nella medesima occasione, al solito nutrito di misoginia: «Dans la vengeance et dans l'amour, la femme est plus barbare que l'homme»[71].

«Libera di morire, libera di vivere», lei fa la sostenuta. Risponderà con due fredde righe «di distacco e di coraggio»[72]. Lui si lamenta, il 27 settembre, da Marradi (qualche giorno prima Cardarelli lo ha visto «in uno stato pietoso, impossibile, insopportabile»)[73]: «mi lasci qua nelle mani dei cani senza una parola [...]. Perché togliermi anche l'illusione che una volta tu mi abbia amato[,] è l'ultimo male che mi puoi fare»[74]. Vorrebbe arruolarsi, Dino, siamo oramai vicini alla disfatta di Caporetto. Ma viene riformato per «demenza precoce» e quindi ricoverato all'ospedale militare. Cerca almeno di lavorare, per sopravvivere, ha tentato di farlo altre volte, come traduttore o giornalista o correttore di bozze. Ma nessuno è più disposto a dargli una mano. Troppe occasioni sono andate perdute. Intanto i deliri si fanno più frequenti. Campana oramai farnetica. Dice di essere il responsabile della guerra. Gli ultimi due messaggi chiedono nuovamente di vedere Sibilla: il 4 gennaio del 1918, da Firenze; e il 17 dello stesso mese, quando il «matto» è oramai ricoverato nel manicomio fiorentino di San Salvi per «alienazione mentale». Scrive il «poeta pazzo»: «Cara[,] Se credi che abbia sofferto abbastanza, sono pronto a darti quello che mi resta della mia vita. Vieni a vedermi, ti prego tuo Dino»[75]. Ma la «pitonessa» se ne è andata oramai per la sua strada.

A quanto sembra Campana – che a Ginevra, due anni prima, ha letto pagine molto aspre di Nietzsche contro «le sexe faible» e la sua (presunta) decadenza, oltre che sulla «souplesse rusée du félin, la griffe du tigre» e sulla «étrangeté déconcertante et illogique des passions et des vertus» femminili che provocano nell'uomo due sentimenti: «crainte» e «pitié»[76] – ricorderà, di tanto in tanto almeno, nei momenti di lucidità, il suo appassionato amore anche in manicomio.

E chissà che non gli torni in mente, fra dolore e risentimento, un altro aforisma nitzscheano che può aprirgli improvvisamente gli occhi su una storia tanto intensa quanto tormentata: «La femme apprend à haïr, dans la mesure où elle désapprend de charmer»[77]. Al medico psichiatra Carlo Pariani che gli chiede: «Ha dei nemici? La Scrittrice che lei amava li aiuta ancora?», Dino risponde confusamente: «Non ho dei nemici. S[ibilla]... vuole dire R[ina]..., R[ina]... ordina la proibizione degli alcolici significa la pena di morte che è comune a tutta l'Europa, significa una malattia per cui la suggestione è in vigore»[78]. Da parte sua la Aleramo cercherà di raccontare la storia della «passione furibonda e tormentosa» – «una cosa divina e sacra», l'aveva definita tempo prima: «una cosa orrida e meravigliosa», come la chiamerà Leonetta Cecchi Pieraccini – in una sceneggiatura per cinema rimasta per fortuna nel cassetto[79].

Ma già nel 1918 rievocherà liricamente l'incontro[80], ricordando in particolare l'uomo che «stava con occhi che or non vedono più, i più febbrili e cupi che *l*'abbiano fissata»[81]. Un brano de *Il passaggio*, che cita i versi mandati al poeta all'inizio del loro amore, sembra anzi irridere con disprezzo Campana che a sua volta, prendendosi gioco di lei, la chiamava con risentimento «donna intellettuale e colta»[82]: «E se la tua tempra, uomo, è affine alla mia per gentilezza o per generosa follia, ma logora mentr'io sfido ogni usura, non vuoi che mi avventi feroce contro quella tua lamentosa parola? Tu ripeti: "Troppo tardi". Snodo le mie trecce e con esse sferzo la chimera perpetua»[83]. Con queste parole oltremodo dure e assetate di vendetta, da questo momento, voltando le spalle al «mentecatto» che ha amato follemente, Sibilla-Menade si sente in pace con se stessa. Prima però, in un ultimo atto rituale, ha frustato a sangue la Chimera. Con quelle trecce che solo qualche mese prima aveva sciolto sulle spalle mentre leggeva i versi di un «cuor selvaggio, | musico cuore». Non rinuncia tuttavia, l'ex-amante, a trasformare l'avventura in una scena melodrammatica. Parlando ancora del «matto», dirà mettendosi a recitare: «Per tutte le cose orrende che ho veduto e saputo, io che ho pagato per tante donne, io su cui l'uomo s'è vendicato di tante. Per le lividure finanche che il mentecatto lasciò su le mie membra bianche, ch'io guardava bruciante attonita, ed egli sghignazzava stridulo sinistro ed aggiungeva vituperi e sputi. Per le rose che furono calpestate presso l'orlo della mia veste. Io ch'ero la vita e che ho veduto dove l'uomo giunga quando odia la vita»[84].

Nelle lettere che le scrive, il poeta fa spesso posto al desiderio di vederla e di stare con lei. Forse sente l'odore delle rose che stanno sparse ai suoi piedi. Chissà però che non ricordi insieme, con Verlaine, che tutto si riduce a «deux désirs, que, seul un feu brutal avive»[85]. Quando il rapporto si interrompe, rivolgendosi ad altri, dice via via la Aleramo «sitibonda», «pitonessa», «signora scaldata al fuoco dell'incesto, della lussuria sfrenata», «più fredda tremendamente e materialmente gelida del metallo stesso» (lei ribatte: «Negli occhi di Sibilla non può essere cinismo»). Oppure ancora, con risentimento e astio: «questa carogna è piombata su me come la collera di Dio e mi ha lasciato distrutto dall'orrore per più di un anno». E il 16 dicembre del 1917, entrato oramai nel delirio: «Sibilla mobilita contro di me il fango delle vie ma preferisco morire piuttosto che tornare con lei»[86]. In altre occasioni Campana accusa invece la Aleramo, dicendo che con l'amore carnale gli ha tolto la poesia, sostituendola con il caos[87]. Non è forse un caso che Leonetta Cecchi Pieraccini avanzi l'ipotesi che Sibilla abbia profanato l'idea della donna-poesia in Campana[88]. Da tempo, in realtà, il poeta sembra avere esaurito la propria vena. Del resto la Aleramo, che ama ripetere: «Voler il miracolo, ecco la virtù perenne»[89], entra nella vita di Campana come donna, non come la donna-poesia, cioè come quella Chimera che il poeta rincorre nelle sue visioni e che Sibilla, nel suo disegno sacrificale (dopo avere scritto, all'inizio della tragedia: «Chiudo il tuo libro | Snodo le mie treccie, | o cuor selvaggio, | musico cuore»), dice di volere sferzare con i suoi lunghi capelli sciolti. È vero, come è stato rilevato, che la Aleramo fa parte di una categoria diversa dai ruoli che il poeta ha assegnato alle donne. Che nella sua vita affettiva non esistono oppure esistono nella sua poesia: dove però sono delle trasfigurazioni, come la Gioconda, la *Notte* di Michelangelo, l'Ofelia shakespeariana, l'Olimpia prostituta «sacra» e bambina di Manet, la Chimera sorella della Gioconda. Che cioè appartengono a un mondo diverso, misterioso, iniziatico.

Il 9 novembre del 1917 Campana scrive, come già sappiamo: «mi sento il più tristo fanciullo della terra, che tutte le sue mamme hanno abbandonato»[90]. E chissà che non gli torni alla mente, fra i tanti che turbinano nel suo cervello malato, un verso di Charles Kingsley letto a Ginevra e che ora suona come preghiera consolatoria per il fanciullo coperto di sangue: «Mountains, and winds, and waves, take back your child!»[91]. A Sibilla il poeta racconta di essere «innocente». A chi gli consiglia di tornare da lei risponde disorientato: «Sembra che io sia colpevole di qualche mostruoso delitto, che mi si voglia disonorare mentre sono innocente e senza difesa»[92]. Parlando poi ancora della scrittrice, in un momento di rabbia e di desolazione, andando forse con il pensiero alle antiche Baccanti che hanno fatto scempio del corpo di Orfeo, osserva: «questa signora [è] scaldata al fuoco [...] dell'assassinio sadico dei fanciulli e dei malati»[93].

Già sappiamo quanta importanza abbia avuto nella vita di Dino l'assenza della madre. In Sibilla Aleramo, che ha quarant'anni, nove più di lui, il «fauno» trova insieme un'amante e una madre. L'illusione però dura pochi mesi. Poi il dolore per un amore, il primo e l'unico, destinato a non sopravvivere diventa tanto forte da cristallizzare la schizofrenia (quella che viene chiamata «demenza precoce») in perenne follia. Campana-uomo non ha più alcuna speranza. Al tempo del primo incontro con Sibilla, il 22 luglio 1916, le scriveva: «Finita la guerra *non esisterò più* ammesso che esista ancora»[94]. Era il segnale di una consapevolezza tragica ma lucida. Il 9 novembre del 1917, quando oramai le cose stanno precipitando, il poeta comunica a un amico: «Perdona a un moribondo. Ora è finita»[95]. Due mesi prima si definiva «un fauno deluso»[96]. Due mesi dopo, come già sappiamo, la partita con la vita sarebbe stata chiusa per davvero («io sono agli estremi», confessa ai primi di gennaio, ma subito aggiunge in un ultimo tentativo di sottrarsi al suo destino: «non sono pazzo»)[97]. Chiusa per sempre, per chi dovrà vivere nel cronicario di Castel Pulci. Non per la Aleramo che l'anno seguente sentirà ancora il bisogno di sigillare la vicenda con un teatrale appello: «Il fratello condannato si raccoglieva certo in un'irreale soavità, come ancora baciandomi le mani traverso le sbarre». Così scriveva. Per poi concludere, rappacificandosi almeno con se stessa: «La notte sarebbe scesa su lui racconsolato, s'anche fosse l'ultima della sua espiazione»[98]. Sul poeta «matto» cadeva un'altra condanna. Chissà che prima che il buio lo avvolga per sempre nella sua ragnatela, non torni in mente, in un'improvvisa illuminazione, un aforisma: «Ce qu'on fait par amour, se fait toujours par delà le bien et le mal»[99]?

[1] Friedrich Nietzsche, *Also sprach Zarathustra. Ein Buch für Alle und Keinen*, I-III, Chemnitz, Schmeitzner, 1883-1884; IV, Leipzig, Naumann, 1891, I, p. 53 («C'è sempre un po' di follia nell'amore. Ma c'è sempre anche un po' di ragione nella follia», Id., *Così parlò Zarathustra*, traduzione di Maria Francesca Occhipinti, prefazione di Carlo Sini, Milano, Mondadori, 2001, p. 34).

[2] Cfr. per esempio Sebastiano Vassalli, *Natale a Marradi. L'ultimo Natale di Dino Campana*, Novara, Interlinea, 2008; Massimo Verdenelli, *Il Fauno e l'Errante*, in Id., Giampaolo Vincenzi, *«Le vostre parole sono come luce di stella dolce e lontana». Transiti nella scrittura di Dino Campana*, Roma, Aracne, 2014, pp. 109-140.

[3] Cfr. Sibilla Aleramo, *Il passaggio*, Milano, Treves, 1918 (ora a cura di Bruna Conti, Milano, Feltrinelli, 2000, da cui si cita).

[4] *Ibid.*, p. 80.

[5] *Lpd*, p. 147.
[6] *Cv*, p. 53.
[7] *Lpd*, p. 203.
[8] Aggiungerà Chiesa nel 1955: «Tutti conoscono quella scrittrice (nota col suo nome d'arte, trovatogli dal Cena stesso, che se ne vantava), vive ancora, inutile descrivere. La "Nuova Antologia" era, a quei tempi, la gran rivista italiana, la "Revue des Deux Mondes" di Roma; è facile immaginare quanta ressa sulla soglia di quella redazione che molti consideravano come l'anticamera della gloria. Tra i molti comparve un giorno una bella giovane donna, che aveva avuto il suo dramma domestico, a fine non tragico, e l'aveva raccontato in un romanzo, del resto pregevole: poiché era anche donna d'ingegno. Entrare nella "Nuova Antologia" valeva bene una messa; una messa che poi durò lo spazio d'una messa; e l'indiscreta nemmeno si trattenne dal dire poi con che poca devozione l'avesse celebrata», Piero Bianconi, *Colloqui con Francesco Chiesa*, Bellinzona, Grassi & Co., 1956, p. 136. A più riprese Sibilla Aleramo manda, tramite Giovanni Cena, i suoi saluti a Chiesa. Scrive di lei Cena: «*Una donna* ha avuto molta eco di discussioni, ma fu poco capita» e «L'autrice è un po' libertaria; ma questa è ormai la forma mentale dei più evoluti», Biblioteca Cantonale di Lugano (BCL), Archivio Prezzolini, *Fondo de Haller-Chiesa*, *Giovanni Cena*, in data 28 marzo 1907.
[9] *Lpd*, pp. 149, 205, a Emilio Cecchi, il 31 luglio 1916.
[10] Aleramo, *Il passaggio*, cit., p. 83.
[11] «Es ist nie das Apollinische im Manne, das auf sie Eindruck macht (aber darum auch nicht das Dionysische), sondern stets nur, im weitesten Umfang, das Faunische in ihm», Otto Weininger, *Geschlecht und Charakter*, Wien-Leipzig, Wilhelm Braumüller-K. U. K. Hof- und Universitäts-Buchhändler, 1903, p. 338 (nel capitolo intitolato *Erotik und Ästhetik*): «Su di essa [la donna] non fa mai impressione l'elemento apollineo nell'uomo (e perciò neppure quello dionisiaco), ma quello faunesco nella sua massima estensione», Id., *Sesso e carattere*, Torino, Fratelli Bocca 1912 (ora, con introduzione di Franco Rella, Milano, Mimesis, 2012, da cui si cita, p. 258). Per la *Tête de faune* di Rimbaud cfr. *«Le Alpi il bianco delicato mistero». Campana e la Svizzera*, qui a p. 58 nota 90; di *The Marble Faun*, romanzo di Nathaniel Hawthorne ambientato in Italia, parla William B. Cairns, *A history of American literature*, New York, Oxford University Press, 1912, pp. 305, 317, 318, che Campana legge a Ginevra nel 1915; e Verlaine, accostato nella medesima occasione: Paul Verlaine, *Le faune* (*Fêtes galantes*), in Id., *Arthur Rimbaud*, in Id., *Œuvres complètes*, 5 voll., Paris, Léon Vanier, 1899-1900, I, p. 101.
[12] Così almeno confessa la Aleramo ad Antonio Baldini: cfr. Sibilla Aleramo, Antonio Baldini, *Carteggio (1915-1955)*, a cura di Maria Clotilde Angelini, Napoli, Edizioni Scientifiche Italiane, 1997, p. 95; *Vca*, p. 44 n. 2.
[13] Cfr. *Cv*, p. 67; *Vca*, p. 43 n. 1.
[14] *Cv*, p. 67.
[15] *Vca*, p. 43.
[16] Cfr. *Vca*, pp. 44-45.
[17] *CO*, p. 19 (*La Notte* [16]).
[18] *CO*, pp. 13, 19 (*La Notte* [11, 13]).
[19] *CO*, p. 56 (*Viaggio a Montevideo*, vv. 2-8).
[20] Cfr. Sibilla Aleramo, *Senza motivo*, in «La Voce», a. V, n. 45, 6 novembre 1913, pp. 1191-1192; *Vca*, p. 45 n. 6.
[21] *Vca*, p. 46. Scriveva Campana a Emilio Cecchi il 26 luglio: «Sibilla mi scrisse: cosa vuole? Risposi evasivamente», *Lpd*, p. 203.
[22] Cfr. George Campbell Ogden, *The Fairy Italian*, in Id., *Poems*, a cura di Charles H. Fisk, Cincinnati, Press of Jennings and Graham, 1912, pp. 155-157, a p. 155.
[23] *Vca*, p. 47.
[24] *Vca*, p. 48.
[25] *Lpd*, p. 205, a Cecchi, il 31 luglio 1916.
[26] *Vca*, pp. 50-51; *CO*, p. 40 (*La Verna* [5]).
[27] *Vca*, p. 51. Le liriche sono: *Domodossola 1915*, *Bastimento in viaggio*, *A Bino Binazzi-Toscanità* e *Olimpia*. Cfr. *Lpd*, p. 207.
[28] Aleramo, *Il passaggio*, cit., p. 91.
[29] Cfr. Marco A. Bazzocchi, *Campana, Nietzsche e la puttana sacra*, Lecce, Manni, 2003, pp. 94-95.

[30] *Vca*, p. 11. Cfr. inoltre Otto Weininger, *Erotik und Ästhetik*, in Id., *Geschlecht und Charakter*, cit., p. 318.
[31] *Lml*, p. 92.
[32] *Vca*, p. 53.
[33] *Vca*, p. 53.
[34] *Vca*, pp. 54, 55, 58, 59.
[35] *DCsm*, pp. 197, 199; *Lpd*, pp. 237, 280, 283.
[36] *Vca*, p. 19.
[37] Cfr. Sergio Zavoli, *Dino Campana*, in Id., *Campana, Oriani, Panzini, Serra*, Bologna, Cappelli, 1959, pp. 85-116, a p. 90.
[38] *Lml*, pp. 56, 59; *Sp*, p. 69; *Vca*, pp. 68-69, 101.
[39] *Vca*, p. 75. Anche il *TM* reca una dedica: «a Sibilla | gioconda e tranquilla», p. 41.
[40] *Vca*, p. 77.
[41] Cfr. Jules Laforgue, *La femme, foyer réflecteur*, in *Sur la femme*, Id., *Œuvres complètes*, I-III, Paris, Mercure de France, 1902-1903, III, pp. 53-54, a p. 53.
[42] Cfr. *Lpd*, p. 226 n. 1.
[43] Cfr. *Vca*, pp. 79, 80.
[44] *Vca*, pp. 80, 81.
[45] Friedrich Nietzsche, *Par delà le Bien et le Mal*, traduzione di L. Weiscopf e G.[eorges] Art, Paris, Mercure de France, 1898, § 25, p. 34.
[46] *Vca*, pp. 82-85, a Astrid Ahnfelt.
[47] *Vca*, p. 87; *Lpd*, p. 233.
[48] Cfr. *Lpd*, p. 204.
[49] *Vca*, p. 117.
[50] *Vca*, pp. 87, 90, 91.
[51] *Vca*, p. 88.
[52] *Lml*, p. 64. Scrive Sibilla il 21 dicembre: «Dopo averlo ritrovato, e con lui qualcuna delle nostre ore più belle, stanotte s'è di nuovo abbandonato al suo delirio d'odio e questa volta credo non ci ritroveremo più», *Vca*, p. 91.
[53] *Sp*, p. 210.
[54] *Vca*, p. 92.
[55] *Vca*, pp. 92, 93. In una lettera a Eleonora Tango Tallone del 14 agosto1917, non priva di ironia, dicendosi «il più piccolo bimbo del mondo» Campana chiama Sibilla la «mammina mia»; e scrivendo a Cecchi (che non capendone il senso giudicherà «indecifrabile» il discorso campaniano) dice che Sibilla cerca nei giovani amanti «un figlio che non aveva voluto conoscere». Quindi commenta: «Chi può tollerare questo?», *Lpd*, pp. 247-249; *Lml*, p. 72.
[56] *Vca*, pp. 98, 99.
[57] *Vca*, p. 101.
[58] *Sp*, p. 12, in data 26 febbraio 1917; *Vca*, pp. 101, 104.
[59] *Vca*, p. 99.
[60] Cfr. Nietzsche, *Par delà le Bien et le Mal*, cit., § 147, p. 93 (il motto è ripreso da Franco Sacchetti).
[61] *Vca*, pp. 106-108.
[62] *Vca*, pp. 108-110.
[63] *Vca*, pp. 111-113.
[64] *Vca*, p. 115.
[65] *Vca*, p. 116.
[66] *Vca*, p. 25.
[67] *Vca*, pp. 113, 117.
[68] *Vca*, pp. 119-121.
[69] *Vca*, p. 124.
[70] *Vca*, p. 125. Sibilla rievocherà l'incontro con Campana alla prigione di Novara, anche ne *Il passaggio*, rivedendo il suo «viso sciagurato [...] che *le* chiedeva perdono». E aggiunge solipsisticamente: «Più tremenda la mia solitudine mi parve di quella stessa prigione dove si gemeva», *Vca*, p. 91.
[71] Paul Verlaine, *Élégies*, V, vv. 1, 7-9, in Id., *Œuvres complètes*, cit., III, pp. 1-3; Nietzsche, *Par delà le Bien et le Mal*, cit., § 139, p. 91.

72 Cfr. Aleramo, *Il passaggio*, cit., p. 92; *Vca*, pp. 122-124.
73 Cfr. Elisabetta Graziosi, *Campana, Cardarelli e Bacchelli: lettere e documenti inediti*, in «Filologia e critica», xiii, 1988, pp. 83-101, a p. 96. Scrive Campana il 17 settembre: «auguro e desidero il silenzio dell'anima in cui si può pensare e riposare», Roberto Maini, Piero Scapecchi, *L'avventura dei «Canti Orfici». Un libro tra storia e mito*, Firenze, Gonnelli, 2014, pp. 120, 125.
74 *Vca*, p. 126. Confessa ancora Campana, a Giacinta Papini, nel novembre (?) del 1917: «Nessuno ha mai adorato e trovato parole per la donna come me! e non merito questo castigo», *Sp*, p. 230.
75 *Vca*, p. 129. Scrive Campana alla Cecchi Pieraccini, il 4 gennaio 1918: «Io amo tanto Sibilla e il troppo amore mi ha fatto dire delle sciocchezze», *Sp*, p. 235.
76 Cfr. Nietzsche, *Nos vertus*, in Id., *Aphorismes et fragments choisis*, a cura di Henri Lichtenberger, Paris, Félix Alcan, 1899, pp. 120-124, a p. 123. Il testo è estratto da *Par delà le Bien et le Mal*.
77 Id., *Par delà le Bien et le Mal*, cit., § 84, p. 84.
78 Pariani, *Vita*, p. 35.
79 Cfr. Bruna Conti, *Introduzione*, in *Vca*, pp. 7-30, a p. 29.
80 Nel capitolo intitolato *Le notti*, che nell'avvio sembra echeggiare *La Notte* di Campana: «Una notte, a Cogne, bianca come le nevi delle montagne mirate il giorno innanzi. Fra le strette pareti di legno eco di torrenti. Profetica notte. Anni da venire, misteriosi con movenze libere, con intensi riposi. Prossimi o lontanissimi da venire, però miei. Non il desiderio li suscitava, ma, stranamente, quel vuoto insonne, quella lenta attesta d'alba quali fantasmi chiedenti d'incidersi nella memoria. Le cime di ghiaccio mirate nel sole, e il cammino per giungervi, abeti e larici, larici ed abeti, poi erbe e brevi cerchi d'acqua azzurra, azzurri occhi, e il mio pianto, nuovo, vena d'alpe, rasciutto indi lassù», Aleramo, *Il passaggio*, cit., p. 76.
81 *Ibid.*, p. 87.
82 *Vca*, p. 119, in data 8 agosto 1917.
83 Aleramo, *Il passaggio*, cit., p. 84.
84 *Ibid.*, p. 91.
85 Paul Verlaine, *Bonheur*, viii, v. 6, in Id., *Œuvres complètes*, cit., ii, p. 138.
86 *Lpd*, pp. 205 (a Cecchi, il 31 luglio 1916), 270 (a Giacinta Papini, novembre [?] 1917); Aleramo, *Il passaggio*, cit., pp. 80-81.
87 Cfr. Leonetta Cecchi Pieraccini, *Apparizioni di Dino Campana*, in Id., *Visti da vicino*, Firenze, Vallecchi, 1952, pp. 201-217, a p. 215.
88 *Ibid.*, pp. 211, 215.
89 Aleramo, *Il passaggio*, cit., p. 80.
90 *Lpd*, p. 272.
91 Charles Kingsley, *Palinodia*, v. 23, in Id., *Poems*, London-New York, Macmillan, 1897, p. 213.
92 *Vca*, p. 109; *Sp*, p. 229, a Giacinta Papini; e 14 dicembre a Carrà: «Come un personaggio dannunziano suono lo scarabillo della mia infanzia [...] perché ci hanno avvelenato le sorgenti del ricordo noi che non avevamo che il sogno a consolarci?».
93 Nell'agosto del 1917 Campana dice a Sibilla: «venite a bere il sangue dei miei ginocchi», *Vca*, p. 121. Il 4 gennaio del 1918 Leonetta Cecchi, scrivendo al marito, racconta che Campana afferma che Sibilla gli succhia il sangue, e anche gli amanti di lei, attraverso lei, gli succhiano il sangue («quella donna mi ha iniettato il veleno nel sangue», *Lpd*, p. 271, a Giacinta Papini). Confesserà Sibilla: «A chi mi chiedeva, acre e misero, se dunque volevo il suo sangue, "forse" fu la risposta». E altrove: «Puoi negare tu ch'io agonizzi, anche se sai e livido dici ch'altre volte per altri già credetti morire? Altre volte, è vero, è vero. Come ora mi davo tutta, fino al respiro estremo. Forse per ciò solo ho potuto sempre rinascere. Offrivo alla creatura in olocausto il mio bramoso dolorante intelletto, offrivo il mio spasimo di creazione, questo che s'alza perennemente nuovo nel tempo come io salmo del credente», Aleramo, *Il passaggio*, cit., pp. 84, 85.
94 *Vca*, p. 43.
95 *Lpd*, p. 272, ad Aldo Orlandi, il 9 novembre 1917.
96 *Lpd*, p. 256.
97 *Lpd*, p. 291.
98 Aleramo, *Il passaggio*, cit., p. 92.
99 Nietzsche, *Par delà le Bien et le Mal*, cit., § 153, p. 93.

LA CHIMERA DI ORFEO. IL MITO NELLA POESIA CAMPANIANA

> Le monde que troublait leur parole profonde,
> Les exile. A leur tour ils exilent le monde!
> VERLAINE, *Poèmes saturniens*[1]

I *Canti Orfici* di Dino Campana si aprono con un «poème en prose», *La Notte*, e con una parola tutt'altro che di poco conto: «Ricordo». Nella figurazione di una vecchia città si stagliano accanto al fiume, immobile, «sagome nere di zingari», «forme ignude di adolescenti», «il profilo e la barba giudaica di un vecchio». E all'improvviso, alzatosi un canto monotono e primordiale, si legge, «del tempo fu sospeso il corso»[2]. Continua il poeta: «Inconsciamente io levai gli occhi alla torre barbara che dominava il viale lunghissimo dei platani. Sopra il silenzio fatto intenso essa riviveva il suo mito lontano e selvaggio: mentre per visioni lontane, per sensazioni oscure e violente un altro mito, anch'esso mistico e selvaggio mi ricorreva a tratti alla mente»[3]. È una dichiarazione non certo liminare, con la comparsa sulla scena lontana, selvaggia e mistica, delle «passeggiatrici, le antiche», e delle fanciulle «dalle acconciature agili, dai profili di medaglia». Anche perché le visioni si ripeteranno spesso. Conviene allora partire proprio dal titolo della raccolta (Campana, varrà la pena ricordarlo, è autore *unius libri*): per focalizzare il discorso su un aggettivo – *Orfici*, scritto con la maiuscola – ricco di significati e denso di implicazioni; e prima ancora sul suo indiretto referente.

Quello di Orfeo è per lungo tempo un mito *in fieri*: narra la storia del figlio del re Eagro – o, secondo un'altra tradizione, di Apollo – e della musa Calliope. Sulle prime c'è solo un uomo, con il suo canto e la sua lira. Quindi l'eroe della Tracia si imbarca con gli Argonauti (la più antica immagine che conosciamo lo mostra sulla nave Argo). E intanto la sua musica è così prodigiosa da oltrepassare i confini dell'umano. Virgilio arricchisce il racconto, ed è la parte più tragica e vulgata, con Euridice e la sua storia di morte. È il canto di Orfeo a strappare l'amata all'aldilà. Ma il poeta, cedendo al desiderio, si volta a guardarla ed Euridice torna per sempre nel mondo dei defunti. L'eroe preomerico vive allora da eremita, nel suo dolore si nega a ogni altra donna, diventa misogino, incita (da Ovidio in poi) alle pratiche omosessuali e omoerotiche. Per vendicarsi le Menadi della Tracia, dedite al culto di Dioniso, lo uccidono e dilaniano il suo corpo durante un rituale notturno, gettando nel fiume la sua testa. Anche Orfeo scende negli Inferi, dove ritrova l'ombra di Euridice, mentre la lira diventa una costellazione del cielo[4].

Mito dinamico, prima che camaleonte, focalizzato via via su aspetti diversi, Orfeo non è dunque tanto il guerriero quanto colui che sa resistere alle Sirene. Non uno dei molti eroi dell'epica mitico-guerresca, ma l'inventore della poesia (o il creatore folle o colui che libera, se pure per poco, Euridice-poesia) e della musica. I suoi versi ammaliano piante e animali, uomini e divinità. Nel proprio trasgredire i confini che separano l'umano dal divino, nei suoi percorsi orgiastici (cioè di estasi e di *trance*), l'antico ierofante si spinge oltre la realtà, dialoga con l'*Unterwelt* (certe varianti del mito lo vedono condurre i morti nell'Ade), porta nel mondo la civiltà, la luce, l'alfabeto, la verità, la scrittura, i culti, i misteri. Inventa la poesia. E viene punito perché fa ciò che spetta soltanto agli dei. Sa incantare e vive oltre la morte.

Di qui l'inesauribile ancorché vario interesse per la sua complessa e a volte contraddittoria figura. Nell'iconografia dell'antichità e poi in particolare del XV secolo, epoca – almeno per la storia dell'arte – cara a Campana e ai cultori di Leonardo[5]. Nella musica, sulle orme di Poliziano, con Monteverdi, Gluck, Beck, Berlioz, Liszt, Offenbach, Schubert, Stravinskij[6]. Nella letteratura, specie romantica e ottocentesca, e, in ambito primonovecentesco, a dimostrare un uso largo del mito, dei suoi significati, dei suoi valori e delle sue potenzialità simboliche, con l'*Orphée-Roi* di Victor Segalen, scritto per Debussy; con *Das Nordlicht* di Theodor Däubler (1910, la terza parte è intitolata *Pan - Orphisches Intermezzo*), che lo collega all'elemento dionisiaco-ctonio; con Apollinaire che, nel 1912, annuncia a Parigi che *Le règne d'Orphée commence* e lancia quel «cubismo orfico» di Robert Delaunay che, con i contrasti, l'orchestrazione di toni caldi e freddi, la trasposizione della luce in colori, sarà subito caro a Paul Klee; con Kokoschka che nel 1916 comincia a scrivere *Orpheus und Eurydike*; con il poeta sciamanico dei *Sonetti a Orfeo* di Rilke, del 1922[7].

Ma si hanno tracce di poesia orfica almeno a partire dal VI secolo prima di Cristo. E certamente più antichi sono i cerimoniali misteriosofici che la nutrono. L'infelice e tragica storia dell'eroe dilaniato dalle Baccanti si dirama in rituali orfici, in parte affiliati ai misteri di Dioniso, improntati – più che alla preghiera, al silenzio, alla contemplazione – all'estasi («E le veglie segrete, in feste notturne, alla luce delle fiaccole, le ha introdotte Orfeo», testimonia Euripide)[8]. Fenomeno sincretistico e proteiforme, l'orfismo, che collega l'immagine della testa ritrovata dell'infelice poeta-musico («dramaturge dithyrambique» lo chiama Nietzsche)[9], dell'indovino-veggente all'idea dell'iniziazione alla poesia (ogni iniziazione vuole una morte e una rinascita), trova cultori ancora nell'Ottocento – basteranno i nomi di Novalis, Nerval e Mallarmé (secondo il quale «l'explication orphique de la terre [...] est le seul devoir du poète»)[10] – grazie anche alla mediazione di Nietzsche, con la sua *Geburt der Tragödie* (1872)[11], e di Schuré.

Lo studioso francese dell'esoterismo ellenico-cristiano[12] denuncia l'affrancamento di religione e scienza, «forces ennemies et irréductibles», che ha distrutto le basi della civilizzazione: «Sous de tels auspices, la littérature et l'art ont perdu le sens du divin». Per questo invita l'«anima cieca» ad abbandonare ogni forma di materialismo, a inoltrarsi nelle dottrine esoteriche, negli abissi dell'inconscio, a esplorare il mistero e a cercare l'«anima celeste», commistione di piacere, felicità, scienza, saggezza, quella che tiene la chiave delle esistenze passate e future, a trovare insomma la saggezza dei Grandi Iniziati, i benefattori dell'umanità, la storia interiore della religione che – in assenza di rivelazione – può essere soltanto indovinata. Per Schuré i Grandi Iniziati sono «les sauveurs dont la force rédemptrice arracha les hommes au gouffre de la nature inférieure et de la négation». Solo ai «grandi saggi» è concesso di vedere oltre le cose. Orfeo, nella cui descrizione il poeta potrebbe anche riconoscersi[13], è uno di loro: «La vérité est que lorsque les poètes chantaient Apollon, les grands initiés invoquaient l'âme d'Orphée, sauveur et divinateur».

La cultura di Campana – che intitola dapprima (1913) le sue poesie *Il più lungo giorno*, e pochi mesi dopo, sciaguratamente smarrito (da altri) il manoscritto e ricomposto il libro, *Canti Orfici* – è ancora radicata almeno in parte nell'Ottocento. Sappiamo però non poco, oramai, delle sue letture e delle sue sorprendenti aperture culturali. Nel 1916, lui che ama esaltare nietzscheanamente la «Mediterranea ars», chiede per esempio – anche per uscire dal «decrepito cielo» dell'«immortale pedanteria italiana» – un Eschilo nell'edizione di Oxford; in una poesia (*Firenze*) menziona Merežkovskij; a Ginevra legge con attenzione, come ben sappiamo, Nietzsche, Freud e Abraham; e Paolo Toschi, recensore dei *Canti Orfici*, suggerisce il nome di Schuré, tradotto in italiano nel 1906. Di lui Campana può avere sentito parlare già ai tempi del liceo a Faenza, così come può averlo ritrovato nel 1915 alla Bibliothèque di Ginevra: mentre il poeta frequenta la sala di lettura, una giovane studiosa legge Schuré per sette giorni di seguito[14].

Per alcuni l'orfismo campaniano, non immemore della pittura metafisica di Carrà e di de Chirico, passa per il cubismo[15]. Viene comunque più da Nietzsche o da Joséphin «Sâr» Peladan che dall'antica misteriosofia orfica o dalla tradizione esoterica[16]. Vale la pena di ricordare che l'argomento interessa anche ad altri poeti italiani. Come D'Annunzio, che nell'alcyonio *Anniversario orfico* (dove ricorda la morte tragica di Shelley: «Ei vide negli incerti | gorghi profondo») fa approdare la «testa tronca» del cantore martoriato dalla furia delle Baccanti «al mar d'Etruria»[17]. Come i giovani futuristi fiorentini della «Pattuglia azzurra». Come Bino Binazzi, amico di gioventù e prefatore dell'edizione vallecchiana dei versi di Campana, deciso a fondare una rivista «in cui la poesia sia intesa in senso orfico» e autore di una lirica intitolata *Canto Orfico*. Come Arturo Onofri[18].

Occorre precisare inoltre che il poeta – che non cita mai Orfeo (ancorché i suoi *Canti* siano intrisi di orfismo), ma ama definirsi «den letzten Germanen in Italien», l'ultimo dei Germani in Italia (e come non accarezzare la memoria vichiana di Orfeo che «compose in versi di maravigliosissima poesia, con la quale addimestica i barbari per gli orecchi»?)[19] – non è interessato a rappresentare gli aspetti drammatici e narrativi del mito; e neanche, pur nella sua vocazione mitopoietica («"mito" non allude ad un racconto primordiale che si oppone alla dimensione storica, ma indica un'apertura verso lo spazio onirico»)[20], a usarlo come elemento decorativo o simbolico. Più importante è l'idea derivata da Schuré del valore iniziatico del mistero; e l'identificazione, lo si vedrà più oltre, con il poeta dell'antichità fatto a pezzi per punizione.

I MISTERI DI DIONISO

Preoccupati soprattutto di inserire Campana nella tradizione ottocentesca o, tutt'al più, futuristico-cubista, o di vestirlo semmai di costumi oleografici (Soffici parla per esempio dell'«aria dionisiaca» che il poeta avrebbe quando frequenta i locali fiorentini; e aggiunge: «abitando egli di faccia a casa mia dall'altra parte dell'Arno, io lo vedevo ogni mattina di quell'inverno mentre s'aspergeva d'acqua diaccia, a finestra spalancata, e il suo corpo nudo somigliava a quello d'un dio o d'un eroe dell'antichità»)[21], e soprattutto disorientati da una poesia diversa da quella che corre nell'Italia del tempo, i primi recensori parlano di eccentricità, di bizzarria, di follia, di «abbozzi»; e ci si domanda crocianamente se Campana sia poeta «vero» o «non vero». Anche se qualche spunto interessante, nell'ottica che qui interessa, non manca. Nell'agosto del 1915, parlando di «poesia allucinata», di «allucinata febbre» e di «morbosità fosforescenti», Giovanni Boine avanza l'ipotesi di un «liturgico sacrifizio»; Giuseppe Ravegnani loda da parte sua «un oscuro lirismo che tumultua in tutte le pagine»; Binazzi «un'immaginazione torrida e selvaggia e al tempo stesso mistica e sentimentale»; Emilio Cecchi apprezza la dimensione «luminosa e mediterranea» (cioè apollinea) dei *Canti Orfici*; Antonio Baldini insiste sulle «qualità di grazia»[22].

Nessuno invece, tranne forse Emilio Bontà, che nel 1916 parla di «barbaro dionisiaco»[23], sembra avvertire la necessità di un'esegesi del titolo del modestissimo, tipograficamente, s'intende, libretto pubblicato a Marradi. Ci si limita semmai a commentare il sottotitolo, *Die Tragödie des letzten Germanen in Italien* («der Germane» è parola che torna spesso nella *Geburt der Tragödie* di Nietzsche), o la non meno provocatoria dedica – siamo in tempo di guerra – «a Guglielmo II Imperatore dei Germani». Soltanto nel 1928, quando Vallecchi manda fuori una seconda, poco rispettosa «edizione» dei *Canti Orfici* (non sarà, ahimè, l'ultima disattenzione filologica), Paolo Toschi rivelerà di avere parlato con il poeta, prima del ricovero in manicomio, di «apollineo» e di «dionisiaco», dei due poli antagonistici ma anche complementari, come insegna Nietzsche, dell'anima greca[24]: serenità e dominio, tormento e passione; o per dirla ancora con lo studioso tedesco – colui che ama definirsi «le dernier disciple et le dernier initié des mystères du dieu Dionysos», il saggio dio-filosofo, e che incorpora la duplicità della bellezza apollinea e di quella dionisiaca (il tema dell'«illusion Apollinienne» e della «illusion Dionysienne» compare anche in un libro letto da Campana a Ginevra)[25] – solarità, armonia, sogno, contemplazione estetica, da un lato; oscurità, ebbrezza, creazione, voluttà, caos, infrazione, follia e distruzione, dall'altro.

Eccessivamente schematica pare la distinzione di uno dei primi agiografi di Campana, Mario Bejor, che dice «dionisiaca la materia, apollinea la forma»[26]. Perché se la poesia campaniana – che volentieri si muove fra binomi, non privi di ambiguità (verginità-prostituzione, cioè Chimera-Ofelia, partenza-ritorno, mito-realtà, dionisiaco-apollineo: «everything contends with everything»)[27] – non può essere ascritta perentoriamente sotto l'una o l'altra bandiera, quella dionisiaca (anche se il termine manca nei *Canti Orfici*, se ne trova però una traccia nel manoscritto «perduto» del *Più lungo giorno*) sembra comunque sventolare con ben altro vigore. Non a caso Angelo Conti, il «Doctor Mysticus» dell'estetismo italiano *fin de siècle* (nel dedicargli un esemplare di *Maia*, D'Annunzio lo chiama «poeta orfico»), sovvertendo una consolidata tradizione, dice Apollo «la divinità della luce bugiarda e mutevole», mentre Dioniso è «colui che rivela agli uomini la maggior verità sulla vita» (forse per lo stesso motivo Schuré, che intitola il quinto libro del suo trattato *Orphée - les Mystères de Dionysos*, scrive: «Dionysos est le soleil des initiés»)[28]. Nell'antica poesia orfica Dioniso è del resto dio degli Inferi, correlato alla morte; e se stando a certe fonti Apollo, divinità solare, è il vero padre di Orfeo, il genio creatore, e se secondo Eschilo, dopo la visita nell'oltretomba, Orfeo smette di venerare Dioniso e si dà al culto di Apollo (per questo viene punito per mano delle *matres*), non mancano esempi di forme di sincretismo fra il culto di Dioniso, divinità degli Inferi, oggetto di un celebre studio di Pater[29], e quello di Orfeo[30]. Non sappiamo quanto fondo di verità possa esserci nella risposta data dal poeta al Ravagli che gli chiederebbe il senso del titolo del suo libro: «Campana disse allora di Orfeo, di misteri orfici, di potenza dionisiaca, di miti cosmici»[31]. Conoscendo Campana, il suo riserbo, la scarsa volontà di rivelare gli arcani della sua poesia, c'è comunque da dubitare che se la sia inventata l'intervistatore.

Quanto all'orfismo: c'è chi, parlando di «una poesia, di mito e di mistero», insiste sulla radice ideologica e sulla simbologia di una «ricostruzione religiosa» del mondo («il tono è un tono profetico, la melodia è sacra, trasfigurazione delle cose e dei personaggi»). L'orfismo campaniano si baserebbe «sul ricordo delle religioni antiche e primordiali, dei miti barbari dell'uomo, su quel bisogno primitivo e irrazionale di risolvere misticamente l'esistenza, il dolore, l'informe, il fango, la miseria, insomma l'incapacità e la tristezza di vivere»: è magia, mistero, cifra, segreto. Altri intendono invece l'orfismo come un «rituale della memoria», o propendono per la natura «metarealistica» dei versi campaniani. Altri ancora – suggerendo un poco avventurosamente di rivedere la definizione stessa di poeta «orfico» – preferiscono parlare di simbolismo, o di «visionarismo espressionista». C'è chi opta per un «orfismo teppistico» e chi insiste sull'«origine divina e misteriosa della poesia», sull'«ascolto di una voce originaria» («orfico soddisfaceva il suo desiderio di differenziare il proprio testo da quanto gli era contemporaneo»)[32].

Premesso che forse non è possibile e neanche auspicabile risolvere la questione in termini troppo perentori (anche il vagabondo della *Petite promenade du poète* viaggia tuttavia «per le strade | Strette oscure e misteriose», inoltrandosi in «segreti | Dedali»)[33], si può comunque cercare di dire qualcosa sui percorsi iniziatici cari alla religiosità *à rebours* dei *Canti Orfici*. Senza con questo ignorare che c'è un versante «mediterraneo» e «solare», insomma apollineo, e forse anche un poco liberty[34], di Campana. Ore consuete e topiche per il «poeta notturno» sono il crepuscolo, la sera, la notte[35]; luoghi cari all'«inquiet*o* spirit*o*» – «dove il mito si cova» – gli ambienti «infernali»: come i vicoli del porto, le «osterie malfamate», l'alcova, la prigione (l'«enfer», ne *Il Russo*), gli scorci, il gorgo, in cui «inconsciamente» il poeta, certamente non immemore di Baudelaire, viene a trovarsi[36].

Numi tutelari sono le musiche[37], i suoni, i respiri tellurici, e poi ancora canti, voci antiche o ambigue o remote o «liturgiche», echi, cadenze («una nenia primordiale monotona e irritante»), silenzi, rotti soltanto da tocchi di campane e campanelle o dal «fremere» delle chitarre[38]. Li attraversano luci pallide o «orgiastiche» e «catastrofiche» («le cri de la lumière» caro a Schuré, dice Conti, «è una tra le più profonde parole del mistero»)[39]. Respirano vapori barbarici e primitivi («paese barbarico, fuggente, paese notturno, mistico incubo del caos»: dove barbarico significa puro, incontaminato ma anche antico, «primordiale»)[40]. Li impregnano odori pirici e profumi esotici. Li decorano oggetti simbolici, lampade, tende, veli, sudari, specchi, ottomane. Questo è l'armamentario (di «inutili simboli» parlava Contini)[41] della scenografia orfica campaniana[42]. E subito, per chi si è addentrato nel percorso iniziatico – come succede già nel primo poema, *La Notte*, o nel «poème en prose» «argentino», *Pampa* – si fa strada il mistero: «Un mistero grandioso e veemente ci faceva fluire con refrigerio di fresca vena profonda il nostro sangue nelle vene: – che noi assaporavamo con voluttà misteriosa – come nella coppa del silenzio purissimo e stellato»[43]. Solo gli «inquieti spiriti» sanno ascoltare: e il loro sforzo è rinvigorito dall'attesa, congiunto all'ignoto, all'inconscio[44], all'allontanamento, all'incanto mistico[45].

Nel suo «infrenabile» processo catartico il rituale iniziatico, o se vogliamo il passaggio dalla poesia alla Poesia, non è indolore. Entrando anzi in «barbari recessi»[46], è destinato a subire dure prove. Dice ancora l'Orfeo dei *Grands Initiés*: «Il faut un long travail ou de grandes douleurs pour ouvrir les yeux du dedans». Per vivere insomma l'esperienza dell'attraversamento. «L'âme a des sens endormis; l'initiation la réveille», scrive il solito Schuré, che mette in contatto l'anima con le forze occulte dell'universo. Soltanto allora l'iniziato comincia la sua nuova vita: «Alors seulement il peut dire qu'il a vaincu le destin et conquis dès ici-bas sa liberté divine». Entrando nel gorgo, può incontrare la follia o la morte; oppure, se veramente è intrepido, la vita e l'immortalità («C'est un gouffre qui ne rend au jour que les intrépides»)[47].

IL BARBARO E L'ALCHIMISTA

Ha certamente una valenza autobiografica – è il grido di protesta dell'«ultimo dei Germani in Italia», cioè del barbaro (il Puro nell'impurità), di chi si sente incompreso ed emarginato dalla cultura la più ufficiale – il colophon dei *Canti Orfici*: «They were all torn | and cover' d with | the boy' s | blood». Ma il poeta «errante», colui che si definisce «l'alchimista supremo che del dolore ha fatto sangue»[48], vuole anche rifarsi all'antica poesia orfica (e forse a riferimenti vicini nel tempo, come all'orfico «chemin sanglant» del poeta francese Louis Le Cardonnel)[49], che a sua volta tematizza il martirio del corpo del figlio di Dioniso. Dice all'iniziato l'Orfeo di Schuré, alludendo alle «prêtresses sanglantes», «avides du sang des mâles»: «Il faut que je meure et que toi tu vives»[50]. Anche il poeta vagabondo della *Notte* conosce il sacrificio: «La matrona selvaggia mi aveva preso: il mio sangue tiepido era certo bevuto dalla terra: ora la luce era più scarsa sul terreno nudo nell'alito metalizzato [*sic*] delle chitarre»[51].

Come in Kleist, e soprattutto in Novalis, è la musica a fermare il tempo. L'immaginazione ne sospende lo scorrimento (il tempo si annulla, ciò che è stato si identifica con ciò che è), lasciando il posto a un'astoricità «trasumanata»:

I miei pensieri fluttuavano: si susseguivano i miei ricordi: che deliziosamente sembravano sommergersi per riapparire a tratti lucidamente trasumanati in distanza, come per un'eco profonda e misteriosa, dentro l'infinita maestà della natura. Lentamente gradatamente io assurgevo all'illusione universale: dalle profondità del mio essere e della terra io ribattevo per le vie del cielo il cammino avventuroso degli uomini verso la felicità a traverso i secoli. Le idee brillavano della più pura luce stellare. Drammi meravigliosi, i più meravigliosi dell'anima umana palpitavano e si rispondevano a traverso le costellazioni. Una stella fluente in corsa magnifica segnava in linea gloriosa la fine di un corso di storia. Sgravata la bilancia del tempo sembrava risollevarsi lentamente oscillando: per un meraviglioso attimo immutabilmente nel tempo e nello spazio alternandosi i destini eterni....[52].

Qui, nella sospensione del tempo[53], comincia il sonno-visione (il «sommeil-magique»), l'incontro con l'inconscio, i suoi segnali, i suoi incubi: «ore di sogno, ore di profondità mistiche e sensuali che scioglievano in tenerezze i grumi più acri del dolore, ore di felicità completa che aboliva il tempo e il mondo intero, lungo sorso alle sorgenti dell'Oblio!»[54].

Nel suo sonnambulismo estatico (diverso da quello del poeta-sonnambulo espressionista)[55], l'iniziato orfico ha delle visioni. «On entre en extase», afferma l'Orfeo di Schuré, «et la seconde vue s'ouvre»[56]. Frequente, nei *Canti Orfici*, qua e là diffratta da «invetriate», specchi, vapori, è la «seconda vista»:

> E allora figurazioni di un'antichissima libera vita, di enormi miti solari, di stragi di orgie si crearono avanti al mio spirito. Rividi un'antica immagine, una forma scheletrica vivente per la forza misteriosa di un mito barbaro, gli occhi gorghi cangianti vividi di linfe oscure, nella tortura del sogno scoprire il corpo vulcanizzato, due chiazze due fori di palle di moschetto sulle sue mammelle estinte. Credetti di udire fremere le chitarre là nella capanna d'assi e di zingo sui terreni vaghi della città, mentre una candela schiariva il terreno nudo[57].

Convinto che la poesia è vedere al di là delle apparenze (e forse anche, come legge in Nietzsche, che «ce déluge d'histoire abêtissant et violent n'est pas une nécessité pour la jeunesse; [...] bien plus, il est un danger, et des plus graves»)[58], Campana è poeta «visivo», certo (nel senso di «un temperamento così esclusivo da assorbire e fondere in questa categoria d'impressioni ogni altra»), ma – per riprendere i termini di un'antica discussione – ancor prima e *pour cause*, non c'è dubbio, «veggente» e «visionario»[59]: ben conscio, con Rimbaud, che per diventarlo occorre avviarsi «par un long, immense et raisonné *dérèglement de tous les sens*»[60]. È questa la condizione necessaria per varcare («E varco e varco»)[61] il ponte verso l'infinito, per arrivare all'«anima seconda», per penetrare fino alle sorgenti purificatrici della vita e della luce, della memoria e del ricordo, per proiettare se stesso nel mito: «Non era dunque il mondo abitato da dolci spettri e nella notte non era il sogno ridesto nelle potenze sue tutte trionfale? Qual ponte, muti chiedemmo, qual ponte abbiamo noi gettato sull'infinito, che tutto ci appare ombra di eternità? A quale sogno levammo la nostalgia della nostra bellezza?»[62].

È questo l'ultimo stadio del processo iniziatico della poesia orfica campaniana: quello che porta «colui che *è* stato», dopo tanti ardui tentativi, dopo tante difficili prove, a diventare l'uomo nuovo, «riconciliato colla natura ineffabilmente dolce e terribile», che domina le cose, capace di guardare al complesso dell'universo. L'«uomo nuovo», l'«uomo libero» e puro che «tend*e* le braccia al cielo infinito non deturpato dall'ombra di Nessun Dio»[63].

EURIDICE E LA POESIA

Parlare di mito – «Campana vive di miti, anzi nel mito», ha scritto Carlo Bo[64] – significa dunque in primo luogo entrare nei meandri notturni della catabasi orfica, cioè nella sfera di una poesia che, quando è conquistata, «Nessun Dio»[65] riesce più a distruggere. Il che se da un lato serve a toccare uno dei luoghi centrali dell'opera campaniana, mostra dall'altro quanto discosto sia l'autore dei *Canti Orfici* da una visione classicistica delle cose. Il *labor limae* campaniano sembra tendere anzi ad allontanare la poesia dalla tentazione più esterna, o narrata, del mito[66]. Per questo una rassegna dei personaggi mitologici produce risultati tutto sommato modesti. Dove a emergere comunque, fra qualche sporadica memoria di Venere, Sileno, Cerere e Caos, sono in primo luogo – e come potrebbe essere altrimenti, per il poeta «orfico» orientato sui rituali iniziatici? –, figure mitiche che entrano in una mitopoiesi tutta campaniana. Come la Chimera e la Sfinge.

«Giovine | Suora de la Gioconda» («sfinge ridente», chiama Angelo Conti la «Monna Lisa» in un passo che ricorda l'avvio della poesia campaniana: «ella rideva, e il suo riso si prolungava nel paese lontano»)[67], la Chimera ha un «volto notturno», arcano, enigmatico, illusorio, irraggiungibile. Anche se non è il *monstrum* caro alla cultura decadente ma – nella sua incontestabile e seducente centralità («E ancora ti chiamo ti chiamo Chimera») – figura *mirabilis*[68]. Insomma, l'Ade di Campana è forse solo in parte simile all'Ade di Orfeo; così la sua Euridice: è il traguardo supremo, «Lei», la Poesia:

Non so se tra roccie il tuo pallido
Viso m'apparve, o sorriso
Di lontananze ignote
Fosti, la china eburnea
Fronte fulgente o giovine
Suora de la Gioconda:

O delle primavere
Spente, per i tuoi mitici pallori
O Regina o Regina adolescente:
Ma per il tuo ignoto poema
Di voluttà e di dolore
Musica fanciulla esangue,
Segnato di linea di sangue
Nel cerchio delle labbra sinuose,
Regina de la melodia:
Ma per il vergine capo
Reclino, io poeta notturno
Vegliai le stelle vivide nei pelaghi del cielo,
Io per il tuo dolce mistero
Io per il tuo divenir taciturno.
Non so se la fiamma pallida
Fu dei capelli il vivente
Segno del suo pallore,
Non so se fu un dolce vapore,
Dolce sul mio dolore,
Sorriso di un volto notturno:
Guardo le bianche rocce le mute fonti dei venti
E l'immobilità dei firmamenti
E i gonfii rivi che vanno piangenti
E l'ombre del lavoro umano curve là sui poggi algenti
E ancora per teneri cieli lontane chiare ombre correnti
E ancora ti chiamo ti chiamo Chimera[69].

La Sfinge che Weininger avvicina alla donna indeterminata nel pensiero (nella sua «sensitività» essa è portata alle «associazioni vaghe» e alle «sinestesie») – e che, nella conferenza fiorentina su Leonardo (l'artista suona la lira «come un aedo elleno» e canta «bello e maestoso come il Dioniso vaticano»)[70], Peladan accosta a sua volta alla Gioconda, a Prometeo e a Faust[71] – sembra invece avere, pur nella sua funzione iniziatica, più una valenza erotico-esornativa[72]. Al pari di altre figurazioni-trasfigurazioni proprie anche ai rituali cari a Schuré spesso ingigantite o zoomorfe o infernali[73]. Come «le passeggiatrici, le antiche», cioè le prostitute-cariatidi (inutile aggiungere che il loro significato simbolico va ben oltre l'immagine weiningeriana della prostituta per avvicinarsi a quella pateriana di Demetra). Come le matrone-sacerdotesse «antiche e opulente», le ruffiane-cartomanti, le fanciulle-Persefoni, per restare sempre alla simbologia mitografica di Pater, ora bizantine ora arabesche ora dannunzianamente siracusane, dalla pelle ambrata e «dai profili di medaglia», da sacrificare-sacralizzare nella conquista («O donna sognata, donna adorata, donna forte, profilo nobilitato di un ricordo di immobilità bizantina, in linee dolci e potenti testa nobile e mitica dorata dell'enigma delle sfingi»). Come ancora le vestali «dalla testa | Sibillina», le venditrici di frutti di mare «uguali a statue» (pure la donna ideale di Verlaine ha uno sguardo «pareil au regard des statues»)[74], le sante in estasi, la Cecilia raffaellesca, le personificazioni demoniache[75].

Osserva Bonifazi: «la sacralità si spande dovunque, nei paesaggi e nei postriboli, nelle città e nelle strade, lungo i fiumi e sui mari, e tutto si ricollega all'eterno, alla memoria più profonda, al mito»[76].

Non si vuol dire con ciò che le «novelle poetiche» di Campana, dove a volte, verrebbe da aggiungere, c'è una certa frenesia mitopoietica, ancorché ristretta alle oscurità rituali e iniziatiche, debbano essere lette soltanto in questa prospettiva. Ma certamente il mito, pur in una accezione tutta sua e particolare – come rappresentazione, come *medium* fra la realtà e la favola, fra un reale molto campaniano e una dimensione onirica non meno campaniana (non tanto quindi narrativa e drammatica, come piaceva al mondo greco, né decorativa e simbolica, come usava in quello romano, quanto piuttosto religiosa e misteriosofica, e onirica. Avverte però Nietzsche: «les choses les plus profondes haïssent même les images et les symboles»)[77] –, è una delle chiavi più importanti, anzi indispensabili, per cercare di entrare, insieme al poeta (e in compagnia del gruppo «esiliato» «des Chanteurs | Vêtus de blanc | [...]: | Tous beaux, tous purs, avec des rayons dans les yeux», come dice Verlaine nei *Poèmes saturniens*, letti a Ginevra nel 1915)[78], nel fascino dei *Canti Orfici*. Una delle esperienze più alte, originali e ardue della cultura italiana del Novecento.

[1] Paul Verlaine, *Poèmes saturniens*, in Id., *Œuvres complètes*, 5 voll., Paris, Léon Vanier, 1899-1900, I, p. 6.

[2] «Ricordo una vecchia città, rossa di mura e turrita, arsa su la pianura sterminata nell'Agosto torrido, con il lontano refrigerio di colline verdi e molli sullo sfondo. Archi enormemente vuoti di ponti sul fiume impaludato in magre stagnazioni plumbee: sagome nere di zingari mobili e silenziose sulla riva: tra il barbaglio lontano di un canneto lontane forme ignude di adolescenti e il profilo e la barba giudaica di un vecchio: e a un tratto dal mezzo dell'acqua morta le zingare e un canto, da la palude afona una nenia primordiale monotona e irritante: e del tempo fu sospeso il corso», *CO*, p. 9 (*La Notte* [1]). Altre esemplificazioni in *CO*, p. XXXVII n. 108.

[3] *CO*, p. 9 (*La Notte* [2]).

[4] Cfr. Claudia Klodt, *Der Orpheus-Mythos in der Antike*, in *Der Orpheus-Mythos von der Antike bis zur Gegenwart*, a cura di Claudia Maurer Zenck, Frankfurt a. M., Peter Lang, 2004,

pp. 37-98; e inoltre Andrea Rodighiero, *Il mito di Orfeo*, in *Orfeo. Variazioni sul mito*, a cura di Maria Grazia Ciani e Andrea Rodighiero, Venezia, Marsilio, 2004, pp. 135-148.

[5] Raffigurazioni di Orfeo, di Luca della Robbia, sul campanile del Duomo di Firenze (ora presso il Museo dell'Opera del Duomo); di Mantegna, nella *Camera picta* del castello di San Giorgio a Mantova; di Luca Signorelli, nel Duomo di Siena; di Francesco di Giorgio Martini, in San Domenico a Siena: cfr. Sabine Blumenröder, *Das Orpheus-Bild im 15. Jahrhundert - Musische Männer und wilde Frauen. Ursprungsmythen und Künstlerselbstverständnis in der Malerei*, in *Der Orpheus-Mythos von der Antike bis zur Gegenwart*, cit., pp. 205-228, in particolare pp. 209-210, 212, 223.

[6] Cfr. Solveig Malatrait, *Vom Steine-Erweicher zum Strassenmusikanten - die Höllefahrt des Sängers auf der französischen Bühne der Moderne*, in *Der Orpheus-Mythos von der Antike bis zur Gegenwart*, cit., pp. 169-191.

[7] Cfr. Blumenröder, *Das Orpheus-Bild im 15. Jahrhundert*, cit.; Rolf-Peter Janz, *Umdeutungen des Orpheus-Mythos in der Literatur: Rilke, Bachmann, Heiner Müller*, in *Der Orpheus-Mythos von der Antike bis zur Gegenwart*, cit., pp. 193-203; Claudia Maurer Zenck, *Maler, Dichter, Komponist* - Orpheus und Eurydike *von Oskar Kokoschka und Ernst Krenek*, ivi, pp. 247-272, alle pp. 247-254; Andrea Cannas, *Lo sguardo di Orfeo. Studio sulle varianti del mito*, Roma, Bulzoni, 2004; inoltre Aldo Mastropasqua, *Per una ricerca sui rapporti tra poesia e arti visive*, in *Letteratura italiana del Novecento. Bilancio di un secolo*, a cura di Alberto Asor Rosa, Torino, Einaudi, 2000, pp. 572-588, a p. 582; Rodighiero, *Il mito di Orfeo*, cit., pp. 135-148. Sulla figura di Orfeo nella letteratura cfr. Elisabeth Frenzel, *Orpheus*, in *Stoffe der Weltliteratur. Ein Lexikon dichtungsgeschichtlicher Längsschnitte*, Stuttgart, Kröner, 1992^8, pp. 603-608.

[8] Cfr. Dorothea Frede, *Die Orphik - Mysterienreligion oder Philosophie?*, in *Der Orpheus-Mythos von der Antike bis zur Gegenwart*, cit., pp. 229-245, alle pp. 234-235.

[9] Friedrich Nietzsche, *Aphorismes et fragments choisis*, a cura di Henri Lichtenberger, Paris, Félix Alcan, 1899, p. 19 («un artiste qui est à la fois acteur, poète et musicien»).

[10] Cfr. Piero Bigongiari, *Poesia italiana del Novecento*, Milano, Fabbri, 1960, pp. 12-13.

[11] Cfr. *DCsm*, pp. 174-176. Si soffermano in particolare sul filosofo tedesco (la *Nascita della Tragedia* è tradotta in italiano nel 1907) Neuro Bonifazi, *Campana e Nietzsche*, in Id., *Dino Campana*, Roma, Edizioni dell'Ateneo, 1964, 1978^2, pp. 21-71 e Cesare Galimberti, *Dino Campana*, Milano, Mursia, 1967 («l'orfismo di Campana deriva in linea retta dal Nietzsche della *Geburt der Tragödie*», p. 135).

[12] Cfr. Edouard Schuré, *Les Grands Initiés. Esquisse de l'histoire secrète des religions*, Paris, Perrin, 1889 (cito dalla ristampa del 1931). L'opera viene scritta a Firenze: cfr. Roberto Maini, Piero Scapecchi, *L'avventura dei «Canti Orfici». Un libro tra storia e mito*, Firenze, Gonnelli, 2014, p. 28 nota 37.

[13] «Il parlait des Dieux sur un rythme nouveau et semblait inspiré. Sa chevelure blonde [...] tombait en ondes dorées sur ses épaules, et la musique qui coulait de ses lèvres prêtait un contour suave et triste aux coins de sa bouche. Ses yeux d'un bleu profond rayonnaient de force, de douceur et de magie. [...] Subitement ce jeune homme, qu'on appelait le *fils d'Apollon*, avait disparu. On le disait mort, descendu aux enfers. Il s'était enfui secrètement», Schuré, *Les Grands Initiés*, cit., p. 230.

[14] Cfr. Stefano Drei, *Dino Campana. Ritrovamenti biografici e appunti testuali*, Faenza, Carta Bianca Editore, 2014, p. 116; Alberto Petrucciani, *Il giardino dei sentieri che s'incrociano: il pubblico della Biblioteca di Ginevra (1915)*, in «Nuovi annali della Scuola speciale per archivisti e bibliotecari», a. XXIX, 2015, pp. 99-135, a p. 133.

[15] Cfr. Eugenio Montale, *Sulla poesia di Campana*, in Id., *Il secondo mestiere. Prose 1920-1979*, a cura di Giorgio Zampa, 2 voll., Milano, Mondadori, 2006, I, pp. 569-581, a p. 578; risp. Marcello Verdenelli, *Per una musicalità di segno avanguardistico*, in Id., Giampaolo Vincenzi, *«Le vostre parole sono come luce di stella dolce e lontana». Transiti nella scrittura di Dino Campana*, Roma, Aracne, 2014, pp. 11-25, a p. 17.

[16] Su Schuré («la fonte letteraria principale dei *Canti Orfici*») insiste invece in particolare Bonifazi, *Dino Campana*, cit., pp. 92-111, a p. 93.

[17] Gabriele D'Annunzio, *Anniversario orfico*, in *Alcyone*, vv. 39-40, risp. 12 (e «la testa tronca del treicio Orfeo», v. 13), 16.

[18] Cfr. *DCsm*, p. XI. Per l'orfismo di Onofri, «vicino e correlativo a quello di Campana», cfr. Mario Pozzi, *La poesia italiana del Novecento. Da Gozzano agli Ermetici*, Torino, Einaudi, 1970⁴, p. 23.

[19] Giambattista Vico, *Principj di Scienza Nuova*, I, I, XXII, in Id., *Opere*, a cura di Fausto Nicolini, Milano-Napoli, Ricciardi, 1953, p. 415.

[20] Marco A. Bazzocchi, *Campana, Nietzsche e la puttana sacra*, Lecce, Manni, 2003, p. 18.

[21] Ardengo Soffici, *Dino Campana a Firenze*, in Id., *Ricordi di vita artistica e letteraria*, Firenze, Vallecchi, 1931, pp. 109-142, alle pp. 113, 124.

[22] Cfr. *Cv*, pp. 8, 23, 35-38; *Lpd*, pp. 81, 142, 218; *Sp*, p. 198.

[23] Cfr. *«La tua anima di barbaro dionisiaco». Una recensione elvetica dei* Canti Orfici *(1916)*, qui alle pp. 202-204.

[24] Cfr. *Sp*, pp. 24, 31-32, 101, 145, 198; *Cv*, pp. 21-30, 34-39, 54, 109-116. Scrive Toschi, rammentando un incontro nel 1914: «Egli incominciò a parlarmi con molto calore ma non con altrettanta chiarezza, di *Dionisiaco* e di *Apollineo*, in un lungo e turbato discorso in cui apparivano con immagini geniali, i concetti di solarità della vita, di plenitudine, di totalità, di luce, di senso universale mistico-religioso della natura e del mondo»; e menzionando due fonti campaniane, *Nascita della Tragedia* di Nietzsche e soprattutto *I Grandi Iniziati* di Schuré, aggiunge che queste ultime sono «le pagine precise dalla cui lettura venne al poeta l'idea di quel titolo: certo in esso l'autore ha voluto riassumere l'inesprimibile pienezza e forza di vita [...] che era la fonte della sua poesia e il mezzo per raggiungere il contatto con la divinità», Paolo Toschi, *Il poeta dei «Canti Orfici»*, in «Il Popolo d'Italia», 26 luglio 1928 (poi in *Cv*, pp. 111-112). Per la «specularità» e il «dualismo» nella poesia campaniana cfr. anche Thomas Harrison, *1910: The Emancipation of Dissonance*, Berkeley, University of California Press, 1996, pp. 35-36.

[25] Cfr. Friedrich Nietzsche, *Par delà le Bien et le Mal*, traduzione di L. Weiscopf e G.[eorges] Art, Paris, Mercure de France, 1898, § 295, p. 250; Id., *Aphorismes*, cit., p. IX.

[26] Mario Bejor, *Dino Campana a Bologna (1911-1916)*, Bagnacavallo, Società Tipografica Editrice, 1943, p. 24.

[27] Cfr. Bonifazi, *Dino Campana*, cit., pp. 9, 319; Harrison, *1910: The Emancipation of Dissonance*, cit., p. 33.

[28] Angelo Conti, *La beata riva. Trattato sull'oblio*, Milano, Treves, 1900 (ora a cura di Pietro Gibellini, Marsilio, Venezia, 2000), pp. XV, 100; Schuré, *Les Grands Initiés*, cit., pp. 261-262; Galimberti, *Dino Campana*, cit., pp. 20, 24-31; Renato Martinoni, *Introduzione*, in *CO*, pp. XLII-XLIV.

[29] Cfr. Walter Pater, *A Study of Dionysus. The Spiritual Form of Fire and Dew*, in Id., *Greek Studies*, London, MacMillan and Co., 1895, pp. 1-48.

[30] Cfr. Frede, *Die Orphik*, cit., p. 232.

[31] Federico Ravagli, *Dino Campana e i goliardi del suo tempo (1911-1914). Autografi e documenti, confessioni e memorie*, Firenze, Marzocco, 1942, p. 127.

[32] Cfr. risp. Bonifazi, *L'orfismo di Campana*, in Id., *Dino Campana*, cit., pp. 77-134, alle pp. 82, 87, 91; Pozzi, *La poesia italiana*, cit., p. 24; Niva Lorenzini, *Conclusioni*, in *Dino Campana alla fine del secolo*, a cura di Anna Rosa Gentilini, Bologna, il Mulino, 1999, p. 191; Edoardo Sanguineti, *Testimonianza di un lettore*, ivi, p. 56; Fiorenza Ceragioli, *Introduzione*, in Dino Campana, *Canti Orfici*, Milano, Biblioteca Universale Rizzoli, 1989, pp. 13-14. Sull'orfismo, cfr. Carlo D'Alessio, *Il Poema necessario. Poesia e orfismo in Dino Campana e Arturo Onofri*, Roma, Bulzoni, 1999; Luca Reitano, *Poesia e orfismo in Dino Campana*, in «Sincronie», 14, 2003, pp. 129-143.

[33] *CO*, p. 33, vv. 1-2; *CO*, p. 129 (*Genova*, vv. 12-13).

[34] Cfr. Marcello Verdenelli, *Campana liberty?*, in Id., Vincenzi, *«Le vostre parole sono come luce di stella dolce e lontana»*, cit., pp. 141-162, a p. 149.

[35] *CO*, p. 25 (*La Chimera*, v. 17). I *Canti Orfici* iniziano con il lungo poema della *Notte* seguito da sette *Notturni*. Cfr. inoltre «Un antico crepuscolo ha tinto la piazza e le sue mura», *CO*, p. 125 (*Piazza Sarzano* [1]); «nella sera: l'ora di grazia della giornata, di riposo e di oblio», *CO*, p. 40 (*La Verna* [5]); «Ed agli inquieti spiriti è dolce la tenebra», *CO*, p. 30 (*Il canto della tenebra*, v. 9, risp. 2); «Fuori è la notte chiomata di muti canti, pallido amor degli erranti», *CO*, p. 22 (*La Notte* [20]); «O tu chiomata di muti canti | Pallido amor degli erranti», e «Chi le taciturne porte | Guarda che la Notte | Ha aperte sull'infinito?», *CO*, p. 28 (*La speranza*, vv.

5-6, 9-11). Pier Vincenzo Mengaldo, *Poeti italiani del Novecento*, Milano, Mondadori, 1978, p. 278, dice Campana poeta «ctonio e notturno». Sul binomio giorno-notte cfr. Bonifazi, *Dino Campana*, cit., pp. 53-54, 57.

[36] Cfr. nei *CO*, pp. 33,121-122, 129, la *Petite promenade du poète*, vv. 1-2; risp. *Crepuscolo mediterraneo*; *Genova*, vv. 12-13; «inconsciamente» viene iterato ne *La Notte* [3]: «Inconsciamente colui che io ero stato» suona invece in una redazione precedente «Colui che io ero stato» (*Torre rossa-Scorcio*, in *CO*, p. 144). Dice il poeta delle *Fleurs du Mal* di volere «Plonger au fond du gouffre, Enfer ou Ciel, qu'importe?», e aggiunge: «Au fond de l'Inconnu pour trouver du nouveau!» (*Le Voyage*, vv. 143-44). Scrive Laforgue a proposito del carattere iniziatico della poesia di Baudelaire: «Le premier il a rompu avec le public. – Les poètes s'adressaient au public (répertoire humain); lui, le premier, s'est dit: "La poésie sera chose d'initiés. Je suis damné pour le public. Le Public n'entre pas ici"», Jules Laforgue, *Littérature. Notes sur Baudelaire*, in Id., *Œuvres complètes*, I-III, Paris, Mercure de France, 1902-1903, III, pp. 111-119, a p. 115.

[37] Scrive Schuré: «Que le son vous traverse... et s'ouvriront les profondeurs des cieux!», Schuré, *Les Grands Initiés*, cit., p. 245. E Angelo Conti: «Se nella natura il mistero ha una voce, questa voce è la musica», Conti, *La beata riva*, cit., p. 103. E Campana: «Conosco una musica dolce nel mio ricordo senza ricordarmene neppure una nota: so che si chiama la partenza e il ritorno», *CO*, p. 47 (*La Verna* [10]); la musica è «cadenza millenaria», «tellurica melodia», «antica voce dei venti», *CO*, pp. 38, 45, 47 (*La Verna* [2, 8, 10]); e ancora «le note | Giungon, continue ambigue come in un velo di seta», *CO*, p. 53 (*Immagini del viaggio e della montagna*, vv. 19, 20-21); e «Bianca lontana faticosamente | l'eco attonita rise un irreale | Riso», *CO*, p. 131 (*Genova*, vv. 70-72); «la divinità del sentirsi oltre la musica, nel sogno abitato di immagini plastiche!», *CO*, p. 65 (*Firenze* [1]) ecc.

[38] *CO*, pp. 9, 18-19 (*La Notte* [1, 16]; *CO*, p. 48 (*La Verna* [10]); e ancora «La commozione del silenzio intenso era prodigiosa», *CO*, p. 94 (*Pampa*). Osserva Angelo Conti: «L'essenza della musica non è nei suoni, ma nel silenzio che segue i suoni e nel silenzio che precede i suoni che verranno», Conti, *La beata riva*, cit., p. 103; e ancora «La musica, aspirazione di tutte le arti, è la creazione delle Muse. Allo scomparire della schiera guidata da Apollo si arresta il cammino delle ore, il moto delle sfere, il canto delle parche e delle sirene, tacciono le voci delle arti e le implorazioni di tutte le creature che adorano, ogni umana preghiera alla bellezza è esaudita, ogni ideal voto è compiuto e l'anima trova il suo riposo nella luce d'un presente immutabile», *ibid.*, p. 101. Si legge nei *Canti Orfici*: «la divinità del sentirsi oltre la musica, nel sogno abitato di immagini plastiche!»; «quel profondo silenzio: il silenzio di un'epoca sepolta, di una civiltà sepolta», p. 65 (*Firenze* [1, 2]).

[39] *CO*, pp. 11, 13 (*La Notte* [5, 11]). Cfr. Schuré, *Les Grands Initiés*, cit., p. 146 (di Orfeo: «tu as fait reluire dans la nuit des mystères les soleil divin de Dionysos», p. 255); Conti, *La beata riva*, cit., pp. 108-109 («Ella illumina e offusca, svela e nasconde [...] e non rivela la sua essenza se non fra le rupi, sul limitare delle caverne, nel silenzio lunare, nell'ombra delle cattedrali, nei guizzi che ella mette nei marmi immortali o quando dilaga all'aperto cielo entro i portici deserti e i chiostri abbandonati»).

[40] *CO*, p. 45 (*La Verna* [8]). Scrive Nietzsche: «Die vornehmen Rassen sind es, welche den Begriff "Barbar" auf all den Spuren hinterlassen haben, wo sie gegangen sind», Friedrich Nietzsche, *Zur Genealogie der Moral. Eine Streitschrift* [1887], in Id., *Sämtliche Werke*, edizione critica, 15 voll., a cura di Giorgio Colli e Mazzino Montinari, München-Berlin-New York, De Gruyter, 1980, v, pp. 247-412, a p. 275; per il «sincretismo caotico» di «barbaro» e «antico» cfr. Silvio Ramat, *Qualche nota per la «Chimera»*, in *Dino Campana alla fine del secolo*, cit., pp. 21-38, a p. 22. Per un'analisi semantico-terminologica rinvio a Vittorio Coletti, *Dalla lingua al testo: note linguistiche sui «Canti Orfici»*, ivi, pp. 63-79, a p. 64.

[41] Gianfranco Contini, *Dino Campana*, in «Letteratura», I, 1937, pp. 106-110 (poi *Due poeti degli anni vociani. II. Dino Campana*, in Id., *Esercizî di lettura*, Firenze, Le Monnier, 1947, pp. 18-28, a p. 21, da cui si cita).

[42] «Tutti i gesti, gli oggetti, le scelte del paesaggio, l'ordine delle scene, in Campana, hanno un senso sacro e una spiegazione simbolica: non c'è niente, o quasi, di casuale e di impressionistico», Bonifazi, *Dino Campana*, cit., p. 99. Fra gli elementi che disegnano lo scenario iniziatico Schuré (*Les Grands Initiés*, cit., pp. 142-143) enumera la nube, le stelle, l'eco, la grotta che

si ritrovano tutti in *Genova* (vv. 56, risp. 50-51, 71, 28). Dice delle stelle l'autore dei *Grands Initiés*: «or, chaque astre roulant entraîne dans sa sphère éthérée des phalanges de demi-dieux ou d'âmes rayonnantes qui furent jadis des hommes, et qui, après avoir descendu l'échelle des règnes, ont glorieusement remonté les cycles pour sortir enfin du cercle des générations» (p. 248); e Campana: «Ripenso alla mia fanciullezza: quanto tempo è trascorso da quando i bagliori magnetici delle stelle mi dissero per la prima volta dell'infinità delle morti!», *CO*, p. 49 (*La Verna* [10]).

[43] *CO*, p. 93 (*Pampa*). Cfr. anche l'anafora di «Non so» in *CO*, p. 25 (*La Chimera*, vv. 1 e 21), per cui cfr. anche Harrison, *1910: The Emancipation of Dissonance*, cit., p. 34; o ancora «Tutto era mistero per la mia fede, la mia vita era tutta "un'ansia del segreto delle stelle, tutta un chinarsi sull'abisso". Ero bello di tormento, inquieto pallido assetato errante dietro le larve del mistero. Poi fuggii», *CO*, p. 17 (*La Notte* [14]); «la Pampa che mi correva incontro per prendermi nel suo mistero» e «sulla pampa [*sic*] che mi volava incontro: per prendermi nel suo mistero!», *CO*, p. 95 (*Pampa*); «Io sentivo le stelle sorgere e collocarsi luminose su quel mistero», *CO*, p. 38 (*La Verna* [2]) ecc. Scrive Schuré: «La doctrine des Mystères est à la source de notre civilisation», Schuré, *Les Grands Initiés*, cit., p. XXV.

[44] «Inconsciamente colui che io ero stato», CO, p. 10 (*La Notte* [3]) è in una precedente redazione: «Colui che io ero stato», *CO*, p. 144 (*Torre rossa-Scorcio* [3]).

[45] Qualche esempio nei *CO*, pp. 18, 38, 41, 44, 75, 134: «nella notte mistica dell'antico animale umano» (*La Notte* [15]) e «[nel]la notte mistica dell'antico animale umano» (*Tf*, p. 247); «come mistico il paesaggio», «Io vidi dalle solitudini mistiche staccarsi una tortora», «Lontano si vedono lentamente sommergersi le vedette mistiche e guerriere dei castelli del Casentino» (*La Verna* [2, 6, 7]); «ore di profondità mistiche e sensuali» (*Dualismo*); «Nuda mistica in alto cava | Infinitamente occhiuta devastazione era la notte tirrena» (*Genova*, vv. 158-59) ecc.

[46] *CO*, p. 40 (*La Verna* [4]).

[47] Schuré, *Les Grands Initiés*, cit., pp. 124, 130.

[48] *CO*, pp. 17, 94 (*La Notte* [14], *Pampa*); *Sp*, p. 58.

[49] Cfr. Louis Le Cardonnel, *Dernier chant d'Orphée*, in Id., *Carmina sacra*, Paris, Mercure de France, 1912, pp. 125-133: «Mangez ma chair, buvez mon sang, profanatrices, | Et puissent longuement ô filles de l'Enfer, | En vous purifiant, vous combler de délices, | Mon sang et ma chair!», p. 129. Il testo fa parte di una sezione intitolata *Orphica* (pp. 87-133). Il nome di Le Cardonnel (1862-1932, sacerdote vissuto anche a Roma e a Firenze) è segnalato da Drei, *Dino Campana*, cit., pp. 91-92.

[50] Cfr. Frede, *Die Orphik*, cit., p. 232; risp. Schuré, *Les Grands Initiés*, cit., pp. 256-257, risp. 254 (e ancora «Il faut un long travail ou de grandes douleurs pour ouvrir les yeux du dedans», p. 237).

[51] *CO*, pp. 15, 19, 85, 101 (*La Notte* [16]); «E una di quelle sere seppi: il Russo era stato ucciso. Il pulviscolo d'oro che avvolgeva la città parve ad un tratto sublimarsi in un sacrifizio sanguigno» (*Il Russo* [4]); e ancora «Ero sotto l'ombra dei portici stillata di goccie e goccie di luce sanguigna» (*La Notte*, [13]); «Una goccia di luce sanguigna, poi l'ombra, poi una goccia di luce sanguigna, la dolcezza dei seppelliti» (*La giornata di un nevrastenico* [5]).

[52] *CO*, p. 93 (*Pampa*). Per questo aspetto cfr. Bonifazi, *Dino Campana*, cit., pp. 83-84.

[53] Cfr. *CO*, pp. 9, 44, 75, 94, 126: «e del tempo fu sospeso il corso» (*La Notte* [1]); «Salgo (nello spazio, fuori del tempo)» (*La Verna* [8]); «ore di felicità completa che aboliva il tempo» (*Dualismo*); «Sgravata la bilancia del tempo» (*Pampa*); «l'orologio verde come un bottone in alto aggancia il tempo all'eternità della piazza» (*Piazza Sarzano* [3]). Cfr. inoltre Bonifazi, *Dino Campana*, cit., pp. 37, 43, 54, 91, 148-149.

[54] *CO*, pp. 21, 75 (*Dualismo*). E ancora «Gli uomini come spettri vaganti: vagavano come gli spettri: e la città (le vie le chiese le piazze) si componeva in un sogno cadenzato, come per una melodia invisibile scaturita da quel vagare. Non era dunque il mondo abitato da dolci spettri e nella notte non era il sogno ridesto nelle potenze sue tutte trionfale?» (*La Notte* [19]).

[55] Cfr. Gilberto Nava, *La condizione espressionista: Rébora, Sbarbaro, Campana*, in *Letteratura italiana del Novecento. Bilancio di un secolo*, a cura di Alberto Asor Rosa, Torino, Einaudi, 2000, pp. 339-349, alle pp. 344-345. Scrive Schuré: «La porte de l'Invisible est donc ouverte. Dans les hauts phénomènes du somnambulisme, ce monde s'ouvre tout à fait», Schuré, *Les Grands Initiés*, cit., p. XXIII.

[56] *Ibid.*, pp. 264, 269. E ancora: «Ecoutez vibrer la Lyre aux sept cordes, la Lyre du Dieu... Elle fait mouvoir les mondes. Ecoutez bien! Que le son vous traverse... et s'ouvriront les profondeurs des cieux!», p. 260; «Comme les volcans nous apportent les secrets de l'intérieur du globe, l'enthousiasme, l'extase sont des explosions passagères de ce monde intérieur de l'âme, et la vie humaine n'est que la préparation et l'avènement à cette vie spirituelle», pp. XXIII-XIV.

[57] *CO*, p. 18 (*La Notte* [16]). E ancora: «Laghi, lassù, tra gli scogli chiare gore vegliate dal sorriso del sogno, le chiare gore i laghi estatici dell'oblio», *CO*, p. 17 (*La Notte* [14]); «dalla mia fanciullezza una voce liturgica risuonava in preghiera lenta e commossa: e tu da quel ritmo sacro a me commosso sorgevi, già inquieto di vaste pianure, di lontani miracolosi destini: risveglia la mia speranza sull'infinito della pianura o del mare sentendo aleggiare un soffio di grazia», *CO*, p. 48 (*La Verna* [10]); «Su da le pagine risuscitava un mondo defunto, sorgevano immagini antiche che oscillavano lentamente coll'ombra del paralume e sovra il mio capo gravava un cielo misterioso, gravido di forme vaghe, rotto a tratti da gemiti di melodramma: larve che si sciogllevano mute per rinascere a vita inestinguibile nel silenzio pieno delle profondità meravigliose del destino», *CO*, p. 74 (*Dualismo*).

[58] Nietzsche, *Aphorismes*, cit., p. 12.

[59] Cfr. Contini, *Dino Campana*, cit., p. 18; risp. Carlo Bo, *Dell'infrenabile notte*, in «Il Frontespizio», IX, 1937, pp. 899-907; Alfredo Gargiulo, *Dino Campana*, in «L'Italia Letteraria», IX, 1933, pp. 1-2.

[60] E ancora «Il s'agit | d'arriver à l'inconnu par le dérèglement | de *tous les sens* – Les souffrances sont énormes, | mais il faut être fort, être né poète»; «Ineffable torture où il a besoin | de toute la foi, de toute la force surhumaine, | où il devient entre tous le grand malade, le | grand criminel, le grand maudit, – et le | suprême Savant!», cfr. Arthur Rimbaud, *Lettres du voyant (13 et 15 mai 1871)*, a cura e commento di Gérald Schaeffer, Genève-Paris, Droz-Minard, 1975, p. 113, vv. 34-38; risp. p. 137, vv. 100-102, 105-109.

[61] *CO*, p. 45 (*La Verna* [8]).

[62] Cfr. *CO*, pp. 21-22, 53, risp. *Immagini del viaggio e della montagna*, v. 2; *La Notte* [19]. «Pénétrer jusqu'aux sources de la vie et de la lumière», per vedere «les merveilles invisibles», dice Schuré, *Les Grands Initiés*, cit., p. 248. Scrive Campana nel *Tf*: «Il valore dell'arte non sta nel motivo ma nel collegamento e quindi nel punto di fusione si ha la grande arte: e la grande arte come la grande vita non è che un ponte di passaggio», pp. 237, 308. Tanto nel medesimo manoscritto quanto nel manoscritto «perduto» di Campana, *Il più lungo giorno* si legge una frase nietzscheana: «E come puro spirito | varca il ponte».

[63] *CO*, pp. 10, 96, risp. *La Notte* [3] («colui che io ero stato»); *Pampa*.

[64] Carlo Bo, *Nel nome di Campana*, in *Dino Campana oggi*, Firenze, Vallecchi, 1973, pp. 7-26, a p. 13. E Montale: «Eppure noi non sapremmo offrire altra chiave ai nuovi lettori degli *Orfici* se non questa raccomandazione di cogliere allo stato nascente la musica del poeta, viva un po' dovunque e soprattutto in quegli abbozzi di mito – il ritorno, la notte mediterranea, la figura di Michelangelo, gli sfondi del "divino primitivo, Leonardo" – dove Campana si arresta alle soglie di una porta che non s'apre, o talora s'apre per lui solo», Montale, *Sulla poesia di Campana*, cit., p. 580.

[65] *CO*, p. 96 (*Pampa*).

[66] Cfr. «Nell'aria non so qual bacchico canto»; nel corrispondente passo del *Più lungo giorno* si legge ancora «Dionisos Dionisos Dionisos», *CO*, p. 54 (*Immagini del viaggio e della montagna*, v. 38); *Plg*, p. 60.

[67] La Gioconda è figura cara, nel suo connubio con la Sfinge e la Chimera, a D'Annunzio: Bonifazi, *Dino Campana*, cit., p. 24. Immaginando la figura leonardesca, mentre il pittore sta facendole il ritratto, e mentre la musica risuona nello studio, dice Conti nella conferenza fiorentina del 1906: «La donna sorrideva in una calma regale: i suoi istinti di conquista, di ferocia, tutta l'eredità della specie, la volontà della seduzione e dell'agguato, la grazia dell'inganno, la bontà che cela un proposito crudele, tutto ciò appariva alternativamente e scompariva dietro il velo ridente e si fondeva nel poema del suo sorriso»; e ancora «Buona e malvagia, crudele e compassionevole, graziosa e felina, ella rideva, e il suo riso si prolungava nel paese lontano e nell'anima mia; sino a darle l'oblio che viene dalla presenza delle cose immortali», Angelo Conti, *Leonardo pittore*, in *Leonardo da Vinci. Conferenze fiorentine*, Milano, Treves, 1910, pp. 93-94.

[68] *CO*, pp. 20, 25-26 (*La Chimera*, v. 26, risp. 8, 32). «Sui suoi divini ginocchi, sulla sua forma pallida come un sogno uscito dagli innumerevoli sogni dell'ombra, tra le innumerevoli luci fallaci, l'antica amica, l'eterna Chimera teneva fra le mani rosse il mio antico cuore», *La Notte* [17]. Cfr. Silvio Ramat, *La «chimera» di Campana*, in *I passi della poesia. Argomenti da un secolo finito*, Novara, Interlinea, 2002, pp. 15-28; più in generale Maurizio Calvesi, *Storia della seduzione*, Palermo, Sellerio, 1999, pp. 51-84.

[69] *CO*, pp. 25-26 (*La Chimera*).

[70] Vittorio Spinazzola, *Leonardo architetto*, in *Leonardo da Vinci. Conferenze fiorentine*, cit., pp. 107-136, a p. 109.

[71] Cfr. Otto Weininger, *Geschlecht und Charakter*, Wien-Leipzig, Wilhelm Braumüller-K. U. K. Hof- und Universitäts-Buchhändler, 1903, pp. 277-279; «Le regard de la Joconde est le regard de Prométhée, de Faust [...]. Ce regard, je ne l'ai vu qu'une autre fois, au seuil du désert, dans la prunelle effritée du grand Sphynx», Joséphin Peladan, *Epilogue*, in *Leonardo da Vinci. Conferenze fiorentine*, cit., pp. 295-312, a p. 304.

[72] Così l'ancella-prostituta è «poggiata sui gomiti come una Sfinge»; e ancora «le immagini avventurose delle cortigiane nella luce degli specchi impallidite nella loro attitudine di sfingi»; «e le sfingi sui frontoni | Benigne un primo oblìo parvero ai proni | Umani ancor largire», *CO*, pp. 11, 13, 129 (*La Notte* [7, 10]; risp. *Genova*, vv. 10-12). Inoltre: «[La donna] Su un viso bruno aquilino di indovina e di sfinge è meravigliosa», *Tf*, pp. 245, 309.

[73] *CO*, pp. 79, 48: «Un buffo dall'occhio infernale la guida, che grida» (*Sogno di prigione*); «Tra le rocce crepuscolari una forma nera cornuta immobile mi guarda immobile con occhi d'oro» (*La Verna* [10]).

[74] Paul Verlaine, *Mon rêve familier*, v. 12 (*Poèmes saturniens*), in Id., *Œuvres complètes*, cit., I, p. 15.

[75] *CO*, pp. 9, 11, 12, 18, 19-20, 48 (*La Verna* [10]), 130 (*La Notte* [2, 6]); e inoltre: «la bianca notte mediterranea scherzava colle enormi forme delle femmine» (*La Notte* [17]); «Ai lati dell'angolo delle porte, bianche cariatidi in un cielo artificiale sognavano il viso poggiato alla palma»; «La voce della Ruffiana si era fatta man mano più dolce, e la sua testa di sacerdotessa orientale compiaceva a pose languenti» (nel *Tf*: «ogni ruffiana romagnola mi pare sacerdotessa», pp. 233, 307); «Dormiva l'ancella dimentica nei suoi sogni oscuri: come un'icona bizantina, come un mito arabesco imbiancava in fondo il pallore incerto della tenda» (*La Notte* [17, risp. 8, 15]); *La Verna* [10]; «Irraggia lo splendore orientale | Genova nelle donne dalla testa | Sibillina, dal carco profumato | Della lor chioma grave lungo attorta» (*Piazza San Giorgio*, vv. 1-4); *Genova*, vv. 29-30. Cfr. anche Greta Bilancioni, *Dino Campana e il femminile: il mito della maternità e dell'amore nei* Canti Orfici, in «Poetiche», 3, 2001, pp. 375-416, alle pp. 383-391.

[76] Bonifazi, *Dino Campana*, cit., p. 92; «il viaggio di Campana è una prova sacra, è il passaggio dell'iniziato attraverso fatti emblematici e prodigi, persone simboliche, che gli indicano così la verità», p. 101.

[77] Nietzsche, *Par delà le Bien et le Mal*, cit., § 40, p. 50.

[78] Paul Verlaine, *Prologue*, vv. 73-76, in Id., *Œuvres complètes*, cit., I, p. 6 («Le monde que troublait leur parole profonde, | Les exile. A leur tour ils exilent le monde!», *ibid.*, vv. 78-79).

«LA TUA ANIMA DI BARBARO DIONISIACO». UNA RECENSIONE ELVETICA DEI *CANTI ORFICI* (1916)

Nella primavera del 1915 Dino Campana lascia l'Italia per mettersi a vagabondare un'altra volta in Svizzera. Da Ginevra, a metà maggio, dice di avere girato la «metà» della Confederazione muovendosi «a piedi». *Fugitivus errans*, come in altre occasioni. Non è però che stavolta le cose vadano meglio del solito. Anzi. «Qua», scrive a Papini, «tutto continua a andare per il peggio». Non ha un lavoro, anche perché in genere gli immigrati attraversano la frontiera, in compagnia di un capoccia che li accompagna, li guida e li tiene d'occhio, con un posto già assicurato in fabbrica o sul cantiere. Trova qualche occupazione saltuaria, il trentenne di Marradi, questo sì, grazie all'aiuto del locale Comitato delle società italiane. Vive insomma alla giornata e mangia quello che gli passa il convento. Cioè la «zuppa quotidiana» offerta ai poveri dall'Opera Bonomelli. E, per non essere arrestato dalla polizia (è successo a Benito Mussolini, sdraiatosi sotto un ponte, a Losanna, nell'estate di tredici anni prima), attende l'arrivo del mattino, con altri senzatetto, nello stanzone dell'ospizio dell'Armée du Salut. Là una notte costa pochi spiccioli. Forse anche nulla, per chi i soldi proprio non li ha. Le sue richieste di una traduzione da fare o di poter stampare una poesia, dietro modesto compenso, su un giornale o su una rivista italiana, rimangono inascoltate. Che ci farebbe d'altronde un uomo espatriato con le quattro monetine ricavate da collaborazioni tanto occasionali? Fortuna che il padre gli manda, almeno quando conosce la destinazione, 60 lire mensili. Due lire al giorno che consentono al figlio mentecatto di campare alla meno peggio e di frequentare, come ben sappiamo, la biblioteca della città. Non pensa tuttavia di tornare in Italia, il poeta. Le notizie su una possibile entrata in guerra del suo paese sono, scrive, «contraddittorie». Anche se tutti oramai sanno bene come andrà a finire. «Resterò probabilmente qua»[1], confessa il poeta a Emilio Cecchi alla fine di marzo. Ma, per rimanere, bisogna disporre di un posto fisso di lavoro, di un letto in cui dormire e soprattutto di un permesso di soggiorno da parte delle autorità di controllo. Per chi si sposta senza tregua da un luogo all'altro tutto diventa difficile. Molto arduo. Quasi impossibile... Chissà se almeno arriverà un riscontro da Lugano dove ha scritto una lettera andata perduta? Dino è disposto a tutto, pur di sopravvivere lontano da casa.

A metà aprile, passato a ritirare la scarsa corrispondenza trattenuta con la *poste restante*, Campana trova una cartolina di Francesco Chiesa. «Mio caro Signore», dice la breve missiva,

> conoscevo il suo nome; nulla ancora dei suoi scritti. Ma indovino e sento attraverso la sua lettera, la generosità del suo animo e la tristezza della sua vita. In una sola cosa ha torto; nel definire, così genericamente, la sua patria «il paese di tutte le vigliaccherie». Ma so bene che chi è infelice non misura le parole. Vede: io non la conosco, eppure so ch'Ella merita d'essere confortato e aiutato. Ma come? Non le risposi ieri, appena ricevuta la cartolina, per poterci pensare. Purtroppo non sono venuto a capo di nulla. Qui nel Canton Ticino ad un anno scolastico più che inoltrato, non ci sono posti nell'insegnamento. Potrei scriverle una parola di raccomandazione da presentare a due o tre amici che ho a Ginevra. Vuole? O se Ella ha in mente che io posso giovarle in un modo determinato, me lo scriva. In ogni caso, mi dica francamente che cosa è avvenuto in Italia: io so comprendere e apprezzare anche ciò che non entra nel giro delle mie idee: ma bisogna che io sappia. E cerchi di essere superiore alla fortuna: non solo nei versi che compone, uno si sente ed è poeta. Facili consigli Ella dirà. Forse: ma io credo fermamente che chi è ricco di vita interiore non debba arrendersi al primo assalto. La saluto cordialmente[2].

Nato nel 1871 (morirà ultracentenario nel 1973), cittadino elvetico, aderente al Partito Liberale, Chiesa è, come già abbiamo detto, l'uomo di cultura più autorevole e influente della Svizzera di lingua italiana. Ha studiato legge a Pavia (molti ticinesi frequentano all'epoca le università italiane) e dal 1897 insegna al liceo di Lugano: lo stesso dove era stato professore Carlo Cattaneo. Dal 1914 ne è anche il rettore (da dieci, inoltre, dirige la Biblioteca Cantonale). Scrittore e poeta, nel 1897 ha dato fuori a Milano le poesie di *Preludio* (di cui parlano Marinetti e altri); nel 1903, presso Baldini e Castoldi, la *Cattedrale*; nel 1904 *La reggia*; nel 1907 *La città* (fra i recensori c'è anche Cecchi), poi confluiti in *Calliope* (1907). Dal 1906 al 1910 si è occupato inoltre della parte letteraria di «Pagine Libere». La rivista quindicinale «di politica, scienza e arte», basata sulla «concezione sindacalista del divenire sociale», esce a Lugano ed è diretta da Arturo Labriola e Angelo Oliviero Olivetti. Inequivocabile l'invito dei redattori: «Pagine Libere fa appello alle forze dei giovani. Chiunque si sente delle idee nel cervello e ha voglia e l'attitudine di esprimerle, mandi pure liberamente. Noi non guardiamo solo ai nomi illustri e non ci spaventano i nomi ignoti». Tra molti, fin lì «ignoti» o ancora poco noti collaboratori del *feuilleton* si annoverano Massimo Bontempelli, Guido Gozzano, Filippo Tommaso Marinetti, Benito Mussolini (con un articolo sulla poesia di Klopstock), Camillo Sbarbaro, Federigo Tozzi, Diego Valeri e vari altri[3]. Autore affermato, non solo nel Cantone Ticino, e in Svizzera, ma anche in Italia, chi scrive a Campana, a Ginevra, nell'aprile del 1915, ha pubblicato ancora, presso l'editore Formíggini, *I viali d'oro*, nel 1911, e *Istorie e favole*, due anni dopo.

Da tempo Chiesa, uomo attentissimo alla propria immagine, è in rapporto con l'Italia letteraria. Frequenta il mondo fiorentino fin dall'anteguerra e intrattiene fra l'altro relazioni cordiali con autori e critici che pure Campana conosce bene: come Bontempelli, come i fratelli liguri Angiolo Silvio e Mario Novaro: direttore, il secondo, della «Riviera Ligure», la «pregiata rivista» che vede in Campana un collaboratore saltuario ancorché convinto; come ancora Emilio Cecchi, che sulla «Tribuna» di Roma ha avuto varie volte occasione di parlare dello scrittore svizzero[4]. Chiesa, che collabora attivamente alla «Nuova Antologia», è in corrispondenza, dal 1904, con Giovanni Cena: tramite lo scrittore-filantropo conosce anche Sibilla Aleramo che a più riprese gli manda saluti e ringraziamenti (per la segnalazione di *Una donna* su «Pagine Libere»)[5]; coltiva un lungo scambio epistolare con Giuseppe Prezzolini, destinato a diluirsi nei decenni, fino a diventare un dialogo fra ultracentenari[6]; e avrà presto occasione di beccarsi con Giovanni Papini che, ricordando «che non è capace d'amare chi non sente ogni tanto la voglia di mordere», e maltrattando gli avversari, mettendosi a toscaneggiare («gli stiliti del gazzettame, che per universale attestazione non mutan mai staggia, come il pappagallo a catena, purché il bere e il mangiare sian sempre a portata di becco»), e poi «stroncando» Giovanni Bertacchi, il «cantore» delle Alpi, scrive perentoriamente nel 1917: «Per quanto nato in Italia, ma più al nord di Bellinzona, questo bacalare rustichesco mi par cugino del poeta svizzero Francesco Chiesa: puzza d'elvetico e di valtellinese». (Seccato da tanta sicumera Chiesa replicherà dicendo che, quelle di Papini, sono soltanto delle «sciocchezze»)[7].

Riscontra dunque Chiesa l'11 aprile del 1915, scrivendo a Campana: «conoscevo il suo nome; nulla ancora dei suoi scritti». Certo, qualche dubbio deve avere maturato. Chissà che chi si è rivolto a lui, succede spesso nella comunità degli italiani emigrati in Svizzera, non abbia delle idee politiche pericolose (sarà un anarchico? Un socialista rivoluzionario?) o abbia commesso, peggio ancora!, qualcosa di illecito. Chissà che la giustizia non lo stia cercando. «Mi dica francamente che cosa è avvenuto in Italia», comunica: «io so comprendere e apprezzare anche ciò che non entra nel giro delle mie idee: ma bisogna che io sappia». Viene da chiedersi come faccia il poeta ticinese – che dice di amare Carducci, Pascoli, D'Annunzio, ma anche Baudelaire e la letteratura francese, benché poi precisi, «Non sono mai stato incline a sentire la poesia come cosa da iniziati»[8] – a conoscere il nome dell'«infelice» Campana, non avendolo ancora letto. Anche se aggiunge (il poeta gli ha mandato i *Canti Orfici*?): «non solo nei versi che compone, uno si sente ed è poeta». Forse il tramite è Cecchi, che conosce bene entrambi. Forse qualcuno, durante i soggiorni fiorentini del ticinese, alle «Giubbe Rosse» o al «Paszkowski», gli ha narrato alcune delle bravate dell'«uomo dei boschi». Forse qualche conoscente, passato per la Toscana, ha sentito qualcosa di Dino e delle sue stravaganze. Più facile tuttavia che Chiesa abbia letto una recensione dei *Canti Orfici*. Quasi certamente quella di Giuseppe De Robertis apparsa sulla «Voce» appena quattro mesi prima, dove si parla sì di versi «senza regola», giudizio che a un «artefice malcontento»[9] di poesia non certo immemore della lezione e dei gusti dei parnassiani può suonare sospetto, ma anche, e questo non può non intrigare un uomo di cultura assai curioso e dotato di ferrea memoria, di un «poeta vero» e di «tanta poesia da compensare la fatica di leggere»[10].

Nella lettera a lui indirizzata da Ginevra – forse un consiglio gli è venuto dal barnabita Giovanni Semeria che ha stretti contatti con il Cantone Ticino, dove ha vissuto da «esule» per il suo credo modernista – Campana deve avere narrato della propria situazione: forse della fuga in Sardegna, magari del soggiorno a Torino, dove ha fatto lo strillone, certo del suo bisogno di trovare una qualsiasi sistemazione. Scriveva Dino, a Papini, il 1° febbraio del 1915, dal capoluogo piemontese: «Mi sento avvilito del dover mendicare qualche lira per quello che ho scritto»[11]. Pur sostenuto dalla famiglia, il poeta è povero in canna. Se guarda indietro rivede il rosario delle vicissitudini che bene si conoscono: il manicomio, le fughe da casa, la storia del manoscritto perduto da Papini e da Soffici, la stampa artigianale dei *Canti Orfici*, l'astio per l'ambiente fiorentino, il senso doloroso del dover vivere «al piede di innumerevoli calvari». Lamentava il poeta l'anno prima, a Luigi Bandini, da Berna, «disperato e sperso per il mondo»: «io non ho meritato la mia sorte». E ai primi di febbraio del 1915, da Torino, apprestandosi a varcare il confine con la Svizzera, parla ancora di «miseria atroce»[12]. Rivolgendosi a Chiesa, amico dell'Italia e grande ammiratore della sua tradizione culturale (nel 1928 l'Università di Roma gli conferirà una laurea *ad honorem*), Dino critica la propria patria, dicendola «il paese di tutte le vigliaccherie». Insiste Chiesa: «mi dica francamente che cosa è avvenuto in Italia».

Le lettere di questi mesi contengono argomenti ben noti ai lettori dei documenti campaniani. L'appello fatto avere al letterato più in vista del Cantone Ticino ora li riassume. Alcune settimane prima, in una missiva un poco farneticante inviata a Papini, Campana se la prendeva con la «porca Italia», oltre che con «la canaglia italiana». Parlando poi della volontà di fare «giustizia sommaria» concludeva (se le stesse argomentazioni accompagnano la cartolina spedita a Chiesa, possiamo ben comprendere il grave imbarazzo dello scrittore): «sputare sul loro dio, sulle loro donne, sui loro bambini, sulle loro leggi, rinunciare alla nostra nazionalità, arruolarsi per la Germania, questo è il nostro dovere». E rivolgendosi a Cecchi: «questa civiltà mi ha messo addosso una serietà terribile»[13]. Altrettanto forte è il disprezzo per «i superartisti» di Firenze: cioè Papini (soprattutto), Soffici (con meno veemenza), i «gretti intriganti», i «giovanissimi parvenus»: «essi credono che l'arte non esista»[14]. Così come pungente è il fastidio che nasce dal non essere considerato (rifiutando l'invito papiniano a mandare qualcosa per «Lacerba», Dino si definisce ironicamente «un ignoto e compromettente poetucolo»), anzi dal sentirsi trattato come lo «scemo» del villaggio popoloso dei letterati. Racconta Campana a Cecchi, il 10 marzo 1915: «Da quindici anni a questa parte tutti mi hanno sempre contestato il diritto di esistere e se non mi sono tirato un colpo di rivoltella è stato solo per un colpevole orgoglio; tutto questo è monotono, egoista e immorale»[15].

Con questi sentimenti di rabbia e di astio, di frustrazione e di dolore, il poeta decide di fuggire. Venuto insomma «il tempo di cambiar aria», e impossibilitato a entrare in Francia, a causa della guerra, sceglie all'improvviso, nel marzo del 1915, di andare in Svizzera. Scrive il 27 del mese, da Losanna, a Cecchi: «Non mai come ora soffro della mia condizione, pure ho ancora il senso vivo dell'intolleranza morale che ho provato negli ambienti frequentati in Italia, e resterò probabilmente qua». Si dice interessato a «un lavoro di qualunque genere», mentre uno dei suoi pochi amici, il giornalista Aldo Orlandi, da

Torino, lo esorta a restare fedele al mestiere di poeta: «Lavora Dino: non hai ancor detta l'ultima parola»[16]. Per questo, visti vani i tentativi di trovare un'occupazione nella Svizzera di lingua francese, Campana, che nel 1911 ha fatto un concorso a Firenze per diventare docente di francese[17], si rivolge, in aprile, certo consigliato da qualcuno che lo conosce, alla persona più autorevole e potente del Ticino. Non è però il momento adatto per trovare un incarico scolastico. Anche se alcuni insegnanti sono stati mobilitati e un posto libero potrebbe saltar fuori. Ma nel Cantone i corsi terminano ai primi di giugno. L'idea, di per sé, non è ingenua né infondata. In quel torno di tempo, nelle scuole secondarie ticinesi, sono attivi circa venti giovani docenti «regnicoli». Scoppiata la guerra – assai favorevole a queste presenze straniere, affinché il Cantone Ticino conservi «la sua italianità» –, Chiesa scriverà all'ambasciatore italiano a Berna Raniero Paulucci de' Calboli, pregandolo di intervenire perché questi insegnanti italiani siano esentati dall'obbligo di arruolarsi: «la loro partenza», osserva preoccupato il rettore del liceo di Lugano, «getterebbe qualcuna delle nostre scuole in un irrimediabile disordine»[18].

Dall'ospedale San Francesco di Marradi, dove dalla fine di ottobre del 1915 viene ricoverato per «nefrite», per domandare di nuovo un posto di docente, Campana si rivolge ancora a Chiesa che, da Lugano, il 19 novembre, quando oramai le scuole sono ricominciate da due mesi, riscontra: «Le sue parole mi commuovono e mi affliggono profondamente. Vorrei poter fare qualcosa che le sia utile, e non so che dirle la mia calda fraterna simpatia. Certo Ella guarirà e potrà tornare al buon lavoro fecondo, che è pur la cosa più consolante della vita. Mi consideri come suo amico»[19]. Ma, con la guerra in corso, espatriare diventa impossibile. Anche per chi, come il poeta, è stato riformato. Dino però non desiste e il giorno di Natale, definendosi «ultimo avanzo dei barbari in Italia», scrive rivangando un vecchio sogno: «Allo sgelo sarò in grado di scavalcare le Alpi svizzere se sarà necessario»[20]. Non è per nulla inverosimile che, del poeta, parli intanto Francesco Chiesa a un collega ticinese, Emilio Bontà, che, dall'estate dello stesso 1915, e per un anno, è a Firenze e, di tanto in tanto, altrove nell'Italia centrale spingendosi almeno fino a Roma. Nato nel 1882, studioso di storia e di toponomastica[21], Bontà è stato professore dal 1907 al 1915 alla Scuola Normale (cioè Magistrale) di Locarno. Dopo l'anno sabbatico trascorso a Firenze, dal 1916 al 1942 sarà docente di storia e italiano al liceo di Lugano, chiamatovi proprio da Francesco Chiesa.

UN «VINCOLO STRETTO» DI AMICIZIA

Sono anni di controverse e non di rado isteriche discussioni, in Svizzera (dove l'italiano, insieme al tedesco e al francese, è lingua nazionale), intorno al ruolo politico e all'affidabilità dell'Italia e, di riflesso, al tema dell'italianità[22]. C'è chi dichiara apertamente il proprio amore per il Regno, sentendosi italiano almeno per motivi di appartenenza culturale; e chi, temendo gli effetti del pangermanesimo e dell'irredentismo italiano, guarda oltre i confini, verso nord e verso sud, con diffidenza e preoccupazione. Perfino il tentativo di fondare un comitato della Società Dante Alighieri nel Ticino fallisce: e solo per un vago sospetto di irredentismo[23]. Anche in Italia c'è molto interesse per la Svizzera, dove lavorano schiere di emigrati e dove la cultura italiana, dice qualcuno, è messa seriamente in discussione dal nazionalismo elvetico e dall'imperialismo tedesco. La curiosità, insieme alla diffidenza, è grande, in Svizzera come in Italia. Non a caso nel 1914 Giovanni Cena invita Francesco Chiesa a scrivere, per la «Nuova Antologia», «sul sentimento svizzero sulla guerra»[24].

Ma è soprattutto «La Voce» a occuparsi della questione (a Trento, a Trieste e nel Canton Ticino l'abbonamento alla rivista costa 5 lire, esattamente come nel Regno, mentre all'«estero» se ne devono sborsare 7 e mezzo). Nell'estate del 1912, dopo aver detto che nell'Ottocento, ospitando numerosi esuli politici italiani, la Svizzera è stata «il Bengodi degli italiani sulla faccia della terra», Giuseppe Prezzolini afferma che le cose, ora, sono purtroppo cambiate. E, soffiando sul malcontento di una parte degli svizzeri italofoni nei confronti della patria politica, per la maggior parte è fatta di germanofoni e di francofoni, e inneggiando al consolidamento di una coscienza italiana nel Ticino, il redattore non manca di esaltare la nascita recentissima di un giornale singolarmente aperto sull'Italia, «L'Àdula», voluto, dice qualcuno, proprio a Firenze, dove difatti circola e viene letto. Per giunta, ecco un altro punto a suo favore, «L'Àdula» è diretta da due donne elvetiche molto coraggiose (nell'ottica *gender*) e molto fanatiche (in quella politica). L'una si chiama Teresina Bontempi, l'altra Rosetta Colombi: sarà poi la moglie del ministro fascista Piero Parini[25]. Intanto, privatamente, occorre battere il ferro finché è caldo, Prezzolini invita Chiesa a collaborare alla «Voce». «Un suo articolo dal Ticino di tanto in tanto», fa sapere nel novembre del 1912, «terrebbe svegli e informati gli italiani»[26]. Il tema di fondo, va da sé, dev'essere l'Italia. Anzi, l'amore per l'Italia. Insomma, grazie alla lingua e alla cultura: la sua legittimazione politica.

Nasce così dapprima un dibattito, con interventi di Prezzolini, Chiesa e del linguista Carlo Salvioni, sull'opportunità di istituire un'«Università italiana» nel Ticino: un baluardo, anzi «l'anima», dell'italianità al di fuori delle frontiere[27]. Alla fine di ottobre del 1913, poi, Prezzolini scrive a Chiesa. Sta preparando da tempo un numero della «Voce» dedicato al Cantone Ticino e ha già raccolto, dice, contributi «informativi» sulle scuole, sull'emigrazione, sulla geografia. Vorrebbe ora «un articolo vasto di pensiero ed alato, largo, sentito, non informativo soltanto come quelli che ha: su l'anima del C[antone] T[icino]»[28]. Così «La Voce» del 18 dicembre 1913 è interamente dedicata al Cantone Ticino. Probabile che Campana – passato per il Ticino la prima volta nel 1906, proprio in quella fine del 1913 è a Firenze per la Mostra Futurista e per consegnare a Papini e a Soffici il manoscritto delle sue poesie, che subito andrà perduto – abbia occasione di leggere il numero della rivista dedicato alla parte italofona della Svizzera. Quella che lui conosce bene, almeno nel paesaggio e nelle vie di comunicazione ferroviarie e alpine.

Dice una nota redazionale preposta al numero della «Voce» dedicato al Ticino: «gli interessi del Regno d'Italia e della Confederazione coincidono perfettamente». Partendo da questo assunto, peraltro più culturalmente ideale che politicamente reale, si tratta di agire per contrastare l'espansionismo germanico che sta prendendo piede anche in Svizzera tramite l'immigrazione e la propaganda tedesca. Un fenomeno politico e culturale che mette in pericolo l'identità francese e quella italiana in Svizzera. Occorre quindi favorire, si legge ancora sulla «Voce», «un ravvivamento del contrappeso latino contro il peso tedesco»[29]. I collaboratori, per l'occasione, sono Francesco Chiesa, Emilio Bontà, Augusto Ugo Tarabori e Eduard Platzhoff-Lejeune. Accogliendo alla lettera l'invito di Prezzolini, Chiesa spiega che il suo paese apparentemente non ha un'anima diversa da quella lombarda. Ma poi, a ben guardare, aggiunge raddrizzando un po' il tiro, ha un suo «carattere nazionale» fatto di gravi difetti e di pregi importanti: come la voglia di sapere («abbastanza diffuso e sentito è l'amore della coltura») e il «sentimento estetico», la «nativa costante inclinazione della gente [...] ad una concezione artistica della vita». Osserva ancora Chiesa: «Il Cantone Ticino è [...] un paese in cui il senso della bellezza è antico e popolare»[30]. Segue un articolo di Emilio Bontà che offre uno sguardo «a volo d'uccello», secondo la moda dei tempi e in ossequio alla tecnologia paleoaviatica, sulla geografia e soprattutto sulla storia. Un testo che enfatizza il «vincolo stretto» che per secoli ha unito il Ticino all'Italia del nord. Bontà insiste anche sull'importanza della via del San Gottardo, sulle battaglie medievali per la sua conquista, fra i Cantoni della Svizzera primitiva e i lombardi, sulla storia moderna, sulle istituzioni[31]. Da parte sua Tarabori si sofferma sulla scuola e sui giornali ticinesi[32]. Poi nuovamente Bontà offre un interessante contributo sull'immigrazione e soprattutto sull'emigrazione ticinese in Svizzera, in Italia (specie in Toscana) e nel mondo: in Australia e nelle Americhe. Scrive fra l'altro lo storico ticinese: «L'emigrante [...] che ha aspirato a larghe nari le ebbrezze selvagge della Pampa difficilmente riesce a riacclimatarsi»[33]. (Si leggerà l'anno dopo nei *Canti Orfici*: «Che cosa fuggiva sulla mia testa? Fuggivano le nuvole e le stelle, fuggivano: mentre che dalla Pampa nera scossa che sfuggiva a tratti nella selvaggia nera corsa del vento ora più forte ora più fievole ora come un lontano fragore ferreo: a tratti alla malinconia più profonda dell'errante un richiamo»)[34]. Il numero della «Voce» si chiude con un breve ritratto delle valli italofone dei Grigioni di Eduard Platzhoff-Lejeune[35].

Insomma: vista da fuori la Svizzera è un paese, per alcuni, chiuso su se stesso; per altri, smaccatamente filotedesco e quindi avverso all'Italia; per altri ancora, almeno nella sua parte italofona, amico da sempre, per ragioni storiche e culturali, dell'Italia. Desta non poco scalpore la notizia della morte eroica, sul fronte italo-austriaco, fra maggio e luglio del 1916, dei due figli del linguista Carlo Salvioni. Salvioni è cittadino elvetico, ancorché professore all'Accademia scientifico-letteraria di Milano, sulla cattedra prestigiosa che era stata di Graziadio Isaia Ascoli, e difensore strenuo dell'italianità (per questo qualcuno lo chiama con sprezzo «svizzero rinnegato»)[36]. Enrico e Ferruccio hanno scelto di andare a combattere volontari per l'Italia: e in nome dell'Italia immolano le loro giovani vite. «L'Àdula», sulla quale lo studioso scrive volentieri, e che dà grande risalto al sacrificio eroico dei due giovani[37], viene stampata a Bellinzona, nel Cantone Ticino, dalle Arti Grafiche Salvioni, l'azienda di famiglia. Vi ha collaborato Scipio Slataper, illustrando la condizione dei «confinanti», cioè degli italofoni che vivono appena al di fuori dalle frontiere nazionali italiane: la loro unione non potrebbe che portare risultati benefici, almeno per la causa[38]. Vi scrive Prezzolini, in contemporanea con il numero «ticinese» della «Voce», che, denunciando il pericolo del pangermanesimo, e immaginando un cuscinetto che divida il mondo italiano da quello tedesco, vuole ingenuamente «la Svizzera contro la Germania»[39]. Vi scrive ancora Salvioni che, analizzando «i fattori che insidiano alla italianità del Ticino» e lamentando il fatto che la cultura ticinese (grazie anche alla scuola) sia poco orientata sull'Italia, dice risolutamente, e anche un po' fanaticamente, il Ticino «membro rescisso del gran corpo italiano»[40]. Presto il giornale, che si definisce «Organo ticinese di coltura italiana» (esce dal 1912 al 1935, quando verrà chiuso per ordine della magistratura), si avvia verso un irredentismo dichiarato e l'esaltazione sconsiderata della «bella guerra»: «Guerra di popolo, guerra per un ideale è quindi quella dell'Italia», si legge sul giornale elvetico; «la bella guerra che la tradizione garibaldina ha portato per il mondo con il puro sentimento, in nome della giustizia e della libertà»[41]. Anche Francesco Chiesa, solitamente riflessivo e oltremodo prudente, attento com'è a non fare passi falsi, si lascerà andare in un momento, uno solo, di sfogo, quando, subito dopo la disfatta di Caporetto, dimenticando la proverbiale misura e ripetendo «Viva l'Italia!», scriverà: «Non è vero che perdere Gorizia e le altre terre voglia dire perdere tutto il vantaggio conseguito. Le centinaia di migliaia d'Austriaci messi fuori combattimento, sono preda guadagnata per sempre»[42].

Sono faccende, queste, che non interessano direttamente Campana, assai lontano – al di là del suo desiderio occasionale di arruolarsi – da attenzioni di natura politica. È tuttavia lecito ipotizzare, già lo abbiamo detto, che la dedica dei *Canti Orfici* all'imperatore Guglielmo di Germania non sia semplicemente da addebitare, come vuole una tradizione tanto affrettata quanto riduttiva, anzi offensiva nei confronti dell'intelligenza del poeta e alla sua visione della realtà, al desiderio di «far dispetto al farmacista al Sindaco all'arciprete ecc. ecc. di Marradi» (così Dino scrive sotto la dedica nella copia donata nel novembre del 1914 a Giuseppe De Robertis; così racconterà poi ancora Soffici: insomma, a «tutti quegli idioti di Marradi, che ogni sera al caffè facevano quei discorsi da ignoranti e da scemi. Tedescofobi, francofili, massoni e gesuiti»)[43]. Quell'«a Guglielmo II imperatore dei Germani | l'Autore dedica» vuole essere una risposta, in primo luogo, al nazionalismo di chi, dalle pagine della «Voce» e di altre riviste italiane, oltre che dai giornali e dai pulpiti dell'oratoria nazionalista, inneggia a un'Italia interventista e bellicosa, sputando al contempo su una Germania che è sì esercito prussiano e prepotenza, ma anche tradizione culturale di straordinario spessore.

«IN UN'ONDA DI EBBREZZA MUSICALE»

Dunque Emilio Bontà, l'insegnante ticinese che sulle pagine della «Voce» ha presentato la propria terra, alla fine del 1913, dal profilo della storia e dell'emigrazione – alcuni suoi fratelli sono in California, non è escluso che qualche suo parente sia partito per l'Argentina –, esaltando fra l'altro «le ebbrezze selvagge della Pampa», arriva a Firenze nel 1915, d'estate, dopo la tribolata conclusione dell'anno scolastico (di «un prolungato soggiorno in Italia», parlerà l'anno seguente «L'Àdula»)[44]. Vari ticinesi, dopo la fine degli studi magistrali o dopo la laurea, e magari qualche anno di insegnamento, scelgono peraltro di trascorrere un periodo in Italia (specie nel capoluogo toscano o a Roma): per respirare l'aria della patria ideale della loro lingua e della loro cultura, per visitare i luoghi più celebri e celebrati, per frequentare i corsi all'università, per incontrare qualcuno fra coloro che, scrivendo sulle riviste, si è fatto conoscere anche al di fuori dei confini nazionali. Lo scrittore Piero Bianconi, poi collega di Bontà, sarà studente all'Università di Firenze fra il 1931 e il 1932, quando lega con i letterati del «Frontespizio» (Piero Bargellini, Carlo Betocchi, Carlo Bo, Nicola Lisi, Raffaele Ciampini, Pietro Parigi); fra il 1933 e l'anno seguente è poi a Roma, dove, continuando gli studi, diventa amico, e più tardi corrispondente, di don Giuseppe De Luca, Roberto Longhi, Antonio Baldini, Bonaventura Tecchi, Ugo Betti[45].

Nel 1915 Bontà, che è nato nella valle Leventina, alle pendici del San Gottardo (Campana, in fuga, ci passa probabilmente a piedi in occasione del suo primo viaggio-fuga in Svizzera, nel 1906), ha trentatré anni. Arminio Janner, già suo collega a Locarno e poi professore all'Università di Basilea, lo ricorderà come uomo «distratto e un po' buffo», sciatto nel vestire, con una sorta di cappelluccio eternamente in testa: «un vallerano un po' pesante, maturato adagio; ma, come certi antichi sileni, ricco di riposte virtù». E loda la sua «acutezza di giudizio», «la coerenza del pensiero e la dirittura morale», «quel suo modo calmo e oggettivo di definire una situazione, quell'andar sempre al fondo dei problemi, spazzando via le nebbie che il sentimento, il bisogno di retorica, l'interesse personale spesso mettono fra noi e le cose». E conclude, insistendo sulla sua voglia di approfondire le cose al di là della retorica e dei luoghi comuni: «nulla lo indispone più del continuo vacuo richiamar "le gloriose tradizioni artistiche del paese"». Insomma, Bontà è un uomo stravagante ma tutto d'un pezzo, che guarda al passato, ma anche al presente e al futuro. «Singolarissimo» lo dice da parte sua Francesco Chiesa, enfatizzando il carattere un poco originale del suo collega: «Ogni tanto deliziava i suoi allievi con una lezione di primissimo ordine; una lezione isolata in mezzo a una infinita serie di silenzi, oppure di borbottamenti, di assenze». Anche Bianconi lo rammenta come «uomo strano, di molta e soda cultura»[46]. Guarda con un certo sospetto ai «crateri fumanti» del nazionalismo, del sindacalismo e del Futurismo, Bontà, che conosce Darwin, Bergson, Nietzsche («Era un mite, che voleva arrivare colla violenza a una più grande mitezza») e, letto lo *Zarathustra*, si professa fedele all'idea della necessità di una «liberazione dell'individuo» (che «lotta eroicamente contro se stesso e, novello Orfeo, si libera del mantello opprimente delle abitudini comuni») proteso «verso i cieli della contemplazione apollinea e dell'abbandono dionisiaco»[47].

Le sue pagine «italiane», memori di un soggiorno durato un anno, apparse nel 1916 sull'«Àdula», dopo il ritorno in patria, parlano di luoghi (Bologna, Firenze, gli antichi borghi dell'Italia centrale, Roma), di incontri, di emozioni, di visioni estatiche. Quasi nulla si sa, purtroppo, del soggiorno fiorentino di Bontà: se non che ama l'arte (Giotto, Cimabue, Luca della Robbia) e il misticismo toscano. Ecco un passo dei suoi «ricordi»:

> Olivi, olivi. Corrono i primi brividi della primavera per i colli toscani. Vampe di verde lingueggiano sul fondo delle valli, e salgono su per le prode a lambire il piede delle cipressaie. Fiesole riposa fantastica in collo a Monte Ceceri, col campanile quadro profilato sul cielo di cristallo. Fiesole etrusca: tu puoi guardarla a sera, quando la ruggine delle petraie di serena, e il bianco a dadi delle case, e il grigiore degli ulivi, e il nero de' cipressi – tutte le linee e tutti i colori si compongono nella liquefazione del tramonto: melodia suprema che ti scioglie l'anima in un'onda di ebbrezza musicale; orchestra di tutte le voci dormenti nelle pietre e nelle acque, che sale a proclamare la gioia del mondo vedendo oltre i confini dell'io e del non-io[48].

A Firenze Bontà segue alcuni corsi universitari e ha contatti con Papini, Prezzolini e Piero Jahier[49]. E, quello che qui interessa, cerca di incontrare il poeta dei *Canti Orfici*, da poco rientrato dalla Svizzera. Ricorderà quarant'anni più tardi Francesco Chiesa, segno che i due colleghi devono avere parlato, molto tempo prima, dell'occasione: «andò a Firenze, e vi conobbe, credo, Campana»[50].

Il 27 aprile del 1916 Ruggero Zotti, direttore didattico e studioso di storia friulana, scrive a Campana da Calcinaia, vicino a Pisa: «Gentile, il Prof. Bontà di Lugano è venuto appositamente da Firenze per fare La sua conoscenza». Poi aggiunge, con un piccolo gioco di parole: «Vuol avere la bontà di salire fin quassù? A Buon Vederci»[51]. Nulla di più sappiamo dell'incontro. Campana vive a Lastra a Signa, a poca distanza dal capoluogo, dove suo padre è direttore didattico, e lì più facilmente i due potrebbero vedersi. Ma il 19, dunque appena una settimana prima, Dino, che chiede di voler essere chiamato «poeta germanicus», è a Livorno da dove si rivolge a Boine. Cerca al solito «una piccola occupazione», ha voglia di emigrare, si sente «prigioniero delle belve clericali», si dice profondamente schifato dalla retorica interventista, e dei «lordi cafoni di Firenze»[52]. Probabile che Bontà, che nei suoi scritti mostra interessi storico-filosofici e linguistici, conosca il friulano Zotti, il quale ha chiesto uno scritto al poeta[53], e che tramite la sua malleveria cerchi un contatto con Campana. Forse ha già letto i *Canti Orfici*. Forse è Dino a portaglieli durante un abboccamento che comunque deve avvenire, e probabilmente si ripete, se i due poi si daranno del tu. Scrive Bontà di lì a qualche mese: «Grazie del tuo libro. Ci ho trovato qualche cosa che non è la solita rigovernatura scolastica, e neppure il giochetto pirico di certi futuristi in ritardo. Ci ho trovato te stesso, la tua anima di barbaro dionisiaco perduto dietro una visione di fulgore mediterraneo». Così comincia una recensione che lo storico svizzero pubblicherà sull'«Àdula» (filoitaliana, sì, ma non ancora irredentista) al rientro dall'Italia. In una delle «cronache» del suo «viaggio» italiano che intitolerà *Piccola Vela*[54].

Fin lì dei *Canti Orfici* hanno scritto ancora in pochi[55]. Il primo a farlo, è un dono natalizio, è Bino Binazzi, il 25 dicembre 1914, sul «Giornale del Mattino» di Bologna. (Testimonierà oltremodo fiero e un po' spaccone: «Egli ogni tanto si appartava dagli amici per leggersi in pace l'articolo mio o la nota di Cecchi. Si calcola che li abbia letti migliaia di volte. Perché era sensibilissimo alla lode»)[56]. Non mancano certo le riserve, che sono però di carattere esterno e strutturale: il recensore (a lui Campana dedicherà una poesia, *A Bino Binazzi-Toscanità*, che appare sulla «Riviera Ligure» nel novembre dell'anno dopo)[57] parla della «sciattezza tipografica» dell'edizione marradese, di «certa negligenza nella raccolta, la quale sembra non aver né capo né coda», tanto che il libro è «un bizzarro accozzo». Ma poi il primo critico aggiunge che Campana, operando «in una sua stranissima solitudine, lontano da ogni cenacolo», è «torbido e gigantesco», dotato di «un'immaginazione torrida e selvaggia e al tempo stesso mistica e sentimentale». E che la sua è «un'arte fresca e inusitata». Insomma: è «poeta di razza» (nel gennaio dell'anno dopo Papini osserverà che tutt'al più ci sono «30 pagine di buona poesia»; replicherà Binazzi: «questo bel tipo di Campana è destinato a scriver grandi cose. La stoffa c'è»)[58].

Alla fine del 1914 è Giuseppe De Robertis, a parlare di «un po' di poesia»: benché la stampa sia «cattiva», ed è macchiata dalla dedica all'imperatore tedesco, c'è «tanta poesia», osserva, «un temperamento d'artista di forza e d'istinto davvero notevole», «un'atmosfera di colori e di odori». Insomma, non ci sono dubbi: Campana è «poeta vero»[59]. Nel gennaio del 1915 viene quindi il turno di Antonino Foschini che, contestando l'etichetta derobertisiana («un po' di poesia»), parla invece di «una rivelazione»: nei *Canti Orfici*, spiega, c'è una «musica tumultuosa e discorde». E conclude: «da molto tempo in Italia non s'era udita una così vasta e pura voce di poeta»[60]. È poi Emilio Cecchi, verso la metà di febbraio, in un articolo dedicato a Papini, a giudicare con severità i *Canti Orfici*. Pur intravedendovi «un senso più sorgivo, un'aria più succulenta» rispetto ad altri «imitatori» italiani di Mallarmé e Rimbaud, pertanto anche l'«Orfeo barbaro» sarebbe ammalato di «scarlattina letteraria», il critico dice le poesie «orfiche» – pensa per esempio alla *Notte* (anche se poi, scrivendo a Dino, nel marzo del 1916, si dirà «subito scontento» del modo con cui si è espresso) – «accozzaglia inverosimile di idiotaggini e accenti virili: un museo da fiera, con qualche numero bello»[61]. Ancorché conscio di essere stato «trattato severamente», scrivendo a Cecchi in marzo Campana dice sommesso: «La ringrazio di avermi trattato male: è quello che ci vuole, io ho torto». Del resto le recensioni ai *Canti Orfici* non gli devono certo dispiacere se, in una lettera a Novaro, come prova della propria «capacità», menziona le pagine di Binazzi, De Robertis e Cecchi[62].

La segnalazione successiva è di Giovanni Costetti che, ai primi di aprile, mentre Dino è in Svizzera e si rivolge a Chiesa per avere un posto di insegnante, insiste sulla «schiettezza» dei *Canti Orfici* e, da pittore, definisce il libro «pieno di colori» e Campana «un vero poeta»[63]. Nell'estate del 1915 esce sulla «Riviera Ligure» un ampio scritto di Giovanni Boine che mette in evidenza, un'altra volta!, la miseria tipografica degli *Orfici*: «l'autore è certo un poverissimo», rileva il recensore, «i segni del suo squilibrio anche dall'esterno del suo volume appaiono evidenti». Tanto che «non è possibile fuoritrarne un qualunque normale costrutto». Ci sono tuttavia «pagine limpide», «lirici idilli», «tremiti di lievi colori quasi in musica stemperati». Boine parla di «poesia allucinata», di «squilibrio», fra inquietudine e sogno, e definisce Campana «un pazzo sul serio». Sicché «la trasposizione illogica delle parole nel discorso, la sintassi a salti, nonché il salto dei vocaboli ed eziandio di intere proposizioni, è la diagnostica caratteristica delle scritture dei pazzi»[64]. Da parte sua Renato Fondi, redattore con Costetti della «Tempra», dove in ottobre 1915 esce *Arabesco-Olimpia*, parla di «un temperamento poetico robusto» e di un «mondo fantastico»[65].

Nel 1916, a un anno e mezzo dalla stampa marradese, avendoli riletti con calma e attenzione, Cecchi torna ai *Canti Orfici*, sulla «Tribuna» di Roma, con un saggio importante (finalmente riabilitato Dino lo dirà «magnifico» e «bellissimo»), in cui osserva come «in Campana l'atto dello scrivere proviene da un incanto di realtà profondo» e, rilevando la «genialità» del poeta, aggiunge: «è di quelli che hanno portato, oltre i successi incontestabili e sereni, più profonda lealtà a sé medesimi, più onore»[66]. Altre segnalazioni, nei mesi successivi, vengono da Francesco Meriano, che parla della «frammentarietà d'un gigante che ci dà abbozzi più complessi dell'opera più completa»; da Raffaello Franchi che, prendendo atto che a Bologna Binazzi, il primo recensore dei *Canti Orfici*, dice di voler fondare una rivista «in cui la poesia sia intesa in senso orfico», rileva: «I *Canti* di Campana stanno agglutinando e fortificando la nostra atmosfera. Una bella pienezza inespressa ma sentita c'è di già» (Campana lo ringrazierà del suo «ricordo»); e dal poeta Paolo Buzzi[67]. Il consenso, ancorché tutt'altro che largo (mancano all'appello, scrive Dino nella primavera del 1916, «quei cretini dei futuristi e quei superidioti dei fiorentino-napoletani»: ci metterà una pezza, nel 1920, l'antologia dei *Poeti d'oggi* di Papini e Pancrazi)[68], si consolida almeno nella cerchia degli amici. Confessa Antonio Baldini, a Campana, l'11 settembre 1916: «Lei può gloriarsi di aver dato, a chi l'ha intesa nel profondo spirito, ore di grandissima gioia, senza eccessi e disillusioni. Lei ha conquistato i più forti della nostra generazione»[69].

«DOMANI SCRIVERÒ A DINO CAMPANA»

Le recensioni dei *Canti Orfici* apparse fra il 1914 e il 1916 oscillano tutte fra le riserve imbarazzate, le critiche severe – alla scarsissima qualità tipografica, alla mancanza di un coerente disegno, così almeno pare, interno all'opera, al genere stesso della poesia, tanto sorprendentemente «diverso» –, il disorientamento di fonte alle stravaganze del poeta, cui va forse ricondotta, argomenta qualcuno, la singolare costruzione sintattico-lessicale del verso e la percezione del *déjà lu*. E, sull'altro versante, le lodi per il vento di novità portata da un autore «vero», per l'unicità della poesia campaniana, per la commistione di suoni e colori, di immaginazione e mistero, di arte e follia. Vengono anche citati via via i modelli di riferimento: Pascoli e D'Annunzio (e Gor'kij) (Binazzi, Foschini), Carducci (De Robertis), Samain «e compagni» (Boine), Verlaine, Baudelaire, Mallarmé (Costetti), Rimbaud (Fondi).

Poi, nell'ottobre del 1916, nel frattempo già manda alte lingue di fuoco l'amore tribolato fra Campana e Sibilla Aleramo, esce sull'«Àdula», a Bellinzona, in Svizzera, una nuova e lunga (e fin qui rimasta ignota)[70] recensione: quella di Emilio Bontà. Eccola:

Domani scriverò a Dino Campana. Ho parecchie cose da dire a questo «pazzo sul serio»[71]. Per esempio: Grazie del tuo libro. Ci ho trovato qualche cosa che non è la solita rigovernatura scolastica, e neppure il giochetto pirico di certi futuristi in ritardo. Ci ho trovato te stesso, la tua anima di barbaro dionisiaco perduto dietro una visione di fulgore mediterraneo[72]. «Le grandi case rosee tra i meandri verdi continuano a illudere il crepuscolo. Sulla piazza acciottolata rimbalza un ritmico strido: un fanciullo a sbalzi che fugge melodiosamente. Un chiarore in fondo al deserto della piazza sale tortuoso dal mare dove vicoli verdi di muffa calano in tranelli d'ombra: in mezzo alla piazza, mozza la testa guarda senz'occhi sopra la cupoletta. Una donna bianca appare a una finestra [aperta]. È la notte mediterranea»[73].

Ho viaggiato con te nelle città rosse di mura e turrite[74], dentro i vichi male odoranti[75] dove Satana tende le reti notturne[76]; con te nell'aria pirica delle serate di fiera[77] tra lo sciame delle signorine «dal viso molle inconsciamente feroce»[78]. Ascoltai, contro lo specchio delle nevi, la lunga storia brontolata dal torrente alpino, e il canto monotono della fanciulla che lava i panni al sole – e lava, e lava[79]; poi via a fendere l'infinito[80] sul mare fino a sdraiarmi sulla criniera della Pampa[81], sognando, al fragore diabolico di un treno in corsa[82], le venture della vita e della morte[83], e il sorgere di un nuovo sole, al mattino[84]!

Vita vissuta, calore di creazione, liberazione di un fuoco gelosamente covato e represso: così mi parlano i *Canti Orfici*, umilissimi sotto la copertina gialla e trasparente che vuol dire denaro scarso – e anche: sarò prodigo in stelle fisse.

Ma ho bisogno di spiegarmi.

Animare le cose, personificarle, svegliare un mondo umano e fantastico dalla materialità pesa[85] e stagnante, è il processo normale dell'opera poetica, dell'opera d'arte in genere: l'uomo incivilito – nota uno storico – tanto più ne gode in quanto che le personificazioni gli ricordano la più cara ed antica delle sue illusioni.

Animare le cose è il modo di accordarle con noi stessi, di costringerle nel crogiuolo della nostra passione, di vincerle per crescere e dilatare il nostro io. La sensibilità acuta dello spirito moderno, e l'innegabile fondo mistico che lo pervade, portano diritto a questa trasfigurazione, ad una specie di aggressione violenta dei limiti. Nel calore dell'anima le cose si liberano, fantasmi leggeri, e salgono a turbinare nell'atmosfera del sogno. Alchimia di sensazioni. Alchimia miracolosa, ma sempre il mondo della vibratilità sensoriale, levitato in bei giuochi d'immagini; diluvio di immagini luminose, plastiche, sonore, concitate. È l'arte del dinamismo plastico e musicale – l'arte del colore.

Questo trionfo coloristico è un po' pericoloso. Si può leggere con vero compiacimento un frammento di colore puro: nel mare grigio della tonalità quotidiana un getto di bengala, con relativo scoppio a cento metri di altezza, produce un effetto sorprendente. Ma non si può a lungo sostenere lo sforzo di aggressione e di trasfigurazione proprio della creazione fantastica senza provarne un senso di sazietà, direi quasi di oppressione. Certi acrobatismi metaforici e simbolici danno l'impressione di una volata orgiastica in un cielo caldo di fumi mistici e sensuali; si sente impellente il bisogno di ritoccare terra coi piedi, e di sorbire un rinfresco alla prima trattoria di campagna.

L'arte, appunto perché arte, è anche artificio: non bisogna abusarne.

Il colore puro non può pretendere ad un impero assoluto.

L'uomo vuol vivere la sua vita intera, tenere il contatto col tempo, col passato e coll'avvenire: vuol vivere di affetti «impuri», di emozioni e di passioni. Vuole avere una volontà, e un regno ampio di azione. Chi affronta la realtà esterna, col solo filtro dei sensi superiori si colloca fuori della corrente vitale, in una specie di rinunzia che conduce ad una diminuzione di potenzialità. La cosa è affatto evidente rispetto al lato pratico della vita; ma anche rispetto all'essenza dell'arte non è detto che sia pienamente giustificata l'opposizione recisa che si erige tra il mondo della creazione estetica e il mondo dell'esperienza simpatetica. Benedetto Croce ha combattuto, e con ragione, la distinzione scolastica dei sensi in sensi estetici e sensi non estetici o indirettamente estetici, affermando che l'espressione estetica è un fatto interno, una sintesi «nella quale è impossibile distinguere il diretto e l'indiretto»[86].

Qualche cosa di simile si può affermare rispetto alla funzione del sentimento nel complesso dell'attività artistica. Escluderlo a priori come fattore di conservazione, come elemento perturbatore della lucidità apollinea, non è possibile senza cadere nell'arbitrario. Il sentimento, nelle sue vibrazioni più alte, sovrasta esso pure all'istinto utilitario di conservazione, e si perde in una ritmazione musicale identica a quella suscitata dal fantasma estetico. Diventa anch'esso una sublime inutilità. Il dolore in modo speciale, il grande e muto dolore, può spalancare le porte di cieli insospettati. Oscar Wilde, che ne fece la terribile esperienza nel carcere di Reading, parla ammirato di questo fatto.

«Ho potuto comprendere il senso di alcune lezioni che si cela in fondo al dolore. Ciò che vagamente e istintivamente si sentiva riguardo all'arte, si realizza intellettualmente ed emozionalmente, con una chiarezza perfetta di visioni e una intensità assoluta di comprensione. Io vedo ora che il dolore, essendo la suprema emozione di cui l'uomo sia capace, è contemporaneamente il tipo e il modello della grande arte. La verità in arte è l'unità di una cosa con sé stessa, l'esteriore esprimente l'interiore, l'anima fatta adeguata alla carne e il corpo adeguato allo spirito. Per questa ragione non è verità comparabile al dolore.

Io scorgo un rapporto assai più intimo e immediato tra la vita di Cristo e la vera vita dell'artista. Cristo realizzò nel campo delle relazioni umane quella simpatia immaginativa, che, nel campo dell'arte, è il segreto della creazione. Shelley e Sofocle gli sono da presso. Ma la sua vita intera è il poema più meraviglioso "e per la pietà e il terrore" non v'ha nulla di simile nel ciclo intero della tragedia greca. La purezza del protagonista eleva il piano della sua vita a un'altezza d'arte romantica dalla quale sono escluse, per il loro stesso orrore, le sofferenze di Tebe e della razza di Pelope»[87].

L'ultima espressione d'arte – la suprema – è un'espressione musicale: linea, colore, suono si ritrovano e si confondono in una culminazione finale che è il ritmo. Ma se ciò è vero, la profonda vibrazione del sentimento, la quale riesce anch'essa ad una florescenza di armonie musicali, dev'essere reintegrata nel regno della purità estetica. Oltre e fuori, s'intende, l'estetica crociana!

L'odio verso la poesia «affettuosa» è necessario come salvaguardia contro le emozionalità prive di valore, e gl'illanguimenti morbosi del sentimento. In questo senso lo sprezzo del Carducci per i romantici e la «secrezion mucosa dell'affetto»[88] è più che giustificato. Michelangelo detestava pure l'arte emozionale e la riteneva appena degna delle donnicciuole. «Si dipinge col ciervello»[89]. Che direbbe oggi dell'umanitarismo dolciastro e retorico di certi artisti «settentrionali» democraticamente lacrimosi e sospirosi?

Ma tutto ciò non può intaccare il contenuto profondo della vita interiore, quel senso recondito e universale del mistero che a volte ci ferma lungo il cammino: Perché? Sale dalle radici dell'essere, dall'intimo disagio dell'anima un effluvio infinitamente tenue, infinitamente umano, che i poeti del colore e dell'immagine non conoscono, ma che ha reso immortale la lirica di Musset, di Shelley, di Leopardi, di Hugo, di Heine.

Leggiamo pure, amico, i *Canti Orfici*. Le cose tutte hanno un'anima, e vanno per il mondo trascinandosi dietro il loro guscio e la loro passione. E la loro passione è come quella degli uomini, ingorda di sole. È la passione degli uomini.

Ma la sera, a Signa, c'è ancora poesia senza le cose. Tra gli ulivi che non hanno contorno: fruscia il vento appena nelle chiome leggere, e le ombre calano a smorzare gli spigoli dei muri e la carnagione dei campi. Ancora poesia – se una finestra si accenda, sola, nella notte[90].

«NELL'ATMOSFERA DEL SOGNO»

Non sappiamo se Bontà abbia ricevuto o comperato, «Grazie del tuo libro», scrive comunque con gratitudine di lettore, i *Canti Orfici* direttamente da Campana, in occasione di un incontro che deve pure avvenire in maniera non convenzionale (se usa il «tu» e dice «amico» il poeta). E chissà che i due non abbiano parlato, in quella occasione o magari «la sera, a Signa», dove Dino risiede – («Tra gli ulivi che non hanno contorno: fruscia il vento appena nelle chiome leggere, e le ombre calano a smorzare gli spigoli dei muri e la carnagione dei campi»), e dove «c'è ancora poesia senza le cose» –, oltre che di poesia, dell'«epifania di semplicità e di grazia»[91] che offrono i colli toscani, della Verna, del lontano Sud America, o della valle Leventina, dove lo Svizzero è nato e cresciuto («un'angusta valle», dirà dopo avere salutato la Toscana, «dove le pareti scendono diritte come i fianchi delle tue cattedrali»)[92]. Fatto sta che, avendo «viaggiato» – soggiornando in Toscana, completamente libero del proprio tempo e curioso di vagabondare (fra i suoi *reportages* c'è anche quello di una gita a un luogo «campaniano», la Verna)[93] può certo averlo fatto, o idealmente, leggendo i suoi versi – in compagnia del poeta «nelle città rosse di mura e turrite», «dentro i vichi male odoranti», «nell'aria pirica delle serate di fiera», osserva compiaciuto, ha «parecchie cose da dire».

Alcune, in realtà, sono già state dette da altri. Si fa riferimento alla povertà materiale dell'edizione (i *Canti Orfici* stampati a Marradi sono «umilissimi sotto la copertina gialla e trasparente che vuol dire denaro scarso»). Viene però anche segnalata, prova che Bontà ha conosciuto da vicino Campana, la personalità del poeta («Ci ho trovato te stesso, la tua anima»). Si pone in primo piano l'originalità della poesia campaniana («qualche cosa che non è la solita rigovernatura scolastica, e neppure il giochetto pirico di certi futuristi in ritardo»), pur non dissociandola del tutto dalle esperienze futuriste. E si segnala la novità (che però a lungo andare, ammonisce il recensore, può provocare «un senso di sazietà, [...] quasi di oppressione») di una poesia fatta di personificazioni, di «arte del colore», oltre che di un «diluvio di immagini luminose, plastiche, sonore, cromatiche». Una poesia intesa come allontanamento dalla realtà, come «atmosfere del sogno», come «trasfigurazione», attraverso un «fondo mistico» che apre alchemicamente le porte su un «mondo umano e fantastico», di personificazioni. Una poesia, frutto del dolore, non della follia, intesa come il viaggio iniziatico di un visionario, fra la memoria del passato e un presente fatto di fughe, fra la catabasi notturna nell'angiporto e l'anabasi aurorale di chi risorge dalle tenebre, fra barbarie e mediterraneità, fra la montagna e la città, fra il mare e le praterie sterminate dell'Argentina.

È, quella campaniana, si legge ancora nella recensione elvetica dei *Canti Orfici*, poesia non intellettualistica ma vissuta, fatta di musiche e di colori (anche questo è un carattere già visto in precedenza da altri), creata da un intimo e profondo bagliore, forgiata al calor bianco di un «fuoco gelosamente covato e represso». È poesia che è «aggressione violenta dei limiti». È la parola di un «barbaro dionisiaco» che rincorre visioni «di fulgore mediterraneo», ben oltre le esperienze futuriste (dirà poi Montale che l'«illusione barbara» campaniana «consiste tutta, forse, in un suo irrimediabile sentirsi antico»; ma Nietzsche, letto a Ginevra da Campana, aveva precisato: «La classe noble fut à l'origine toujours la classe barbare», aggiungendo: «sa superiorité n'était pas d'abord dans sa force physique, mais dans sa force psychique, – c'étaient des hommes *plus complets*»)[94].

Non ha veleni anti-italiani da sciogliere nel proprio inchiostro, lo svizzero Bontà. Anzi, nel suo fervore italofilo, che resta comunque prudentemente al di qua dei programmi irredentisti che presto diventeranno centrali all'interno del giornale pubblicato a Bellinzona, non manca di ricordare la figura di Scipio Slataper, «figlio di Trieste», già collaboratore dell'«Àdula», morto sul fronte il 3 dicembre del 1915. Un patriota guardato con sussiego a Firenze («si voleva in lui l'ingegno freddo dell'esteta, e l'audace strafottenza di chi è arrivato – o crede d'essere arrivato – alla meta»), ben conscio tuttavia «della santità e della bellezza del suo sforzo». A lui, come a quei giovani, «belli e forti di audacie consapevoli», «che non conoscono distanze tra il pensiero e l'azione», che combattono «per un esercizio di virtù corporale e spirituale», che vogliono «gittare un fiotto di sangue vergine nelle arterie sclerotiche di Firenze», Bontà guarda con molta simpatia. «N'ho conosciuto parecchi di questi giovani che muoiono per un bisogno di redenzione», conclude: «Ammirabili!»[95].

Questo non lo porta però a cadere nelle trappole infide dell'interventismo. Nelle sue riflessioni sulla guerra, affidate alle pagine dell'«Organo ticinese di coltura italiana», non manca anzi di schierarsi contro la retorica nazionalista (il pensiero corre un'altra volta alla dedica dell'«ultimo dei Germani in Italia» al *Kaiser* Guglielmo II): «Si cerca di raffigurare l'avversario – che è poco conosciuto nelle sue qualità e ne' suoi bisogni legittimi – coi colori più foschi (perfido, prepotente, barbaro, fetido, rognoso)», scrive, «e di identificarlo, per ciò solo che è avversario, colla quintessenza della quiddità maligna, col demonio e l'anticristo»[96]. E pare di intravedere, leggendo le pagine di *Piccola Vela*, possibili memorie e atmosfere un poco campaniane. Eccone un modesto esempio: «Notte. Nei giardini di Rifredi si sperdono le ultime note della maggiolata. Passa, nell'ombra languida dei vichi, il fremito dell'amore e del delitto. Io salgo. Fantasmi di alberi si staccano dal panorama nero, a cui vengono incontro torbidi di mistero»[97]. O ancora quando si parla dei «fantasmi leggeri» che «salgono a turbinare nell'atmosfera del sogno». O dell'«arte del dinamismo plastico e musicale – l'arte del colore» e di «trionfo coloristico»: anche se poi, precisa Bontà, la «volata orgiastica in un cielo caldo di fumi mistici e sensuali» con l'andare del tempo, reiterandosi, sazia. E, citando Wilde, giunge a un'intuizione che certamente può piacere a Campana: «il grande e muto dolore, può spalancare le porte di cieli insospettati». O come quando, recensendo i *Canti Orfici*, parla di processo alchemico di trasfigurazione, di «alchimia di sensazioni. Alchimia miracolosa» (Campana, come sappiamo, si definisce «l'alchimista supremo che del dolore ha fatto sangue») che Bontà associa al «dinamismo plastico» dei futuristi.

Non sappiamo se Campana abbia ricevuto la recensione di Bontà: magari per lettera o attraverso una delle copie dell'«Àdula» che circolano a Firenze. Fra l'ottobre e il novembre del 1916, travolto dalla relazione con Sibilla, e da una «catena di dolori e di miserie», tanto da considerare la vita una «contraddizione orribile», e da avere scelto di vivere oramai lontano dalle città («qua non si hanno altre notizie che quelle che porta il vento che soffia notte e giorno»), e da chiedere che la posta non gli venga recapitata, il poeta confessa di avere perduto «ogni gusto alle cose della letteratura»[98]. Resta che l'«ingombrante» Campana, come avrebbe osservato Montale nel 1942, «non fu un incompreso», tanto più che ai tempi suoi mai «le recensioni si misuravano a metri»[99]. Alcuni testi campaniani, come già sappiamo, troveranno posto, pur non senza tagli e refusi, nell'antologia dei *Poeti d'oggi*, edita da Pietro Pancrazi e Giovanni Papini nel 1920, pur con le riserve di quest'ultimo che dice: «confesso che non mi aspettavo l'infatuazione di questi ultimi anni attorno alla sua opera»[100]. Più generosamente Bino Binazzi, che sei anni più tardi si farà editore di una nuova edizione dei *Canti Orfici*, dirà nel 1922: «Questo libro è un gran libro. Forse la più potente e originale raccolta di liriche, che abbia prodotto il ventiduennio di questo secolo di burrasche e di bestialità»[101]. Nel 1926 Paolo Toschi, mentre oramai l'aneddotica si cristallizza sempre di più, chiama Dino «il Rimbaud della Romagna»[102]. L'epopea tragica di Campana è oramai avviata. Ci vorrà molto tempo perché, togliendolo dalle «infatuazioni» ma anche da gabbie troppo severe, la critica rimetta finalmente il poeta nel posto che gli spetta.

[1] *Lpd*, pp. 44, 50, 57.

[2] *Lpd*, p. 49. La cartolina postale è datata «Lugano, l'11 aprile 1915. Indirizzo: «Dino Campana | Ginevra | Poste restante». Le lettere di Chiesa stanno nel *Fondo Matacotta*; purtroppo la corrispondenza campaniana non è conservata né presso la Biblioteca Cantonale di Lugano (BCL), Archivio Prezzolini, *Fondo Chiesa* e *Fondo de Haller-Chiesa*, né presso gli eredi dell'uomo di cultura ticinese. I «due o tre amici» francofoni di Chiesa, conosciuti in occasione di una conferenza ginevrina del poeta ticinese (vi partecipa anche il pittore Ferdinand Hodler), sono probabilmente Gonzague de Reynold e Robert De Traz, intellettuali conservatori che promuovono il dialogo fra le culture e che fondano, nel 1914, la Nuova Società Elvetica, oltre al poeta e storico del Rinascimento Philippe Monnier. In una lettera del 13 gennaio del 1915 Reynold scrive a Chiesa: «je crois à la nécessité pour un pays comme le nôtre [la Svizzera] de servir d'intermédiaire entre les peuples, de passer d'une neutralité purement passive à une neutralité active et de justifier son existence», BCL, Archivio Prezzolini, *Fondo Chiesa, Reynold, Gonzague.*

[3] Cfr. Matteo Bianchi, Renato Martinoni, *«Pagine Libere», Chiesa e Marino Marin. Una collaborazione poetica e un carteggio inedito*, in «L'Almanacco», 8, 1989, pp. 60-67. Un regesto delle collaborazioni culturali in Maria Rita Del Cioppo, *Francesco Chiesa e il settore letterario di Pagine Libere*, ivi, pp. 68-79.

[4] Cfr. BCL, Archivio Prezzolini, *Fondo Chiesa* e *Fondo de Haller-Chiesa, Angiolo Silvio e Mario Novaro*; risp. BCL, Archivio Prezzolini, *Fondo Chiesa, Emilio Cecchi*; Piero Bianconi, *Colloqui con Francesco Chiesa*, Bellinzona, Grassi & Co., 1956, p. 122; *Lpd*, p. 41.

[5] Cfr. BCL, Archivio Prezzolini, *Fondo Chiesa* e *Fondo de Haller-Chiesa, Giovanni Cena*; BCL, Archivio Prezzolini, *Fondo de Haller-Chiesa, Sibilla Aleramo*; Pirro [Francesco Chiesa], Una donna *di Sibilla Aleramo*, in «Pagine Libere», n. 8, 1907, p. 537; Bianconi, *Colloqui con Francesco Chiesa*, cit., pp. 131, 136.

[6] Cfr. BCL, Archivio Prezzolini, *Fondo Chiesa, Giuseppe Prezzolini.*

[7] Cfr. Giovanni Papini, *Cannibale e Girandola*; *Giovanni Bertacchi* (1917), in Id., *Stroncature (1904-1931)*, Firenze, Vallecchi, 1942, pp. 9, 11, 289-306. Ricorderà Chiesa: «gli mandai una cartolina con poche parole, tra l'altro gli dicevo: Ma non scriva sciocchezze!... Lui rispose con un'altra cartolina, affermando che di sciocchezze lui non ne scriveva mai», Bianconi, *Colloqui con Francesco Chiesa*, cit., p. 207.

[8] *Ibid.*, p. 186. Nel 1945, appena conclusa la guerra, Chiesa pubblicherà un'antologia intitolata *Esempi di poesie italiane moderne ad uso dei ginnasi* (Bellinzona, Grassi-IET) che raccoglie versi «dei maggiori poeti»: Parini, Alfieri, Monti, Foscolo, Manzoni, Leopardi, Carducci, Pascoli e D'Annunzio.

[9] Cfr. Francesco Chiesa, *L'artefice malcontento*, Milano, Mondadori, 1950.

[10] Cfr. G[iuseppe] D[e] R[obertis], *Un po' di poesia. Dino Campana:* Canti Orfici, in «La Voce», VII, 2, 30 dicembre 1914, pp. 138-139; ora in *Cv*, pp. 31-32.

[11] *Lpd*, p. 35.

[12] *Lpd*, pp. 24, 27, 35.

[13] *Lpd*, pp. 35, 39.

[14] *Lpd*, pp. 39, 41, a Cecchi e a Mario Novaro, il 10 marzo 1915.

[15] *Lpd*, pp. 25, 39.

[16] *Lpd*, pp. 39, 44, 45.

[17] Cfr. Paolo Maccari, *Il poeta sotto esame*, Firenze, Passigli, 2012.

[18] BCL, Archivio Prezzolini, *Fondo de Haller-Chiesa, Minute di F. Chiesa a vari autori*, in data 13 gennaio 1917.

[19] *Lpd*, p. 95.

[20] *Lpd*, p. 106.

[21] Cfr. Emilio Bontà, *La Leventina nel Quattrocento. L'assedio di Bellinzona e la battaglia di Giornico (1478)*, Bellinzona, Leins & Vescovi, 1929; Id., *La storiografia ticinese*, in *Scrittori della Svizzera italiana*, 2 voll., Bellinzona, IET, 1936, II, pp. 811-987; e Augusto Gaggioni, *Bibliografia degli scritti di Emilio Bontà*, Locarno, Pedrazzini, 1974.

[22] Cfr. Silvano Gilardoni, *Italianità ed elvetismo nel Canton Ticino negli anni precedenti la prima guerra mondiale (1909-1914)*, in «Archivio Storico Ticinese», 45-46, 1971, pp. 3-84.

[23] Cfr. Renato Martinoni, *Il cavallo di Troia. La «Dante Alighieri» ticinese*, in Id., *Censure. Cronache di quattro casi culturali*, Locarno, Dadò, 1996, pp. 17-52.

[24] BCL, Archivio Prezzolini, *Fondo de Haller-Chiesa, Giovanni Cena*, in data 5 ottobre.

[25] Cfr. Giuseppe Prezzolini, *La redenzione del Ticino*, in «La Voce», 18 luglio 1912; ora in Giovanni Bonalumi, *La giovane* Àdula *(1912-1920)*, Chiasso, Elvetica, 1970, pp. 119-130, a p. 120.

[26] BCL, Archivio Prezzolini, *Fondo Chiesa, Giuseppe Prezzolini*, in data 22 luglio e 29 novembre 1912.

[27] Cfr. Giuseppe Prezzolini, *Per l'Università italiana nel Canton Ticino*, in «La Voce», 25 luglio 1912; Francesco Chiesa, *Per il Canton Ticino e l'Università italiana*, ivi, 15 agosto 1912; Carlo Salvioni, *Per l'Università nel Ticino*, ivi, 12 settembre 1912; poi in Bonalumi, *La giovane* Àdula, cit., pp. 131-37, 138-146, 146-151.

[28] BCL, Archivio Prezzolini, *Fondo Chiesa, Giuseppe Prezzolini*, lettera del 29 ottobre 1913.

[29] Red., *Il Canton Ticino*, in «La Voce», 18 dicembre 1913 p. 1219; ora in Bonalumi, *La giovane* Àdula, cit., pp. 168-169.

[30] Francesco Chiesa, *L'anima del Cantone Ticino*, in «La Voce», 18 dicembre 1913, pp. 1219-1221; ora in Bonalumi, *La giovane* Àdula, cit., pp. 169-184.

[31] Cfr. Emilio Bontà, *A volo d'uccello*, in «La Voce», 18 dicembre 1913, pp. 1221-1222; ora in Bonalumi, *La giovane* Àdula, cit., pp. 184-194.

[32] Cfr. Augusto Ugo Tarabori, *La cultura nel Ticino*, in «La Voce», 18 dicembre 1913, pp. 1222-1224.

[33] Emilio Bontà, *L'emigrazione nel Cantone Ticino*, in «La Voce», 18 dicembre 1913, pp. 1224-1225.

[34] *CO*, p. 94 (*Pampa*).

[35] Cfr. Eduard Platzhoff-Lejeune, *I Grigioni italiani*, in «La Voce», 18 dicembre 1913, p. 1225.

[36] Cfr. Bonalumi, *La giovane* Àdula, cit., p. 62.

[37] Cfr. *Un ticinese morto per l'Italia* e *Ferruccio Salvioni*, in «L'Àdula», n. 22, 27 maggio 1916; risp. n. 29, 15 luglio 1916.

[38] Cfr. Scipio Slataper, *Per conoscerci*, in «L'Àdula», 17 ottobre 1912; ora in Bonalumi, *La giovane* Àdula, cit., pp. 151-157.

[39] Cfr. Giuseppe Prezzolini, *Perché gli italiani si occupano del Canton Ticino?*, in «L'Àdula», 20 dicembre 1913; ora in Bonalumi, *La giovane* Àdula, cit., pp. 195-198.

[40] Cfr. Carlo Salvioni, *Le condizioni della coltura italiana nel Cantone Ticino*, in «L'Àdula», 25 aprile 1914; poi in Bonalumi, *La giovane* Àdula, cit., pp. 206-219.

[41] *La bella guerra*, in «L'Àdula», 5 giugno 1915; ora in Bonalumi, *La giovane* Àdula, cit., pp. 230-232, articolo anonimo.

[42] Francesco Chiesa, *Viva l'Italia*, in «L'Àdula», 3 novembre 1917; ora in Bonalumi, *La giovane* Àdula, cit., pp. 243-245.

[43] *Lpd*, p. 31 e n. 1.

[44] Cfr. Red., *Nella coltura*, in «L'Àdula», n. 41, 14 ottobre 1916. Bontà sceglie di andare in Italia dopo avere perduto il posto per dissapori con la direzione della Scuola Normale ed essere stato trasferito di conseguenza al liceo di Lugano. A Francesco Chiesa che lo invita ad accettare il nuovo incarico, Bontà risponde: «Voglio approfittare dell'occasione, voglio andare in Italia. E ci andò», Bianconi, *Colloqui con Francesco Chiesa*, cit., p. 107. Identica la testimonianza di un collega: «Bontà si recò per un anno in Italia», Arminio Janner, *Emilio Bontà*, in *Uomini e aspetti del Ticino*, Bellinzona, IET, 1938, pp. 131-139, a p. 137.

[45] Cfr. Sabina Geiser Foglia, *Biografia*, in Piero Bianconi, *Antologia di scritti*, a cura di Renato Martinoni e Sabina Geiser Foglia, Locarno, Dadò, 2001, pp. 37-99, alle pp. 40-45.

[46] Cfr. Janner, *Emilio Bontà*, cit., pp. 131-139; Bianconi, *Colloqui con Francesco Chiesa*, cit., p. 106.

[47] Bontà, *La guerra e gli uomini* [II], in «L'Àdula», a. V, n. 452, 30 dicembre 1916, pp. 1-2, a p. 2.

[48] Id., *Pasqua di resurresso* [I], in «L'Àdula», a. V, n. 33, 12 agosto 1916, p. 1.

[49] Cfr. Giuseppe Mondada, *Emilio Bontà (1882-1953)*, in Gaggioni, *Bibliografia*, cit., pp. 1-2.

[50] Bianconi, *Colloqui con Francesco Chiesa*, cit., p. 107.

[51] *Lpd*, p. 165. Anche questa lettera di Zotti si conserva, insieme a quelle di Chiesa, nel *Fondo Matacotta*.

[52] *Lpd*, pp. 159, 167.

[53] Il 20 giugno 1916 Emma Cima, che ha incontrato il poeta a Calcinaia, verosimilmente insieme a Ruggero Zotti, scrive a Campana da Vicchio del Mugello dicendogli che Zotti attende un suo articolo: cfr. *Lpd*, p. 184.

[54] Ecco l'elenco dei contributi di Emilio Bontà apparsi nella rubrica *Piccola Vela* del periodico «L'Àdula»: *Pasqua di resurresso* [I], a. V, n. 33, 12 agosto 1916, p. 1; [II], n. 34, 19 agosto 1916, pp. 1-2; [III], n. 35, 26 agosto 1916, pp. 1-2; [IV], n. 36, 2 settembre 1916, p. 1; [V: in realtà *Lungarno* I], n. 37, 9 settembre 1916, p. 1; *Lungarno* [II], n. 38, 16 settembre 1916, p. 1; [III], n. 42, 21 ottobre 1916, p. 1; *Saxa rubra* [I], n. 45, 11 novembre 1916, pp. 1-2; [II], n. 47, 25 novembre 1916, p. 1; *La guerra e gli uomini* [I], n. 50, 16 dicembre 1916, pp. 1-2; [II], n. 452, 30 dicembre 1916, pp. 1-2.

[55] Per le recensioni ai *Canti Orfici* fino al 1916: cfr. *Cv*, pp. 7-64.

[56] Bino Binazzi, *Gli ultimi bohémiens d'Italia: Dino Campana*, in Id., *Antichi, moderni e altri*, Firenze, Vallecchi, 1941, pp. 255-264, a p. 263.

[57] Cfr. *CO*, pp. 149, 185-187.

[58] Cfr. Bino Binazzi, *Un poeta romagnolo (Dino Campana)*, in «Giornale del Mattino», 25 dicembre 1914 (e poi ancora Id., *Un pacco di libri*, ivi, 14 luglio 1915); *Cv*, pp. 21-30; *I portici della poesia. Dino Campana a Bologna (1912-1914)*, a cura di Marco A. Bazzocchi e Gabriel Cacho Millet, Bologna, Pàtron, 2002, pp. 139-145; *DCf*, pp. 122-123.

[59] Cfr. D[e] R[obertis], *Un po' di poesia*, cit.; *Cv*, pp. 31-32.

[60] Antonino Foschini, *Canti Orfici*, in «Il Fuoco», a. II, gennaio 1915, p. 27; *Cv*, p. 33.

[61] Emilio Cecchi, *False audacie*, in «La Tribuna», 13 febbraio 1915; *Cv*, p. 58; *Lpd*, p. 142. Due giorni dopo, il 15 febbraio 1915, scrivendo a Campana da Milano, Cecchi sembra ricordare un incontro genovese («in quella stretta via di Genova, di notte, seduti perché stanchi, sulla sporgenza di una cantina, mangiando delle uova e decidendo di noi», *Lpd*, p. 37, frammento di lettera).

[62] *Lpd*, pp. 39, 41-42.

[63] Cfr. Giovanni Costetti, *I «Canti Orfici» di Dino Campana*, in «La Tempra», II, 1915, pp. 6-7; poi in *Cv*, pp. 40-45.

[64] Giovanni Boine, *Dino Campana. Canti Orfici*, in «Riviera Ligure», a. XXI, 44, agosto 1915 pp. 431bis-438bis; poi in Id., *Frantumi. Plausi e botte*, Firenze, Edizioni La Voce, 1921, pp. 202-206; e ora in *Cv*, pp. 34-39. Il 21 aprile 1915, scrivendo a Baldini dopo avere letto i *Canti Orfici*, Boine parlava di «affastellamento di buio ciarpame con scoppi vivi di poesia. Pagine bellissime ed inutilità oscure come rotti incubi». Il 5 agosto, scrivendo a Campana, confessa la «febbre d'esaltazione» che la lettura delle poesie gli ha dato: cfr. *Cv*, p. 39; *Lpd*, p. 65.

[65] Renato Fondi, *I «Canti Orfici» di Dino Campana*, in «Fanfulla della Domenica», 22 agosto 1915; poi in *Cv*, pp. 45-48. Nel settembre del 1916 Campana scrive a Fondi: «La sua critica mi ha ridato il senso della realtà», *Lpd*, p. 70.

[66] Emilio Cecchi, *Cronache di letteratura: C. Linati, D. Campana*, in «La Tribuna», 21 maggio 1916; ora in *Cv*, pp. 48-56. Il 13 marzo 1916, scrivendo a Campana e criticando Papini e il suo cinismo («Che ognuno lavori: e poi la giustizia nasce da sé»), Cecchi riconosce di essere stato colpevolmente sbrigativo nel suo primo articolo, non avendo intravisto negli *Orfici* la parte «luminosa e mediterranea»; e aggiunge: «ho francamente corretto il mio primo giudizio troppo affrettato, e messo in luce tante cose che mi sono apparse», *Lpd*, pp. 141-142, 179, 204.

[67] Cfr. Francesco Meriano, in «Humanitas», VI, 34, 1, agosto 1916, p. 62 (poi in *Sp*, p. 33 n. 69); Raffaello Franchi, *Firenze, «La Voce»*, in «Humanitas», VI, 35, 27 agosto 1916 (poi in *Cv*, pp. 62-64); *Lpd*, p. 219; Paolo Buzzi, *Canti Orfici*, in «Gli Avvenimenti», II, 39, 24 ottobre 1916, p. 5 (poi in *Sp*, p. 31 n. 62).

[68] *Lpd*, p. 167, a Mario Novaro; *Poeti d'oggi (1900-1920)*, antologia curata da Giovanni Papini e Pietro Pancrazi, Firenze, Vallecchi, 1920, pp. 72-78; ora a cura di Alessandro Romanello, Milano, Crocetti Editore, 1996, pp. 69-72. La stringata notizia biografica dice il poeta nato nel 1889 (invece che nel 1885), che è figlio di un maestro di scuola elementare, che è stato «per qualche tempo» studente a Bologna, che «ha menato vita randagia in Italia, Svizzera, Francia e Argentina» e che «ora è rinchiuso nel manicomio di Castelpucci [*sic*]».

[69] *Lpd*, p. 218.

[70] Non figura per esempio nella pur ricca *Documentazione campaniana. Bibliografia. Catalogo degli scritti (1912-2002)*, a cura di Franco Scalini, Marradi, Edizioni Centro Studi Campaniani, 2003.

[71] L'espressione è ripresa dalla recensione ai *Canti Orfici* di Giovani Boine uscita sulla «Riviera Ligure» nell'agosto del 1915: cfr. la nota 64.

[72] Forse allusione alla «bianca notte mediterranea» (*CO*, p. 19, *La Notte* [17]), o alla «grande luce mediterranea» (*CO*, p. 132, *Genova*, v. 106), o al «Crepuscolo mediterraneo perpetuato di voci che nella sera si esaltano, di lampade che si accendono, chi t'inscenò nel cielo più vasta più ardente del sole notturna estate mediterranea?» (*CO*, p. 121, *Crepuscolo mediterraneo*).

[73] Cfr. *CO*, p. 126 (*Piazza Sarzano* [2]).

[74] Cfr. «Ricordo una vecchia città, rossa di mura e turrita», *CO*, p. 9 (*La Notte* [1]).

[75] Cfr. le «strade male odoranti dove le femmine cantavano nella caldura», *CO*, p. 11 (*La Notte* [6]).

[76] Allusione forse a «O Satana, tu che le troie notturne metti in fondo ai quadrivii», *CO*, pp. 85-86 (*La giornata di un nevrastenico* [5]).

[77] Cfr. «Nell'odore pirico di sera di fiera», *CO*, p. 13 (*La Notte* [11]).

[78] Cfr. «lo sciame aereoplanante delle signorine intellettuali» e «la turba delle signorine elastiche dal viso molle inconsciamente feroce», *CO*, p. 85, risp. 73-74 (*La giornata di un nevrastenico* [4]; *Dualismo (Lettera aperta a Manuelita Etchegarray)*.

[79] Cfr. «Il torrente mi raccontava oscuramente la storia. [...] Una fanciulla nel torrente lavava, lavava e cantava nelle nevi delle bianche Alpi», *CO*, pp. 17-18 (*La Notte* [14]).

[80] Forse memoria di «Nel paesaggio mitico | Di navi nel seno dell'infinito», *CO*, p. 132 (*Genova*, vv. 90-91).

[81] Cfr. «Dalla Pampa si udì chiaramente un balzare uno scalpitare di cavalli selvaggi», *CO*, p. 19 (*La Notte* [16]).

[82] Cfr. «Ero sul treno in corsa: disteso sul vagone sulla mia testa fuggivano le stelle e i soffi del deserto in un fragore ferreo», *CO*, pp. 94-95 (*Pampa*).

[83] Cfr. «Od era la morte? Od era la vita?», *CO*, p. 95 (*Pampa*).

[84] Cfr. «Un nuovo sole mi avrebbe salutato al mattino!», *CO*, p. 95 (*Pampa*).

[85] Tosc., «pesante».

[86] Cfr. Benedetto Croce, *Estetica come scienza dell'espressione e linguistica generale. Teoria e Storia*, Bari, Laterza, 1902, 1912^4, p. 22 («L'espressione estetica è sintesi, nella quale è impossibile distinguere il diretto o l'indiretto»).

[87] È una serie di brani tratti da una celebre lettera (*De Profundis*) scritta in prigione da Oscar Wilde e pubblicata la prima volta (New York-London, Putnam's sons) nel 1905.

[88] Cfr. «Questo cibreo del cuore, in verso e in prosa, | Co 'l solito guazzetto | Di quella sua secreziòn muccosa | Che si chiama l'affetto», Giosuè Carducci, *Intermezzo*, vv. 49-52, in Id., *Tutte le poesie*, a cura di Pietro Gibellini, Roma, Newton Compton, 1998, p. 316.

[89] «Si dipinge col ciervello et non con le mani», dice Michelangelo in una lettera del 1542: cfr. *Le lettere di Michelangelo Buonarroti*, a cura di Gaetano Milesi, Firenze, Le Monnier, 1875, p. 489.

[90] Bontà, *Lungarno* [III], cit., p. 1.

[91] Id., *Pasqua di resurresso* [II], cit., p. 1.

[92] Id., *Pasqua di resurresso* [I] cit., p. 1.

[93] Cfr. Id., *Alla Vernia*, in «L'Àdula», a. V, n. 35, 26 agosto 1916, p. 1. Ecco alcune affinità: «pe' corridoi oscuri abitati da brividi taglienti di gelo» («dalle inferriate sale l'alito gelido degli antri»); l'incontro con un «buon frate» (il «frate decrepito»); la voglia di uscire per «spalancar gli occhi sul bel paese del Casentino» osservato «a cavalcioni del parapetto» («seggo sul muricciolo» per osservare i «castelli del Casentino»): *CO*, pp. 42, 44 (*La Verna* [7]).

[94] Cfr. Eugenio Montale, *Sulla poesia di Campana*, in Id., *Il secondo mestiere. Prose 1920-1979*, a cura di Giorgio Zampa, 2 voll., Milano, Mondadori, 2006, I, pp. 569-581, a p. 578: Friedrich Nietzsche, *Par delà le Bien et le Mal*, traduzione di L. Weiscopf e G.[eorges] Art, Paris, Mercure de France, 1898, § 257, p. 216.

[95] Cfr. Bontà, *Lungarno* [II], cit., p. 1.

[96] Id., *La guerra e gli uomini* [I], cit., p. 2.

[97] Id., *Pasqua di resurresso* [IV], cit., p. 2.

[98] *Lpd*, pp. 227, 231.

[99] Montale, *Sulla poesia di Campana*, cit., pp. 569-570. Sulle recensioni dei *CO*, cfr. Maria Antonietta Grignani, *Momenti della ricezione di Campana*, in *Dino Campana alla fine del secolo*, a cura di Anna Rosa Gentilini, Bologna, il Mulino, 1999, pp. 169-187, alle pp. 172-187.

[100] Cfr. *Poeti d'oggi (1900-1920)*, cit., p. 69; Giovanni Papini, *Il poeta pazzo*, in Id., *Passato remoto*, Firenze, L'Arco, 1948, pp. 265-269, a p. 269.

[101] Bino Binazzi, *Gli ultimi bohémiens d'Italia: Dino Campana*, in «Il Resto del Carlino», 12 aprile 1922.

[102] Paolo Toschi, *Il Rimbaud della Romagna*, in «Il Resto del Carlino», 27 novembre 1926; Id., *Il poeta dei «Canti Orfici»*, in «Il Popolo d'Italia», 26 luglio 1928; poi *Cv*, pp. 97-102, 109-116.

CAMPANA E IL «PARTITO DEI MARRADESI»

Il «Corriere della Sera» di lunedì 9 agosto [2004] ha messo in vendita, nell'ambito della serie dedicata alla «Grande Poesia», i *Canti Orfici* di Dino Campana[1]. Il libro reca una prefazione di Sebastiano Vassalli seguita da una *Nota bio-bibliografica* (firmata «G.V.») che mi tira in ballo e che richiede almeno una breve precisazione. Insistendo su una «verità complessiva che ancora stenta a essere accettata», cioè sull'incapacità, o la non volontà, della critica di togliere il grande e sfortunato poeta di Marradi dalle «falsità» e dai «travisamenti» costruitigli intorno, l'autore della *Nota* ricorda come, dopo l'uscita del romanzo di Vassalli, *La notte della cometa*, sono finalmente saltati fuori da un misterioso e fin lì renitente «Nulla» decine di documenti che però, ahimè, leggo, invece di sottrarre il povero Campana dall'inferno delle maldicenze, delle dicerie, delle manipolazioni e delle menzogne, «dovevano riseppellire la verità sotto un polverone di minuzie». Da allora, precisa l'anonimo «G.V.», con argomentazioni che si commentano da sé, il «massimo sforzo del "partito marradese" è stato rivolto a sistemare la vita di Campana in una versione ufficiale». Una trasposizione asettica e agiografica, dove non ci sono né cattivi, né responsabilità, né malattie veneree né lunghi soggiorni in Argentina. Conclude quindi l'apodittico curatore della *Nota*: «Chi volesse documentarsi su questa versione edificante (e falsa) della biografia di Campana non ha che da leggere l'introduzione di Renato Martinoni ai *Canti Orfici* (Torino, Einaudi, 2003), che la riassume in toto come propria».

So benissimo che dei documenti si possono fare molti usi, anche distorti, anche scorretti, anche ideologici. Ma sono altrettanto certo che le biografie, specie quelle a lungo incrostate di errori, di storpiature, di chiacchiere goliardiche, di pettegolezzi e di maldicenze (quella di Campana ne è un esempio altamente significativo), devono basarsi in primo luogo, quando ci sono, sui documenti: proprio per liberare il campo dalle menzogne e dalle melensaggini edificatorie.

Curando l'edizione einaudiana dei *Canti Orfici*[2] non mi sono fatto portavoce (e tantomeno portaborse) di nessuno. In mezzo a un clamore che dura da troppo tempo, e ancorché il discorso non possa esaurirsi nella sola vita del poeta, ho semplicemente e, spero, serenamente scritto una biografia fondata sui documenti meritoriamente portati alla luce nell'ultimo ventennio e, con la dovuta circospezione, sulle testimonianze di chi ha avuto a che fare, da contemporaneo o da studioso, con Campana. Senza apriorismi da far quadrare a tutti i costi, senza tesi preconcette da dover dimostrare, ma con la sola volontà di dare un contributo a un disegno biografico che, comunque la pensi chi vuole fare di ogni erba un fascio, si sta pian piano chiarendo.

Quanto al «partito marradese»: mi sono sempre guardato attentamente dall'entrare a far parte di movimenti, consorterie oratoriali, gruppi lobbistici e massonerie letterarie. Ora un tale che si nasconde dietro una sigla mi ascrive perentoriamente alla parrocchia della «Versione Edificante», alla congrega dei congiurati marradesi, alla perfida gang dei falsificatori. Preferisco di gran lunga, semmai, a questo ho pensato in primo luogo nell'occuparmi dei *Canti Orfici*, continuare a militare nel mondo poco chiassoso ma non ancora del tutto incancrenito dei filologi. Una piccola società che in Italia – già paese di lunga e gloriosa tradizione, almeno di questo si poteva vantare, un tempo, a livello internazionale – risulta oramai sempre più vergognosamente disattesa (un sedicente «Giornale dei poeti» ha parlato di «ennesima ristampa», rifacendosi al tascabile einaudiano: mostrando di non saper neanche distinguere fra una ristampa e un'edizione...).

Anche la filologia, ne sono certo, serve a rispettare un poeta. E soprattutto, come parrebbe giusto, a garantire la verità della sua opera, certo non meno complessa di quella della sua vita. Non sembra preoccuparsene troppo il curatore-ombra dell'affrettato libretto messo in vendita dal «Corriere della Sera». Né dice nulla sui criteri di edizione: come se il dare fuori le poesie di Campana sia solo un atto banalmente meccanico. Basta del resto scorrere il sottotitolo dei *Canti Orfici* freschi di stampa per trovare subito un refuso («Die Tragödie des letzen [*sic*] Germanen in Italien»). Una svista linguistica, neanche il modestissimo primo editore marradese c'era cascato, che certo non fa onore al bistrattato poeta di Marradi, che – almeno lui – il tedesco sapeva leggerlo e scriverlo correttamente. Saranno anche minuzie. Ma è proprio là che comincia a vivere la poesia, e prima ancora il vero rispetto nei confronti di chi la crea.

[1] Cfr. Dino Campana, *Canti Orfici*, Milano, Corriere della Sera, 2004 («La Grande Poesia», 26).

[2] Id., *Canti Orfici*, a cura di Renato Martinoni, Torino, Einaudi, 2003: la biografia campaniana si legge alle pp. LIX-LXXXVI; l'*Introduzione* ai *Canti Orfici* alle pp. V-LII; la bibliografia alle pp. LXXXVII-XCI.

INDICE DEI NOMI

a cura di Domenica Catino e Giulia Fanfani

Abraham, Karl, 17, 51, 65, 66, 68, 69, 82, 95, 118-122, 124, 126, 128-134, 136, 171
Ahnfelt, Astrid, 71, 158
Alcan, Félix, 80
Alcott, Amos Bronson, 76
Aleramo, Sibilla, 27, 41, 44, 49-51, 75, 106-108, 110, 111, 124, 125, 130, 132, 134-136, 147-164, 189, 202, 207
Angelico, fra, 94
Anticristo, 206
Apollinaire, Guillaume, 70, 149, 170
Apollo, 72, 169, 171, 174
Argonauti, 169
Aristotele, 93, 94, 132
Art, Georges, 91
Ascoli, Graziadio Isaia, 195

Baccanti, 164, 171, 172
Bacchelli, Riccardo, 50
Baedeker, Karl, 31, 45
Baldini, Antonio, 173, 197, 201
Bandini, Attilio, 29
Bandini, Luigi, 39, 191
Bargellini, Piero, 197
Baudelaire, Charles, 35, 53, 70, 84, 87, 90, 175, 190, 201
Beck, Franz, 170
Beethoven, Ludwig, van, 69, 77, 84, 90
Begnudini, Gaudenzio, 29, 30, 32
Bejor, Mario, 71, 72, 173
Bergson, Henri, 70, 78, 81, 95, 198
Berlioz, Hector, 170
Bertacchi, Giovanni, 189
Betocchi, Carlo, 197
Betti, Ugo, 197
Bianchi, Barberina, 106, 108, 126, 127
Bianchi, Marianna, 106, 108, 126
Bianconi, Piero, 197, 198
Bienstock, Jean Wladimir, 90
Binazzi, Bino, 35, 48, 49, 62, 172, 173, 199-201, 207
Bleuer, Eugen, 122
Bo, Carlo, 11, 170, 197
Boccioni, Umberto, 151
Böcklin, Arnold, 35
Boine, Giovanni, 43, 47, 48, 50-52, 151, 156, 173, 199-201
Bonalumi, Giovanni, 30
Bonifazi, Neuro, 180
Bonomelli, Geremia, 17, 42, 63
Bontà, Emilio, 173, 192, 194-199, 202, 204-207
Bontempelli, Massimo, 189
Bontempi, Teresina, 193
Breuer, Joseph, 121
Bronzini Majno, Ersilia, *vedi* Majno Bronzini, Ersilia
Brugia, Angelo, 26, 109, 111

Buriot, Henri, 95
Buzzi, Paolo, 201

Cairns, William B., 68, 69, 75, 76, 99
Calliope, 169, 188
Campana, Francesco, 35
Campana, Giovanni, 26, 105, 106, 108, 109, 113, 133, 134
Campana, Louis [Dino], 65
Campana, Manlio, 38, 69, 107-109, 133
Campana, Mario, 108, 111, 131
Campana, Raffaello, 105
Campana, Torquato, 106, 108
Campana Diletti, Giovanna, 106-109, 133
Campana Luti, Francesca (Fanny), 106-111, 113, 126, 133, 134, 158, 159
Caos, 178
Cappelli, Maria, 107
Cardarelli, Vincenzo, 45, 47, 151, 161
Carducci, Giosuè, 14, 190, 201, 204
Carrà, Carlo, 34, 172
Castiglione, Baldassarre, 35
Caterina (madre di Leonardo da Vinci), 53, 127
Cattaneo, Carlo, 188
Catrina, *vedi* Caterina
Cecchi, Emilio, 16, 37, 41, 44, 45, 48, 51, 52, 61, 62, 70, 71, 75, 82, 115, 116, 119, 123, 125, 129, 132, 148, 150, 151, 154, 156, 160, 173, 188-191, 199-201
Cecchi Pieraccini, Leonetta, 76, 148, 162, 163
Cena, Giovanni, 41, 75, 148, 151, 157, 189, 193
Ceragioli, Fiorenza, 34
Cerere, 128, 178
Ceroni, Francesca, 105
Cézanne, Paul, 43, 44, 52
Chénier, André, 66, 69, 70, 73, 84, 88, 90, 91, 97
Chiesa, Francesco, 41, 49, 62, 82, 115, 151, 188-194, 196-198, 200
Chimera, 33, 34, 37, 38, 53, 73, 113, 128, 132, 136, 162, 163, 173, 178, 179
Ciampini, Raffaele, 197
Cianchettini, Tito Livio, 87
Cimabue, 198
Colombi, Rosetta, 193
Conti, Angelo, 14, 117, 130, 174, 175, 178
Contini, Gianfranco, 9, 17, 175
Corbière, Tristan, 99
Coronel Zegarra, Félix Cipriano, 96
Costetti, Giovanni, 200, 201
Cristo, 204
Croce, Benedetto, 71, 203

D'Annunzio, Gabriele, 14, 35, 43, 48, 49, 51, 61, 71, 79, 89, 118, 156, 158, 172, 174, 190, 201
Dante, 64
Darío, Rubén, 73, 97
Darwin, Charles, 198
Däubler, Theodor, 70, 170
de Chirico, Giorgio, 172
De Luca, Giuseppe, 197
De Robertis, Giuseppe, 39, 62, 190, 196, 199-201
de Saussure, Ferdinand, 68
de Saussure, Raymond, 68
Debussy, Claude, 170
Delaunay, Robert, 170
della Robbia, Luca, 198
Demetra, 179
Desbordes-Valmore, Marceline, 99
Descartes, René, 94
Díaz, Leopoldo, 70, 72, 73, 96, 97
Dickinson, Emily, 75
Diletti Campana, Giovanna, *vedi* Campana Diletti, Giovanna
Dimoff, Paul, 90
Dioniso, 170, 171, 173, 174, 176, 179

Eagro, 169
Emerson, Ralph Waldo, 75, 99
Ercole, 74
Eschilo, 171, 174

Etchegarray, Manuelita, 130
Eucken, Rudolf Christoph, 66-68, 79-83, 86, 92-95, 97
Euridice, 169, 170, 178
Euripide, 171

Fallacara, Luigi, 114
Falqui, Enrico, 11
Faust, 52, 53, 125, 179
Fichte, Johann Gottlieb, 94
Fisk, Charles H., 98
Fondi, Renato, 200, 201
Forga, Eduardo Francisco, 69
Foschini, Antonino, 200, 201
Franchi, Raffaello, 154, 201
Freud, Sigmund, 17, 51, 53, 65, 66, 68, 69, 82, 96, 105, 119-122, 124, 126, 127, 131-133, 136, 171

Garibaldi, Giuseppe, 90
George, Stefan, 77
Gioconda, *vedi* Monna Lisa
Giotto, 198
Gluck, Christoph Willibald, 170
Goethe, Johann Wolfgang, von, 76, 77, 92, 94, 96, 117
Gor'kij, Maksim, 201
Gourmont, Rémy, de, 73, 96
Govoni, Corrado, 51
Gozzano, Guido, 189
Gruyère Masoli, Sabine, 62
Guglielmo II, 10, 40, 52, 61, 70, 71, 173, 196, 206
Gundolf, Friedrich, 66, 67, 69, 77, 96, 97

Hawthorne, Nathaniel, 151
Hegel, Georg Wilhelm Friedrich, 81, 94
Heine, Heinrich, 76, 86, 117, 204
Herder, Johann Gottfried, 77, 96
Heredia, José María, de, 73, 97
Hodler, Ferdinand, 35
Holbein, Hans, il Vecchio, 35
Hölderlin, Friedrich, 9
Hugo, Victor, 95, 204
Hullet, Marie-Anna, 92
Hume, David, 94
Huysmans, Joris-Karl, 70

Iside, 73

Jahier, Piero, 198
Jammes, Francis, 70
Janner, Arminio, 197

Kant, Immanuel, 83, 94
Kingsley, Charles, 67, 74, 79, 98, 163
Klee, Paul, 170
Kleist, Heinrich, von, 77, 176
Klimt, Gustav, 40
Klopstock, Friedrich Gottlieb, 189
Kokoschka, Oscar, 40, 170

Labriola, Arturo, 189
Laforgue, Jules, 66, 69, 70, 76, 83, 85-89, 98
Le Cardonnel, Louis, 176
Leconte de Lisle, Charles, 70, 99
Leibniz, Gottfried Wilhelm, 94
Leicht, Alfred, 92
Leonardo da Vinci, 10, 17, 33, 35, 53, 65, 68, 85, 90, 96, 105, 116, 117, 119, 120, 121, 124-128, 132, 133, 136, 149, 170, 179
Leopardi, Giacomo, 204
Lessing, Gotthold Ephraim, 77, 96
Lichtenberger, Henri, 92
Lisi, Nicola, 197
Liszt, Franz, 170
Longhi, Roberto, 197
Lucini, Gian Pietro, 13
Luquet, G.-H., 95
Luti Campana, Francesca, *vedi* Campana Luti, Francesca
Luzi, Mario, 33, 154
Lyman Short, Edward, 67, 74, 79, 98

Majno Bronzini, Ersilia, 149, 150
Malherbe, François, 9

Mallarmé, Stéphane, 70, 73, 90, 99, 100, 171, 200, 201
Manet, Édouard, 44, 130, 149, 163
Marfori Savini, Filippo, 160
Marinetti, Filippo Tommaso, 61, 188, 189
Martinoni, Renato, 213
Maupassant, Guy, de, 70
Mauve, Anton, 122
Mazzini, Giuseppe, 90
Medusa, 155
Merežkowskij, Dmitrij Sergeevič, 53, 127, 171
Meriano, Francesco, 48, 201
Meynell, Alice, 84
Meynell, Wilfrid, 84, 91
Michelangelo, 10, 74, 120, 163, 204
Michelstaedter, Carlo, 40
Millet, Jean-François, 52, 65, 90, 118, 122, 128, 149
Mink, Jeanne, 64
Monet, Claude, 35
Monna Lisa, 127, 128, 130, 163, 178, 179
Montale, Eugenio, 9, 33, 105, 117, 206, 207
Monteverdi, Claudio, 170
Morel-Fatio, Alfred, 66, 67, 72, 77, 94
Mozart, Wolfgang Amadeus, 84
Musset, Alfred, de, 204
Mussolini, Benito, 63, 187, 189

Neera (Anna Zuccari Radius), 127
Nerval, Gérard, de, 70, 171
Nietzsche, Friedrich, 11, 16, 32, 35, 37, 40, 48, 49, 51, 53, 65, 67-69, 76, 77, 81-88, 91, 92, 116-118, 121, 122, 125, 127, 135, 147, 148, 157, 161, 171-173, 177, 180, 198, 206
Nordau, Max, 67
Novalis (Friedrich Leopold von Hardenberg), 171, 176
Novaro, Angiolo Silvio, 114, 115, 189
Novaro, Mario, 13, 26, 40, 44, 45, 47-49, 51, 62, 77, 87, 114, 117, 119, 130, 189, 200

Odier, Charles, 68
Ofelia, 130, 163, 173
Offenbach, Jacques, 170
Ogden, George Campbell, 67, 74, 79, 98, 153
Ogden Whaling, Laura Louise, 98
Olimpia, 25, 43, 44, 53, 114, 130, 151, 163, 200
Olivetti, Angelo Oliviero, 189
Onofri, Arturo, 172
Orfeo, 133, 148, 164, 169-172, 174-178, 198, 200
Orlandi, Aldo, 62, 63, 115, 191
Ovidio, 170

Palazzeschi, Aldo, 13, 87
Palma, Ricardo, 69, 72, 96
Pancrazi, Pietro, 41, 201, 207
Papini, Giovanni, 16, 37, 39, 41, 42, 48, 51, 61, 62, 64, 70, 82, 89, 114-116, 123, 136, 151, 187, 189-191, 194, 198-201, 207
Pariani, Carlo, 25, 26, 31, 34, 43-45, 72, 75, 82, 84, 109, 110, 113, 124, 130, 131, 134, 135, 162
Parigi, Pietro, 197
Parini, Piero, 193
Pascoli, Giovanni, 14, 190, 201
Pater, Walter, 14, 53, 116, 127, 174, 179
Paulucci de' Carboli, Raniero, 192
Peladan, Joséphin, 120, 172, 179
Persefone, 179
Petrucciani, Alberto, 67
Platone, 93, 94
Platzhoff-Lejeune, Eduard, 194, 195
Plotino, 94
Poe, Edgar Allan, 75
Poliziano, Angelo, 170
Previati, Gaetano, 27, 124
Prezzolini, Giuseppe, 49, 81, 90, 116, 136, 189, 193-195, 198
Prometeo, 179
Prudhomme, René François Armand (Sully), 100

Radetzky, Johann-Joseph-Franz-Karl, 29
Raffaello, 120
Raimondi, Ezio, 17
Raisin, Frédéric, 73, 96
Ramat, Silvio, 35
Rapin, Frédéric, 68
Ravagli, Bruno, 39
Ravagli, Federico, 48, 174
Ravegnani, Giuseppe, 173
Rilke, Rainer Maria, 18, 170
Rimbaud, Arthur, 9, 10, 44, 66, 70, 82, 84, 90, 99, 100, 151, 177, 200, 201, 207
Robespierre, Maximilien, 74
Rodin, Auguste, 149
Rolland, Romain, 67, 77, 78, 80, 84, 88, 90
Rollinat, Maurice, 100
Rossetti, William Michael, 74, 98
Rousseau, Jean-Jacques, 94
Ruskin, John, 14, 31, 35, 52, 117
Russell, Bertrand, 42, 62, 80, 82, 114

Saba, Umberto, 13, 18
Saffi, Walter, 157
Salvetti, Antonio, 129
Salvioni, Carlo, 194, 195
Salvioni, Enrico, 195
Salvioni, Ferruccio, 195
Samain, Albert, 70, 201
san Francesco, 128, 151, 152, 154
santa Cecilia, 180
Satana, 202
Sbarbaro, Camillo, 39, 47, 74, 189
Scartazzini, Giovanni, 15
Schelling, Friedrich Wilhelm Joseph, 94
Schiller, Friedrich, 77, 90, 96
Schopenhauer, Arthur, 77, 94
Schubert, Franz, 170
Schumann, Robert, 51, 65, 84, 118
Schuré, Edouard, 35, 64, 68, 171, 172, 174-177, 179
Segalen, Victor, 170
Segantini, Giovanni, 27, 35, 51-53, 65, 68, 95, 96, 118, 120-122, 124-130, 132-134
Semeria, Giovanni, 42, 64, 190
Serra, Renato, 42, 62, 63, 82, 91, 115, 119, 137
Sfinge, 130, 178, 179
Shakespeare, William, 67, 69, 77, 96, 97
Shelley, Percy Bysshe, 172, 204
Sileno, 178
Simmel, George, 80, 86
Slataper, Scipio, 195, 206
Smith, Adam, 94
Soffici, Ardengo, 11, 37, 41, 42, 50, 61, 65, 71, 78, 79, 86, 88, 114, 116, 117, 121-123, 128, 136, 137, 172, 190, 191, 194, 196
Sofocle, 204
Solmi, Edmondo, 116, 120, 122
Spinoza, Baruch, de, 94
Spitteler, Carl, 68, 69, 77, 98
Stravinskij, Igor, 170
Swinburne, Algernon Charles, 66, 74, 79, 84, 98

Tarabori, Augusto Ugo, 194, 195
Tavolato, Italo, 49, 152
Tecchi, Bonaventura, 197
Testi, Alberigo, 26
Thompson, Francis, 66-69, 74, 84, 87, 91, 92, 114, 125
Tolstoj, Lev, 69, 78, 79, 88, 90
Toschi, Paolo, 171, 173, 207
Tozzi, Federigo, 189
Trakl, Georg, 18, 40
Trilussa (Carlo Alberto Salustri), 42
Turner, William Thomas, 79

Unamuno, Miguel, de, 80

Valeri, Diego, 189
Valéry, Paul, 149
Valle y Caviedes, Juan, del, 69, 72, 84, 96
Van Gogh, Vincent, 128, 149
Vasari, Giorgio, 120

Vassalli, Sebastiano, 213
Venere, 178
Verhaeren, Émile, 70, 149
Verlaine, Paul, 9, 10, 27, 45, 66, 67, 69-73, 82-84, 87, 97, 99, 109, 115, 117, 125, 129, 130, 151, 161, 163, 169, 180, 201
Villier de l'Isle-Adam, Auguste, 99, 100
Villon, François, 45, 74
Virgilio, 169
Vitali, Giovanni, 27, 32, 111, 112

Wagner, Richard, 118
Ward Howe, Julia, 75
Weininger, Otto, 40, 117, 122, 132, 133, 151, 154, 179
Weiscopf, L., 91
Whitman, Walt, 66, 67, 74, 75, 79, 98-100, 149, 152, 154
Wieland, Christoph Martin, 77, 96
Wilde, Oscar, 203, 207

Zanzotto, Andrea, 12
Zarathustra, 9, 16, 43, 92, 125, 147, 151, 198
Zavoli, Sergio, 107, 156
Zotti, Ruggero, 198, 199

Stampato da
Printbee.it®, Noventa Padovana
per conto di Marsilio Editori® in Venezia